신일본교육구전설화집

新日本教育昔噺

다카기 도시오(高木敏雄) 저
이시준 · 장경남 · 김광식 편

제이앤씨
Publishing Company

식민지시기 일본어 조선설화자료집 간행사

1910년 8월 22일 일제의 강점 이후, 2010년으로 100년이 지났고, 현재 102년을 맞이하고 있다. 1965년 한일국교 정상화 이후, 한일간의 인적・물적 교류는 양적으로 급속히 발전해 왔다. 하지만 그 양적 발전이 반드시 질적 발전으로 이어지지 않았음이 오늘날의 상황이다. 한일간에는 한류와 일류, 영화, 드라마, 애니메이션, 만화, 음악, 소설 등 상호 교류가 확대일로에 있지만, 한편으로 독도문제를 둘러싼 영유권 문제, 일제강점기의 해석과 기억을 둘러싼 과거사 문제, 1930년대 이후 제국일본의 총력전 체제가 양산해낸 일본군 위안부, 강제연행 강제노력역, 전쟁범죄 문제 등이 첨예한 현안으로 남아 있다.

한편, 패전후 일본의 잘못된 역사인식에 대한 시민단체와 학계의 꾸준한 문제제기가 있었고, 이에 힘입은 일본의 양식적인 지식인이 일본사회에 존재하는 것도 엄연한 사실이다. 이제 우리 자신을 되돌아보아야 한다. 우리는 일제 식민지 문하와 그 실체를 제대로 규명해 내었는가? 해방후 행해진 일제의 식민지 문화에 대한 비판적 연구가 행해진 것은 사실이지만 그 실체에 대한 총체적 규명은 아직도 지난한 과제로 남아있다.

일제는 한국인의 심성과 사상을 지배하기 위해 민간설화 조사에 착수했고, 수많은 설화집과 일선동조론에 기반한 연구를 양산해 냈다. 해가 지나면서 이들 자료는 사라져가고 있어, 서둘러 일제강점기의 '조선설화'(해방후의 한국설화와 구분해, 식민시기 당시의 일반적 용어였던 '조선설화'라는 용어를 사용) 연구의 실체를 규명하는 작업이 요청된다.

이에 본 연구소에서는 1908년 이후 출간된 50여종 이상의 조선설화를 포함한 제국일본 설화집을 새롭게 발굴하여 향후 순차적으로 자료집으로 출간하고자 하니, 한국설화문학・민속학에서 뿐만이 아니라 동아시아 설화문학・민속학의 기반을 형성하는 기초자료가 되고, 더 나아가 국제사회에서의 학문적 역할을 증대하는데 공헌할 수 있기를 바라마지 않는다.

숭실대학교 동아시아언어문화연구소

소장 이 시 준

다카기 도시오(高木敏雄)와 『신일본교육구전설화집(新日本教育昔噺)』

김광식, 이시준

자료소개에 앞서 다카기 도시오(高木敏雄)에 대해서 살펴보고자 한다. 조희웅은 1910년대 '한일 신화의 비교에서 머무르지 않고 여타의 설화 장르 특히 민담과의 비교면에서 상당히 괄목할 만만 업적들이 나왔다'고 지적하고, 그 대표적인 업적으로 다카기의 「일한공통의 민간설화(日韓共通の民間說話)」(1912)를 들고 있다.[1] 설화연구는 근대적 아카데미즘을 기반으로 하여, 역사적 사실을 증명하기 위한 설화연구를 경계했다. 다카기는 설화를 가지고 역사적 사실을 증명하려는 경향과, 설화연구와 인종학상의 문제를 관련지어 논의하는 경향을 강하게 비판하였다. 이를 테면, 김영남의 지적대로, "다카기는 설화해석을 통하여 인종학의 문제를 해결하려고 했던 연구방법에 대해서도 부정적 태도를 취하였다."[2] 아카데미즘에 충실했던 다카기의 설화론은 식민지 시기 일선동조론과 거리를 두고, 문명사적 입장에서 조선 설화를 규명했다는 점에서 높이 평가된다. 근대 설화연구 및 자료집 중 옥석을 가린다면, 그 중에서 우선 다루어야 할 중심인물이 바로 다카기라고 판단되며, 그의 학문적 자세와 방법은 손진태를 비롯한 조선 연구자에게

1) 조희웅(2005) 「일본어로 쓰여진 한국설화/한국설화론」, 『어문학논총』 24집, 국민대 어문학연구소, p.11.
2) 김영남(2006) 『동일성 상상의 계보 -근대일본의 설화연구에 나타난 민족의 발견』, 제이앤씨, p.66.

도 계승 발전되었다고 판단된다.[3)]

다카기는 근대 일본 신화, 전설, 민담 연구의 기초를 이룬 신화학자로, 1876년 구마모토현에서 태어나, 동경제국대학 독문학과를 졸업 후, 제오(第五)고등학교, 동경고등사범학교, 마쓰야마 고등학교, 오사카 외국어학교에서 독일어를 가르치며, 설화연구에 전념하다가 문부성 재외연구원으로 1922년 독일 출발을 앞두고 병사했다. 다카기는 민속학에 관심을 갖고 1904년에 『비교신화학』을 간행하고, 1912년에는 「일한공통의 민간설화」를 발표하며 한일 비교설화 연구를 본격화했다. 한일설화를 논하면서 "일한 공통의 민간설화의 존재는 양 민족 간의 문명사적 관계가 밀접함을 증거함은 물론이지만, 인종학상의 문제 해결에 대해 항상 유력한 재료가 되는 것은 아니다."고 분명히 했다.[4)] 민속학자 야나기타 구니오(柳田国男, 1875-1962)와 공동으로 ≪향토연구(郷土研究)≫를 발행, 편집(1913-14)하는 등 초기 일본민속학 발전에 공적을 남겼다. 1910년까지 다카기의 설화 연구는 신화학을 중심으로 했으나, 1910년대에는 한일 비교 설화 등 전설, 민담 연구로 학문 영역을 넓혔다.

다카기의 조선동화집은 그의 학문영역이 확장되는 시기의 산물로 1910년대 초에 조선설화에 관심을 가지고, 이를 50회 연재했다는 점에서 중요한 자료라고 판단된다. 다카기는 요미우리신문 연재에 앞서, 박물학자 미나카타 구마구스(南方熊楠, 1867-1941)에게 보낸 서간(1912년 3월 17일)에서 다음과 같이 언급하였다.

---

3) 김광식(2012) 「손진태의 비교설화론 고찰 —신자료 발굴과 저작목록을 중심으로」 『근대서지』 5호, 근대서지학회, 소명출판.

4) 高木敏雄(1912), 「日韓共通の民間説話」, 『東亜之光』 7巻11号(인용은 高木敏雄, 『増補 日本神話傳説の研究』 2, 平凡社, 1974, p.227).

소생은 현재 『조선동화집(朝鮮童話集)』을 저술 중이며, 동시에 동화학(童話學)의 저술도 준비가 완료되어, 근일 중에 집필할 것입니다. 전에 말씀드린 일본동화를 상당수 모았으므로, 4월 하순부터 요미우리신문에 연재될 것입니다.[5]

위 글에서 먼저 주의해야 할 점은 '동화'라는 용어다. 다카기는 『수신교수 동화의 연구와 그 자료(修身教授 童話の研究と其資料)』(東京寳文館, 1913)와 『동화의 연구(童話の研究)』(婦人文庫刊行会, 1916)를 출판하여, 민간동화=민간설화를 논했다. 비교설화 연구자 세키 게이고의 명확한 지적대로, "현재 민담(昔話)・민화라는 용어가 일반적이지만, 처음에는 동화 혹은 민간동화라는 용어가 즐겨 사용되었다."[6] 다카기는 민간동화라는 용어를 사용해, 본격적으로 한일설화를 비교해, 그 후 일본 및 조선인의 연구에 영향을 끼쳤다.[7] 즉 1910년 당시 제국 일본과 식민지 조선에서 동화라는 용어는 오늘날의 민담과 같은 의미로 쓰였음을 유의하지 않으면 안 된다. 이하 혼동을 피하기 위해 〈조선동화집〉과 고유명사 이외에는 동화라는 용어를 제한적으로 사용하겠다.

다카기는 1911년 1월 5일부터 1912년 4월 7일까지 「신 이솝 이야기 (新伊蘇普物語)」, 「속 신 이솝 이야기 (続新伊蘇普物語)」, 「속 신 이솝 이야기(又新伊蘇普物語)」를 연재했다. 「신 이솝 이야기」 연재에 이어 2차례에 걸쳐

5) 飯倉照平編(2003) 「南方熊楠・高木敏雄往復書簡」 『南方研究』 5号, 南方熊楠資料研究会, p.257.
6) 関敬吾(1977) 「解説」, 高木敏雄, 『童話の研究』, 講談社, p.213.
7) 방정환 손진태의 다카기의 영향에 대해서는 다음 연구를 참고. 黃善英(2006) 「交錯する童心―方定煥と同時代日本人文学者における「子ども」」, 東大比較文学会, 『比較文学研究』 88; 増尾伸一郎(2010) 「孫晋泰『朝鮮民譚集』の方法」,『韓国と日本をむすぶ昔話』, 東京学芸大学報告書; 金廣植(2011) 「高橋亨の『朝鮮の物語集』における朝鮮人論に関する研究」, 『学校教育学研究論集』 24, 東京学芸大学.

속편으로 1년 3개월간 연재된 것으로 보아 그 반향이 컸음을 짐작할 수 있다.

이솝 이야기 연재 후, 1912년 8월 1일부터 1913년 1월 31일까지 「가정동화 신판 오토기조시(家庭童話 新版御伽草子)」[8]를 연재하였다. 1913년 2월 2일부터 1914년 4월 2일까지 「세계동화 진묘 옛날이야기 백면상(世界童話 珍妙御伽百面相)」이라는 타이틀로 출전을 명기하여 연재했다. 바로 여기에 조선설화가 50회 연재되었다. 한편, 1914년 4월 3일부터 1916년 12월 28일까지는 「세계동화 부인부록(世界童話 婦人付録)」이라는 타이틀로 바뀌었는데, 여기에는 출전이 제시되지 않았다.

1913년 2월부터 이듬해 4월까지 연재된 「세계동화」중 조선설화임을 명기한 것은 아래와 같다. 그 중 〈91-92경문왕의 귀(馬の耳)〉는 출전을 『삼국유사』로, 〈116집오리 계산(家鶏の勘定)〉은 『용재총화』를 출전으로 명기하였지만, 나머지 29화 중 〈조선민간전승〉은 21화, 〈조선〉은 8화로 적혀 있다. 그리고 그 후 다카기는 1917년에 『신일본교육구전설화집(新日本教育昔噺)』(敬文館)이라는 타이틀로 조선 설화집을 간행했다.

지금까지의 선행연구에서는 다카기의 조선 설화집을 전혀 언급하지 않았다. 신문연재와 단행본의 관련성을 바탕으로 그 목록을 제시하면 아래와 같다.

『新日本教育昔噺』	요미우리신문(1913.2.4.~1914.1.25.) 제목(제목 뒤에 원문에 표기된 출전을 병기함)	영향관계
1 石地蔵のくしやみ	269-271石地蔵の噴嚔(朝鮮) 「돌 지장보살의 재채기」	시미즈(?)
2 三年忌	101-105愚津政の風呂番(朝鮮) 「바보의 제삿날 목욕물 준비」	용재총화

8) 오토기조시란 가마쿠라 시대 말기부터 에도시대 초기에 걸쳐 성립된 소박한 단편소설의 총칭.

3 馬鹿な金満家	22-26欲張長者(朝鮮民間傳承)「욕심쟁이」	
4 和尚の雀踊		용재총화
5 兎の生肝		삼국사기
6 大工と植木屋		시미즈(?)
7 馬一匹に騎手三人	97-98馬買(朝鮮)「말 사기」	용재총화
8 麻仁粕		
9 盲目の竜宮見物	131龍宮見物(朝鮮)「용궁 구경」	용재총화
10 嫁の改心		
11 新浦島	5-7仙人岳(朝鮮民間傳承)「신령이 사는 봉우리」	
12 家鴨の勘定	116家鶏の勘定(慵齋叢話)「집오리 계산」	용재총화
13 坊主の河渡		용재총화
14 亀の年齢	2-3亀は萬年(朝鮮民間傳承)「거북이는 만살, 나이 자랑」	엔스호프
15 猫鳥の禁厭	111-113御祈禱騒ぎ(朝鮮)「기도 소동」	용재총화
16 瓜の種子		시미즈
17 瘤取		다카하시
18 釜の家	246家泥棒(朝鮮)「집도둑」	
19 牡馬の子	158牡馬の子(朝鮮民間傳承)「수컷 말이 낳은 새끼」	시미즈?
20 驢馬の耳	91-92馬の耳(三国遺事)「경문왕의 귀」	삼국유사
21 三人伴侶	21三人馬鹿(朝鮮民間傳承)「3인의 바보」	
22 驢馬の卵		시미즈(?)
23 嘘の賭		시미즈(?)
24 牛に成つた大臣の子	27牛に成つた放蕩息子(朝鮮民間傳承)「소가 된 방탕한 자식」	
25 死んだ鶏	145鶏の御馳走(朝鮮民間傳承)「닭의 진수성찬」	시미즈(?)
26 人參		
27 子供の智慧	60子供の智慧(朝鮮民間傳承)「아이의 지혜」	시미즈(?)
28 盗賊と番頭	61強盜と番頭(朝鮮民間傳承)「강도와 지배인」	
29 和尚と小憎	110山火事(朝鮮)「산불」	용재총화
30 借金取	14借金取(朝鮮民間傳承)「빚 재촉」	
31 和尚の敵討	15隠居と和尚(朝鮮民間傳承)「은퇴한 노인과 스님」	
32 馬鹿婿		
33 成金術	135成金術(朝鮮民間傳承)「부자 되는 방법」	
34 新松山鏡		다카하시
35 三年坂		
36 独脚伊		
37 狐の裁判		다카하시
38 婚礼の夜		

39 書生の悪戯		용재총화
40 新舌切雀		다카하시
41 噓百円	162噓八百圓(朝鮮民間傳承)「거짓말 팔백원」	
42 打出小槌		유양잡조
43 乞食の大将		
44 虎と喇叭手	62虎と喇叭手(朝鮮民間傳承)「호랑이와 나팔수」	
45 尼の踊		
46 婿取	31-32噓話(朝鮮民間傳承)「거짓말 잘해서 장가 들기」	다카하시
47 三萬圓の鼻		
48 驢馬と百姓親子		
49 土龍の嫁入	139-140田鼠の嫁入(朝鮮民間傳承)「두더지 시집 가기」	시미즈(?)
50 倅の親爺	4孫作の親爺(朝鮮民間傳承)「손자 작이의 애비, 시골 바보」	
51 明日	80明日は何時(朝鮮民間傳承)「내일은 언제?」	유사설화
52 化物屋敷		
요미우리신문에만 수록된 설화 33寒中の筍(朝鮮民間傳承)「한 겨울의 죽순」 39困つたお嫁さん(朝鮮民間傳承)「바보 색시」 147小豆のお粥(朝鮮民間傳承)「팥죽」 252虎と狐(朝鮮)「호랑이와 여우」		

『신일본교육구전설화집(新日本教育昔噺)』은 총 52화를 수록하고 있으며 다카기는 서문에서

이번에 보실 것은 신일본교육구전설화집(新日本教育昔噺)란 제목인데 오래된 일본의 고풍스럽고 흔해서 늘 이야기하고 늘 들어본 구전설화와는 아주 다른, 바다를 건너 새로운 일본에서 옛날부터 전해 내려온 많은 구전설화입니다. 그 안에서 고민하고 고민해서 고르고 고른 것이 50여화가 됩니다. 어느 이야기를 보아도 매우 재미있고 이익이 되는 이야기입니다. 일주일에 1화씩 이야기하면 1년분이고, 하룻밤에 1화씩이라도 얼추 2개월 동안의 분량으로 어린이들은 즐거워할 것이고 어른들은 이야기 거리로 삼을 만합니다. 읽어서 들려주고 읽게 해서 듣고, 웃으면 복이 와서 거렁뱅이

신이 쫓겨나서 가내안전, 무병식재가 될 것입니다. 더할 나위없는 멋진 교육구전설화를 마음껏 즐기시길 바랍니다.

라고 밝히고 있다. 식민지 조선을 '새로운 일본(新しい日本)'이라고 하면서, 조선의 설화가 일본의 설화와는 다르다고 지적하고 있다. 이러한 점은 다카기의 설화 연구가 같은 내용의 설화를 들어, 식민지 현실을 추인하는 이데올로기로서의 위험성을 지닌 '일선동조론(日鮮同祖論)'과는 거리를 두고 있는 한 측면이라 할 수 있다. 구전설화를 엄격하게 선별하였다는 편자의 고민이 강조되고 있는 한편, 주목할 점은 「교육구전설화」의 제목과 걸맞게 조선의 설화는 이익 혹은 교육적 (為になる)이라고 한 점이다. 이 점은 『요미우리신문』에 수록된 공통설화의 내용과 비교하면 더욱 명확해지는 바, 이 고찰은 이후의 논고의 과제로 삼고자 한다.

수록된 설화는 총52화이며, 『요미우리신문』에 게재된 설화와 공통된 설화는 총27화이다. 『요미우리신문』에서 인용하지 않은 설화는 33寒中の筍(朝鮮民間傳承) 「한 겨울의 죽순」, 39困つたお嫁さん(朝鮮民間傳承) 「바보 색시」, 147小豆のお粥(朝鮮民間傳承) 「팥죽」, 252虎と狐(朝鮮) 「호랑이와 여우」 등 4화이다. 그리고 새롭게 수록된 설화는 총25이다. 『요미우리신문』 게재에 있어서는 다카하시의 영향이 그다지 보이지 않았지만 본 설화집에서는 다가하시의 설화집의 영향이 보이고 있는 바, 출전, 영향관계에 대한 문제, 신문연재 설화와 단행본에 수록된 설화와의 구체적인 비교고찰은 금후의 과제다. 다카기의 자료집은 『용재총화』와 『삼국유사』 등의 번안도 포함되어 있지만, 1910년대에 조선설화를 소개했다는 것만으로도 가치가 있다고 할 수 있다.

참고문헌

권혁래(2008) 「근대초기 설화・고전소설집 『조선물어집』의 성격과 문학사적 의의」, 『한국언어문학』 64.

김광식(2011) 「시미즈 효조(清水兵三)의 조선 민요・설화론에 대한 고찰」, 『온지논총』 28집.

김광식(2012) 「손진태의 비교설화론 고찰 －신자료 발굴과 저작목록을 중심으로」, 『근대서지』 5호, 근대서지학회, 소명출판.

김영남(2006) 『동일성 상상의 계보 -근대일본의 설화연구에 나타난 민족의 발견』, 제이앤씨.

다카하시 도루, 이시준・장경남・김광식 편(2012) 『조선 이야기집과 속담』, 제이앤씨.

민족문화문고간행회, 권오돈 외 역(1971) 『국역 대동야승1』 고전 국역총서 49, 민족문화문고간행회.

우스다 잔운, 이시준・장경남・김광식 편(2012) 『암흑의 조선』, 제이앤씨.

정명기(2009) 『한국재담 자료집성』, 보고사.

조희웅(2005) 「일본어로 쓰여진 한국설화/한국설화론1」, 『어문학논총』 국민대 어문학연구소, 제24집.

金廣植, 李市埈(2012) 「植民地期日本語朝鮮説話採集に関する基礎的考察」, 『日語日文學研究』 第81輯, 韓国日語日文學會.

李市埈, 金廣植(2012) 「日帝強占期における日本語朝鮮説話集の刊行とその書誌」, 『日本言語文化』 第21輯, 韓国日本言語文化學會.

市山盛雄編(1927) 『朝鮮民謡の研究』, 坂本書店.

飯倉照平編(2003) 「南方熊楠・高木敏雄往復書簡」 『熊楠研究』 5号, 南方熊楠資料研究会.

高木敏雄(1974) 『増補 日本神話傳説の研究2』, 平凡社.

金廣植(2010) 「近代における朝鮮説話集の刊行とその研究―田中梅吉の研究を手がかりにして」(徐禎完・増尾伸一郎編 『植民地朝鮮と帝国日本』, 勉誠出版).

課外教育

お伽文庫

第八編

新日本教育昔噺

文學士 高木敏雄著

課外教育

お伽文庫

第八編

新日本教育昔噺

序

此度《このたび》御覧《ごらん》に入《い》れますのは、新《しん》日本《にほん》教育《けういく》昔噺《むかしばなし》と題《だい》しまして古《ふる》い日本《にっぽん》の古臭《ふるくさ》い、ありふれた、話《はな》し古《ふる》して、聞《き》き古《ふる》した昔噺《むかしばなし》とはずつと異《ちが》ひまして、海《うみ》一《ひと》つ渡《わた》つたさきの、新《あた》らしい日本《にっぽん》で、昔《むかし》から傳《つた》はつた、數《かず》ある昔噺《むかしばなし》のそのなかで、念《ねん》に念《ねん》を入《い》れて、撰《よ》りに撰《よ》つて、拾《ひろ》ひ上《あ》げましたお話《はなし》の數《かず》が五十と幾《いく》つ、どれも、これも、至《いた》つて面白《おもしろ》い、爲《ため》になるお話《はなし》ばかり、一週間《しうかん》に一《ひと》つ話《はな》して一年分《ねんぶん》、一晩《ひとばん》に一《ひと》つとしても、ざつと二月《ふたつき》と云《い》ふその間《あひだ》の、お子供衆《こどもしゆう》のおたのしみ、おとな方《かた》のお笑《わら》ひ草《ぐさ》、讀《よ》んで聞《き》かせて、讀《よ》ませて聞《き》いて、笑《わら》ふ門《かど》には福《ふく》の神《かみ》が舞《ま》ひこんで、貧亡神《びんぼうがみ》が逃出《にげだ》して、家内《かない》安全《あんぜん》、無病息災《むびやうそくさい》、この上《うへ》もない結構《けつこう》な教育昔噺《けういくむかしばなし》、なにとぞ御遠慮《ごゑんりよ》なしに御覽下《ごらんくだ》さいませ。

大正七年十一月

編者識

目次

新日本

教育昔噺

高木敏雄

一 石《いし》地《ち》藏《ざう》の嚏《くさめ》

昔《むかし》ある處《ところ》に、崔奎瑞《さいけいぜん》といふ人《ひと》が、甚《ひど》く重《おも》い病氣《びやうき》に取《と》りつかれて、死《し》にさうに成《な》つたときに、其時《そのとき》で一番《ばん》だと云《い》はれた、話《はなし》の上手《じやうず》の講談師《かうだんし》が、此人《このひと》の家《うち》に訪《たづ》ねて來《き》て昔噺《むかしばなし》をして聞《き》かせた。

昔《むかし》むかし大臣《だいじん》がありました。此大臣《このだいじん》が、ふとしたことから、重《おも》い病氣《びやうき》に成《な》りまして、どうしたものだか、克《よ》く成《な》りません。妙藥《めうやく》といふ妙藥《めうやく》は、一《ひと》つ殘《のこ》さず尋《たづ》ね探《さが》して、飲《の》んで見《み》ましたけれど、一寸《ちつと》も効驗《きゝめ》が有《あ》りません。醫者《いしや》も色々《いろ〳〵》に手《て》を盡《つく》して見《み》ましたけれど、少《すこ》しも克《よ》く成《な》りませんので、到頭匙《たうとうさじ》を投《な》げて了《しま》ひました。

此大臣《このだいじん》は平常《ふだん》から、大層信心深《たいそうしんじんぶか》い方《かた》でありまして、彼方《あち》からも、此方《こち》からも巫女《みこ》を頼《たの》んで貰《もら》つて、色々《いろいろ》に御祈禱《おいのり》を致《いた》します、また惡魔掃除《あくまはらひ》を行《や》ります。最《も》う有《あ》りとあらゆる事《こと》を致《いた》しましたが、病氣《びやうき》は日《ひ》に日《ひ》に重《おも》く成《な》るばかりで、少《すこ》しも効驗《きゝめ》が見《み》えませんので、仕方《しかた》が無《な》い、壽命《じゆみやう》が無《な》いのだ、と諦《あきら》めて、愈々《いよいよ》死《し》ぬ覺悟《かくご》をきめて居《を》りました。

すると或日《あるひ》のこと、易者《えきしや》が一人《ひとり》ひよいと訪《たづ》ねて參《まゐ》りまして、此大臣《このだいじん》の病氣《びやうき》を見《み》て、暫《しばら》く筮竹《ぜいちく》をひねくつて、首《くび》をかしげて考《かんが》へてゐましたが、やがて膝《ひざ》を叩《たゝ》いて、『宜《よろ》しう御坐《ござ》います、判《わか》りました、』と申《まを》しました。

附添《つきそひ》の人《ひと》たちは吃驚《びつくり》して、『何《なん》と仰《おつ》しやる、』と問《と》ひました。

易者《えきしや》は勿體《もつたい》らしい面貌《かほつき》をして、『いや、御安心《ごあんしん》なさい。大丈夫《だいぢやうぶ》です、悉皆《すつかり》わかりました、』と云《い》つて、『此《これ》から三里《り》ばかり丑寅《うしとら》の方角《はうがく》に、山《やま》の奥《おく》に石地藏樣《いしぢざうさま》があります。その地藏樣《ぢざうさま》の頭《あたま》の上《うへ》に、梨《なし》が生《な》つてゐます。その梨《なし》の實《み》を採《と》つて來《き》て御病人《ごびやうにん》に上《あ》げて御覽《ごらん》なさい。御病氣《ごびやうき》は屹度《きつと》、拭《ふ》いて取《と》つたやうに、治《なほ》つて了《しま》ひます。』と話《はな》しました。

其《それ》を聞《き》いて、大臣《だいじん》の家《うち》の人《ひと》たちは、喜《よろこ》んだの、喜《よろこ》ばないのぢやありません。其《それ》では早《はや》く、と云《い》ふので、直《す》ぐに男《をとこ》を呼《よ》んで、易者《えきしや》の云《い》つた通《とほ》りに、能《よ》く敎《をし》へて、仕度《したく》をさせて、梨《なし》を採《と》りにやりました。

男《をとこ》が急《いそ》いで其山《そのやま》の奥《おく》へ行《い》つて見《み》ると、果《はた》して石《いし》の地藏樣《ぢざうさま》がありました。其《それ》はそれは大《おほ》きい、吃驚《びつくり》するやうに大《おほ》きい、石《いし》の地藏《ぢざう》でありまして、何時《いつ》の昔《むかし》、誰《たれ》が建《た》てたのやら、判《わか》りませんけれど、餘程長《よほどなが》い間《あひだ》、この山奥《やまおく》に埋《うづ》もれてゐたと見《み》えて、頭《あたま》には苔《こけ》が厚《あつ》く生《は》えて、頸《くび》から下《した》は一面《めん》に葛蘿《かつら》がまきついて、腰《こし》から下《した》は地《つち》に埋《うづ》もれてゐました。能《よ》く〲眺《なが》めると、成程《なるほど》、易者《えきしや》の云《い》つた通《とほ》り、その地藏様《ぢざうさま》の頭《あたま》の上《うへ》のところに近《ちか》く、水《みづ》の垂《た》れるやうな、奇麗《きれい》な梨《なし》の實《み》が、旨《うま》さうに澤山《たくさん》ぶら下《さが》つてゐました。

ところが、困《こま》つたことには、其梨《そのなし》の樹《き》が餘《あま》り大《おほ》きくて、迚《とて》も登《のぼ》ることが能《でき》ません。家《うち》を出《で》るときに、棒《ぼう》を忘《わす》れて來《き》て了《しま》つたので、何《なに》か其處《そこ》らに有《あ》るだらうと思《おも》つて、餘程《よほど》探《さが》して見《み》ましたけれど、無《な》い時《とき》には無《な》いもので、藁《わら》しべ一本《いつぽん》ありません。

男《をとこ》はいよ／＼困《こま》つて了《しま》ひました。最《も》う地藏様《ぢざうさま》に登《のぼ》るより他《ほか》に、仕方《しかた》が無《な》いと思《おも》つて、葛蘿《かづら》に取摑《とつつか》まつて、漸《やつ》とのことで、肩《かた》まで登《のぼ》りましたけれど、首《くび》から上《うへ》には葛蘿《かつら》がありません。苔《こけ》がつる／＼滑《すべ》つて、足《あし》の留場《とまりば》がありません。耳《みゝ》を引張《ひつぱ》つて見《み》ましたけれど、矢張《やはり》駄目《だめ》でありました。

家《うち》へ戻《もど》つて、梯子《はしご》でも擔《かつ》いで來《き》たら、間違《まちがひ》はありませんけれど、三里《り》の途《みち》を行《い》つたり、來《き》たりしてゐる中《うち》には、今日《けふ》の日《ひ》は暮《く》れて了《しま》ふ。それに家《うち》の人《ひと》たちは、首《くび》を長《なが》くして、自分《じぶん》が梨《なし》を採《と》つて歸《かへ》つて來《く》るのを、待《ま》つてゐるのに、どうして唯《たゞ》のこ〳〵歸《かへ》れるものか。大臣《だいじん》の病氣《びやうき》は、だん〳〵重《おも》く成《な》つてゐて、明日《あす》まで生命《いのち》があるやら、怪《あや》しい位《くらゐ》だのに、梨《なし》が採《と》れなかつたと云《い》つたら、屹度《きつと》失《かつ》望《かり》して、死《し》んで了《しま》ふかも知《し》れない。そしたら、自分《じぶん》は何《なん》と云《い》はれるだらう。こりや何《ど》うしても、梨《なし》を採《と》らずばなるまい。生命《いのち》懸《が》けの仕事《しごと》だが、仕方《しかた》がない。男《をとこ》はかう考《かんが》えて、また奮發《ふんぱつ》して、一《ひと》しきり骨折《ほねを》つて見《み》ましたが、矢張駄目《やはりだめ》でありました。

『最《も》う仕方《しかた》がない。御地藏樣《おぢざうさま》、御免下《ごめんくだ》さい。人一人《ひとひとり》助《たす》けると思《おも》つて、暫《しばら》くの間《あひだ》ですから、どうぞ我慢《がまん》をしてゐて下《くだ》さい、』と云《い》つて、男《をとこ》は自分《じぶん》の犢鼻褌《ふんどし》をはづして地藏樣《ぢざうさま》の鼻頭《はながしら》へ投《な》げかけて、それに下《さが》つて、又一《またひと》しきり汗《あせ》を流《なが》して、漸《やつ》とのことで、鼻《はな》まで登《のぼ》りました。

男《をとこ》は悉皆《すつかり》くたびれて了《しま》ひました。鼻《はな》の中《なか》で暫《しばら》く休《やす》んで、其《それ》からまた登《のぼ》ることにしやうと思《おも》つて、地藏樣《ちざうさま》の鼻《はな》の穴《あな》へ這込《はひこ》みました。

其鼻《そのはな》の孔《あな》と云《い》ふのが、素晴《すば》らしい大《おほ》きい孔《あな》でありまして、馬《うま》に乘《の》つてゐても、樂《らく》に行《ゆ》ける位《くらゐ》で、其深《そのふか》さと來《き》たら、何里《なんり》あるか知《し》れません。男《をとこ》は生《うま》れてからはじめて、此《こ》んな孔《あな》へ入《はい》つて見《み》たのでありますから、つい面白《おもしろ》く成《な》つて、『マア、驚《おどろ》いた、珍《めづ》らしいところだ。何處《どこ》まで深《ふか》いのだらうか、序《ついで》に探《さぐ》つて見《み》やう、』と云《い》つて、梨《なし》のことも、大臣《だいじん》の病氣《びやうき》のことも、悉皆《すつかり》忘《わす》れて了《しま》つて、ずん〳〵入《はい》つて行《ゆ》きました。

眞暗《まつくら》いところでありますから、幾里《いくり》ばかり歩《ある》いたか判《わか》りません。すると不意《だしぬけ》に、大地震《おほぢしん》でも起《おこ》つたやうな音《おと》がして、地藏樣《ちざうさま》の首《くび》が飛《と》んだかと思《おも》ふと、男《をとこ》は吹飛《ふきと》ばされて了《しま》ひました。

其響《そのひゞき》と云《い》ふのは、地藏樣《ちざうさま》の嚔《くさめ》でありました。男《をとこ》は暫《しばら》く氣絶《きぜつ》をしてゐました。

夕方《ゆふがた》に成《な》つて、寒《さむ》い風《かぜ》が吹《ふ》いたので、男《をとこ》は夢《ゆめ》からでも覺《さ》めたやうに、氣がついて見《み》ると、地藏樣《ちざうさま》から三十間《けん》ばかり離《はな》れたところに、草《くさ》の中《なか》に轉《ころ》がつてゐました。

『マア、善《よ》かつた。眞實《ほんと》に吃驚《びつくり》した、』と云《い》つて、男《をとこ》は眼《め》をこすり〲、地藏樣《ちざうさま》の方《はう》を眺《なが》めて見《み》ると、飛《と》んだと思《おも》つた地藏樣《ちざうさま》の首《くび》は、ちやんと元《もと》の通《とほ》り附《つ》いてゐましたけれど、上《うへ》の方《はう》の梨《なし》の實《み》が、大層少《たいそうすく》く成《な》つてゐます。ハテナ、と思《おも》つて、下《した》の方《はう》を見《み》ると、梨《なし》の實《み》が彼方《あち》にも此方《こち》にも、澤山《たくさん》落ちてゐました。

地藏樣《ちざうさま》がハックショと云《い》つて、嚔《くしやみ》をした拍子《ひやうし》に、頭《あたま》を振《ふ》つた機《はづ》みに梨《なし》の實《み》が墮《お》ちたのでありました。

男《をとこ》は大喜《おほよろこ》びて、その梨《なし》の實《み》を拾《ひろ》つて、持《も》つて歸《かへ》つて、大臣《だいじん》に食《た》べさせました。すると易者《えきしや》の云《い》つた通《とほ》りに、大臣《だいじん》の病氣《びやうき》は、拭《ふ》いて取《と》つたやうに、ころりと治《なほ》つて、今《いま》まで死《し》にかゝつてゐた病人《びやうにん》が、歌《うた》を唱《うた》つて、座敷中《ざしきちう》を踊《をど》りまわるやうに成《な》りました。

講談師《かうだんし》が此昔噺《このむかしばなし》を面白《おもしろ》く話《はな》して聞《き》かせると、今《いま》の今《いま》まで青《あを》い氣息《いき》を吐《つ》いてゐた崔奎瑞《さいけいせん》が、大層面白《たいそうおもしろ》がつて、見《み》てゐる中《うち》に氣分《きぶん》がよく成《な》つて、三日《みつか》ばかりの中《うち》に、病氣《びやうき》が全然治《すつかりなを》つて了《しま》つた。藥餌《くすり》より善《よ》く利《き》くと云《い》ふところから、昔噺《むかしばなし》のことを利藥餌《イヤギー》と云《い》ふやうに成《な》つた、と云《い》ふ此昔噺《このむかしばなし》も矢張《やはり》利藥餌《イヤギー》である。

二　三年忌《さんねんき》

兄《あに》と弟《おとうと》と二人《ふたり》で家《うち》を持《も》つてゐた。貧乏《びんぼう》で、貧乏《びんぼう》で、其日《そのひ》その日《ひ》の食物《たべもの》にも困《こま》つてゐた位《くらゐ》だから、死《し》んだ親爺《おやぢ》の三年忌《ねんき》が來《き》て、坊《ばう》さんを呼《よ》んで、御經《おきやう》を上《あ》げて貰《もら》はうと思《おも》つても、坊《ばう》さんに御馳走《ごちさう》を出《だ》すことが能《でき》ない。其《それ》でもどうにかして、親爺《おやぢ》の三年忌《ねんき》だけは濟《すま》したいものだと思《おも》つて、二人《ふたり》で種々《いろ〱》に相談《さうだん》をして、隣《となり》の家《うち》へ盗賊《どろぼう》に入《はひ》つた。

二人《ふたり》は隣家《となり》の椽《えん》の下《した》に潜込《もぐりこ》んで、家《うち》の者《もの》が寝静《ねしづま》るのを待《ま》つてゐると、夜半頃《よなかごろ》に成《な》つて、隣家《となり》の親爺《おやぢ》が起《お》きて出《で》て、椽側《えんがは》で小便《せうべん》をする。かくれてゐる兄弟《きやうだい》の背中《せなか》に小便《せうべん》がかゝる。

すると兄《あに》が弟《おとうと》の名《な》を呼《よ》んで、『暖《あつた》かい雨《あめ》が降《ふ》つて來《き》て、背中《せなか》が濡《ぬ》れる。どうしたら可《い》いだらう、』と怒鳴《どな》る。

親爺《おやぢ》は其《それ》を聞《き》いて、ハテナと思《おも》つて、椽《えん》の下《した》を覗《のぞ》いて見《み》ると、隣家《となり》の兄弟《きやうだい》が蹲踞《しやが》んでゐるから、直《す》ぐに引《ひ》ずり出《だ》して、『此夜中《このよなか》に、何《なに》をしに來《き》たのだ、』と叱《しか》りつける。

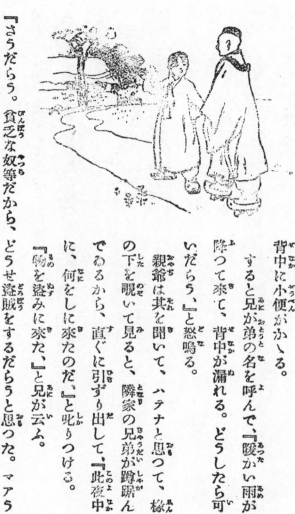

『物《もの》を盗《ぬす》みに來《き》た、』と兄《あに》が云《い》ふ。

『さうだらう。貧乏《びんばう》な奴等《やつら》だから、どうせ盗賊《どろばう》をするだらうと思《おも》つた。マアラまい工合《ぐあひ》に見《み》つかつた。サア、甚《ひど》い目《め》に遭《あ》はせてやるから、各々《めい〳〵》所望《のぞみ》を云《い》へ。棒《ばう》がいゝか、笞《むち》がいゝか、』と親爺《おやぢ》が問《と》ふ。

『小父《おぢ》さん、どうぞ腐繩《くされなわ》で縛《しば》つて、麻柄《あさがら》で叩《たゝ》いて、其《それ》で勘辨《かんべん》してやつて下《くだ》さい、』と弟《おとうと》が云《い》ふ。

兄《あに》は其《それ》を聞《き》いて、『小父《おぢ》さん、どうぞ麻繩《あさなわ》で縛《しば》つて、樫樹《かしのき》の棒《ばう》で毆《なぐ》つで、其《それ》で勘辨《かんべん》してやつて下《くだ》さい、』と兄《あに》が云《い》ふ。

『よし、其通《そのとほ》りにしてやる、』と云《い》つて、親爺《おやぢ》が腐繩《くされなわ》で弟《おとうと》を縛《しば》つて、麻柄《あさがら》で叩《たゝ》いて、其《それ》から麻繩《あさなわ》で兄《あに》を縛《しば》つて、樫樹《かしのき》の棒《ばう》で毆《なぐ》つて、其《それ》から二人《ふたり》を解《と》いてやつて、『そしてまた、お前《まへ》たちは、どうして盜賊《どろばう》をしに來《き》た、何《なに》を取《と》らうと思《おも》つて入《はい》つたのだ、』と問《と》ふ。

『小父《おぢ》さん、聞《き》いて下《くだ》さい。明日《あす》は死《し》んだお父《とつ》さんの三年忌《ねんき》だから、坊《ばう》さんを呼《よ》んで、御經《おきやう》を上《あ》げて貰《もら》はうと思《おも》つたけれど、家《うち》に何《なん》にも無《な》くて、御馳走《ごちさう》を出《だ》すことも能《でき》ないから、惡《わる》いとは思《おも》つたけれど、小父《おぢ》さんとこに赤豆《あづき》が有《あ》つたら少《すこ》し貰《もら》はうと思《おも》つて、入《はい》つて來《き》たのです。小父《おぢ》さん、勘辨《かんべん》して下《くだ》さい、」と弟《おとうと》は云《い》ふ。

親爺《おやぢ》を其《それ》を聞《き》いて、可哀相《かあいさう》だと思《おも》つて、『成程《なるほど》、最《も》う三年《ねん》だ。和尚《をしやう》さんに來《き》て貰《もら》つても、御馳走《ごちそう》が無《な》くては、眞實《ほんと》に困《こま》るだらう。よし〳〵、今夜《こんや》のことは勘辨《かんべん》してやらう。そして赤豆《あづき》も呉《く》れてやるから、幾程《いくら》でも欲《ほ》しいだけ、持《も》つて行《ゆ》くがよい、」と云《い》つて呉《く》れて、赤豆《あづき》の俵《たはら》のあるところへ二人《ふたり》をつれて行《い》つた。

弟《おとうと》は大層喜《たいそうよろこ》んで、重《おも》い俵《たはら》を一個《ひとつ》擔《かつ》いで歸《かへ》つた。兄《あに》は地面《ぢめん》にこぼれた赤豆《あづき》を三《み》粒《つぶ》ばかり拾《ひろ》つて、其《それ》を藁《わら》しべで縛《しば》つて、ヤッコラ、ヤッコラと懸聲《かけごゑ》をして、引《ひき》ずつて歸《かへ》つて來《き》た。

其次《そのつぎ》の日《ひ》に、弟《おとうと》が赤豆《あづき》の粥《かゆ》をこしらへにかゝる。そして兄《あに》を呼《よ》んで、『兄《にい》さん山寺《やまでら》へ行《い》つて、和尚《をしやう》さんを招《よ》んで來《き》なさい、」と云《い》ふ。

『和尚《おしやう》さんと云《い》ふのは、一體《いつたい》どんなものだ、』と兄《あに》は問《と》ふ。

『黒《くろ》い衣《ころも》を着《き》てゐるのさ、』と敎《おし》へる。

兄《あに》は急《いそ》いで山寺《やまでら》の方《はう》へ行《ゆ》くと、路傍《みちばた》の樹《き》の上《うへ》に烏《からす》が止《とま》つてゐるから、此《これ》が乾《きつ》度《と》和尚《おしやう》さんだらうと思《おも》つて、『和尚《おしやう》さん、どうぞ來《き》て下《くだ》さい、』と呼《よ》ぶ。烏《からす》は知《し》らぬ顔《かほ》をしてゐる。兄《あに》が今《も》一度《いちど》よぶ。其《それ》でも烏《からす》は知《し》らぬ顔《かほ》をしてゐるので、兄《あに》が怒《おこ》つて、石《いし》を拾《ひろ》つて逃《な》げつける。烏《からす》は吃驚《びつくり》して、カー、カー、と啼《な》いて、飛《と》んで去《い》つて了《しま》ふ。

兄《あに》は歸《かへ》つて來《き》て、『駄目《だめ》だ、駄目《だめ》だ。幾度《いくど》呼《よ》んでも、返事《へんじ》をしあがらないから石《いし》を投付《はうりつ》けてやつたら、カー、カー、啼《な》いて、飛《と》んで去《い》つて了《しま》つた、』と話《はな》す。

弟《おとうと》は其《それ》を聞《き》いて、『それは烏《からす》ぢやないか。今《も》一度《いちど》往《い》つて、黄色《きいろ》い衣《ころも》を着《き》てゐる方《かた》を招《よ》んで來《き》なさい、』と敎《おし》へてやる。

兄《あに》がまた出《で》て往《ゆ》くと、今度《こんど》は鶯《うぐひす》が樹《き》の枝《えだ》に止《とま》つてゐる。

『和尚《おしやう》さん、早《はや》く来《き》ておくれ、』と兄《あに》が怒鳴《どな》る。

鶯《うぐひす》は驚《おどろ》いて、ホヽ、ホー、と啼《な》いて隠《かく》れて了《しま》ふ。

兄《あに》はまた戻《もど》つて来《き》て、『駄目《だめ》、駄目《だめ》、矢張《やはり》だめだ。此度《こんど》の野郎《やらう》は、ホー、ホー啼《な》いて、籔《やぶ》の中《なか》へかくれて了《しま》ひあがつた、』と話《はな》す。

弟《おとうと》は其《それ》を聞《き》いて、『真実《ほんと》にしやうがないな、兄《にい》さんは。其《それ》は鶯《うぐひす》ぢやないか。分《わか》らなけりや、乃公《おれ》が往《い》つて、呼《よ》んで来《く》るから、兄《にい》さんは留守《るす》をしてゐるがいい。若《も》しかお釜《かま》の中《なか》の粥《かゆ》が、煮《に》えて溢《こぼ》れるやうだつたら、下《おろ》して何《なに》か凹《くぼ》んだ物《もの》へ移《うつ》しておきなさい、』と教《をし》へて置《お》いて、出《で》てゆく。

兄《あに》が留守《るす》をしてゐると、やがて粥《かゆ》が煮《に》えて、溢《こぼ》れさうに成《な》る。兄《あに》は其《それ》を下《おろ》して、何《なに》か凹《くぼ》んだものは無《な》いか知《し》らと思《おも》つて、戸《と》を出《で》て見《み》ると、廂《ひさし》の下《した》の雨垂《あまだれ》の落《お》ちた跡《あと》が、幾個《いくつ》も凹《くぼ》んでゐたから、其處《そこ》へお釜《かま》の粥《かゆ》を少《すこ》しづゝ溢《こぼ》して、到頭《たうとう》悉皆《すつかり》こぼして了《しま》つた。

弟《おとうと》が和尚《をしやう》をつれて來《き》て見《み》ると、お釜《かま》の中《なか》は空虚《からつぽ》に成《な》つてゐた。

三　馬鹿《ばか》な金滿家《かねもち》

金滿家《かねもち》と貧乏《びんばう》な百姓《ひやくしやう》と、おんなじ村《むら》に棲《す》んでゐた。

この貧乏《びんばう》な百姓《ひやくしやう》が、蜜蜂《みつばち》の箱《はこ》を抱《かゝ》えて、金滿家《かねもち》の屋敷《やしき》の傍《わき》の坂《さか》を下《くだ》りかゝると、石《いし》に躓《つまづ》いて轉《ころ》んだ。驚《おどろ》いて蜜蜂《みつばち》の箱《はこ》を放出《はうりだ》すと、その箱《はこ》が坂《さか》を轉《ころ》がつて、ころ〳〵と、何處《どこ》までも、何處《どこ》までも轉《ころ》がつてゆく。丁度《ちやうど》そのとき、その坂《さか》に雉子《きじ》が一疋《ぴき》下《お》りてゐたが、不意《だしぬけ》に箱《はこ》が轉《ころ》がつて來《き》たものだから、逃《に》げる暇《ひま》がなくて、其箱《そのはこ》にしき殺《ころ》されて死《し》んで了《しま》つた。百姓《ひやくしやう》が其雉子《そのきじ》を拾《ひろ》つて、箱《はこ》と一緒《しよ》に、持《も》つて歸《かへ》らうとすると、金滿家《かねもち》が門《もん》から飛出《とびだ》して來《き》て、『オイ〳〵、』と聲《こゑ》をかける。

百姓《ひやくしやう》は呼止《よびと》められて、雉子《きじ》を欲《ほ》しいと云《い》ふのだらうと思《おも》つて、『旦那《だんな》、雉子《きじ》を買《か》つて下《くだ》さるのでずか、』と問《と》ふた。

『イヤ、雉子《きじ》ぢやない。雉子《きじ》を捕《と》るその箱《はこ》が欲《ほ》しいのだ、』と云《い》ふ。

百姓《ひやくしやう》は其《それ》を聞《き》いて、成程《なるほど》、金滿家《かねもち》と云《い》ふものは、馬鹿《ばか》なものだな。皆《みんな》が此旦《このだん》那《な》のことを、馬鹿《ばか》だ、馬鹿《ばか》だと云《い》ふが、嘘《うそ》ぢやないわい。箱《はこ》が轉《ころ》がつて、雉子《なじ》が死《し》んだのを見《み》て、乃公《おれ》が箱《はこ》を轉《とろ》がして、雉子《きじ》を捕《と》つたのだと思《おも》つて、此箱《このはこ》さへ持《も》つてゐりや、何時《いつ》でも雉子《きじ》が捕《と》れると、考《かんが》えて、箱《はこ》を買《か》ひたい、と云《い》ふのだな。よし、來《き》た。此奴《こいつ》は面白《おもしろ》い。うまく欺《だま》して、高《たか》く賣《うり》つけたいものだ、と心《こゝろ》の裡《うち》で考《かんが》えて、『旦那《だんな》、此箱《このはこ》を取《と》られて了《しま》つては、私《わし》は商賣《しやうばい》が能《でき》なくなります。餘程《よほど》高《たか》く出《だ》して貰《もら》はなくては、此箱《このはこ》は差上《さしあ》げられません、』と云《い》つて見《み》た。

『アヽ、宜《い》いとも。直段《ねだん》は幾《いく》らでも、お前《まへ》の望《のぞ》む通《とほ》りだしてやる、』と旦那《だんな》が云《い》ふ。

『百圓《ひやくゑん》で買《か》つたのですけれど、旦那《だんな》のことだから、九十九圓《ゑん》にして置《お》きませう、』

と百姓《ひやくしやう》が云《い》ふ。

『宜《よろ》しい、買《か》つてやらう、』と云《い》つて、金滿家《かねもち》が九十九圓《ゑん》で其箱《そのはこ》を買《か》つて歸《かへ》つた

そして其次《そのつぎ》の日《ひ》に、其箱《そのはこ》を擔《かつ》いで、雉子捕《きじとり》に出懸《でか》けた。山《やま》の中《なか》を彼方此方《あちこち》歩《ある》いて、坂《さか》さへ見《み》ると、その上《うへ》に行《い》つて、箱《はこ》を轉《ころ》がして見《み》た。けれど牛《うし》の糞《くそ》が附着《くつゝ》くばかりで、雉子《きじ》は一寸《ちよつと》も捕《と》れない。無暗《むやみ》に轉《ころ》がしてゐると、お終《しまひ》には途《みち》に繋《つな》いであつた牛《うし》に衝突《ぶつゝ》かつて、其牛《そのうし》に大怪我《おほけが》をさせた。牛《うし》の持主《もちぬし》が怒《おこ》る。仕方《しかた》が無《な》いから、百圓《ひやくゑん》出《だ》して勘辨《かんべん》して貰《もら》つた。餘《あま》り馬鹿《ばか》々々しくて、悔《くや》しくて仕樣《しやう》がないから、箱《はこ》を賣《う》つた百姓《ひやくしやう》に會《あ》つて、文句《もんく》を云《い》つてやらうと思《おも》つて、旦那《だんな》は其《その》次《つぎ》の日《ひ》に、百姓《ひやくしやう》の家《うち》へ出懸《でか》けた。

百姓《ひやくしやう》の方《はう》では、金滿家《かねもち》の旦那《だんな》が、屹度《きつと》怒《おこ》つて來《く》るだらうと思《おも》つたから、其朝《そのあさ》早《はや》く息子《むすこ》に牛《うし》を引《ひ》かせて、薪《まき》を採《と》りに山《やま》へやつた。そして、薪《まき》を採《と》つたら、牛《うし》に負《しよ》はせて、自分《じぶん》は藪《やぶ》の中《なか》にかくれてゐて、牛《うし》だけ歸《かへ》らせるやうにせよ、と云《い》

つて聞《き》かせて置《お》いた。

旦那《だんな》は百姓《ひやくしやう》のところへ來《き》て、『貴樣《きさま》は乃公《おれ》を欺《だま》したな。金《かね》を出《だ》して返《かへ》せ、』と怒《ど》鳴込《なりこ》んだ。

『どう成《な》さつたのです、』と百姓《ひやくしやう》がすまして云《い》ふ。

『雉子《きじ》は捕《と》れないぢやないか、』と旦那《だんな》が怒《おこ》る。

『雉子《きじ》がゐましたか、』と百姓《ひやくしやう》が問《と》ふ。

『ゐなかつた、』と旦那《だんな》が云《い》ふ。

『ゐないものは捕《と》れません。旦那《だんな》は下手《へた》だから可《い》けない。雉子《きじ》のゐるところを見《み》つけて、雉子《きじ》の頭《あたま》に能《よ》くあたるやうに、上手《じやうず》に轉《ころ》がすのです。そしたら屹度《きつと》捕《と》れます、欺《だま》すものですか、』と百姓《ひやくしやう》が云《い》ふ。

『さうか知《し》ら、』と云《い》つて、旦那《だんな》が考《かんが》えてゐるところへ、薪《まき》を負《しよ》つた牛《うし》が歸《かへ》つて來《き》た。誰《だれ》もついてゐない、ひとりでに、ずんずん百姓《ひやくしやう》のゐる方《はう》へやつて來《く》る。

旦那《だんな》は其《それ》を見《み》て驚《おどろ》いた。

すると百姓《ひやくしやう》は此處《こゝ》だと思《おも》つて、『旦那《だんな》、よく仕込《しこ》んであるでせう、此牛《このうし》は何時《いつ》でも、ひとりで山《やま》へ行《い》つて、薪《まき》を探《さが》して、ひとりで負《しよ》つて歸《かへ》つて來《く》るのです。眞實《ほんと》にうまく仕込《しこ》んであるでせう、』と云《い》ふ。

『乃公《おれ》に賣《う》つて呉《く》れないか、』と旦那《だんな》が云《い》ふ。

『飛《と》んだこと、此牛《このうし》がどうして賣《う》れるものですか。私《わし》は貧乏《びんぼう》で、持《も》つてゐる物《もの》と云《い》つたら、たつた此牛《このうし》一疋《ぴき》です。此《これ》を取《と》られて了《しま》つたら、明日《あす》から最《も》う食《た》べることが能《でき》なくなる、』と百姓《ひやくしやう》が云《い》ふ。

賣《う》らないと云《い》はれると、無理《むり》に買《か》ひたくなる。旦那《だんな》は欲《ほ》しくて、欲《ほ》しくて堪《たま》らなく成《な》つて、『其代《そのかは》りに、高《たか》く買《か》つてやつたら可《い》いだらう。金《かね》は幾《いく》らでも出《だ》すから、マア、さう云《い》はずに、是非《ぜひ》賣《う》つてくれ、』と頼《たの》むやうに云《い》ふ。

『仕方《しかた》が無《な》い、旦那《だんな》のことだかち、賣《う》つてあげませう。三百圓《さんびやくゑん》で買《か》つたのだけれど、うんと負《ま》けて、二百九十九圓《ゑん》で上《あ》げませう、』と云《い》ふ。

金滿《かねもち》家は大層喜《たいそうよろこ》んで、二百九十九圓《ゑん》で其牛《そのうし》を買《か》つて、引《ひ》いて歸《かへ》つた。其《それ》からその次《つぎ》の朝《あさ》に成《な》つて、其牛《そのうし》を解《と》いて、『サア、山《やま》へ行《い》つて、薪《まき》を採《と》つて來《こ》い、』と云《い》つて聞《き》かせて、追放《おひはな》した。牛《うし》はのそ〳〵と、外《そと》へ出《で》て行《い》つた。お晝頃《ひるごろ》に成《な》つた。牛《うし》は歸《かへ》つて來《こ》ない。夕方《ゆふがた》に成《な》つたけれど、矢張《やはり》まだ戻《もど》つて來《こ》ない。もとの百姓《ひやくしやう》の家《うち》へ戻《もど》つて行《い》つて了《しま》つたのだから、旦那《だんな》の方《はう》へ歸《かへ》つてくる筈《はづ》がない。そんなことは、夢《ゆめ》にも知《し》らないから、旦那《だんな》は最《も》う牛《うし》が來《く》るだらう、最《も》う戻《もど》るだらうと思《おも》つて、夜《よ》の明《あく》るまで待《ま》つて、待《ま》つて、待疲勞《まちくたび》れて、到頭《たう〳〵》たまらなく成《な》つて、また百姓《ひやくしやう》の家《うち》へ怒《おこ》つて行《い》つた。

百姓《ひやくしやう》の方《はう》では、今日《けふ》が旦那《だんな》が怒《おこ》つて來《く》るだらうと思《おも》つて、若《も》し來《き》たらまた欺《だま》す積《つもり》で、女房《にようぼ》を呼《よ》んで、『早《はや》く犬《いぬ》に蜂蜜《はちみつ》を食《く》はせて置《お》け、』と云《い》ひつける。女房《にようぼ》が云《い》ひつけられたやうに、犬《いぬ》に蜂蜜《はちみつ》を食《た》べさせると、百姓《ひやくしやう》が傍《そば》に附《つ》いてゐて、『最《も》つと、最《も》つと、最《も》つと、』と云《い》つて、犬《いぬ》のお腹《なか》が充滿《いつぱい》に成《な》つて、鼻《はな》からも、尻《しり》からも、蜂蜜《はちみつ》が溢《こぼ》れて出《で》るやうになるまで、つめ込《こ》んだ。

其處《そこ》へ旦那《だんな》が飛込《とびこ》んで來《き》て、『貴樣《きさま》は甚《ひど》い奴《やつ》だ、また欺《だま》したな、』と怒鳴《どな》つて、百姓《ひやくしやう》に掴《つか》みかゝらうとする。

『マア、どう成《な》さつたのです、』と百姓《ひやくしやう》が驚《おどろ》いたやうな風《ふう》をする。

『とぼけちや可《い》けない。昨日《きのふ》の三百圓《えん》を返《かへ》せ、牛《うし》は歸《もど》つて來《こ》ないぢやないか、』と旦那《だんな》が云《い》ふ。

『何《なに》か食《た》べさせて、御出《おだ》しなさつたのですか、』と問《と》ふ。

『イヤ、どうもせない、』と旦那《だんな》が云《い》ふ。

『冗談《じやうだん》ぢやない、旦那《だんな》、マア、考《かんが》えて御覧《ごらん》なさい。何《なん》ぼ牛《うし》だつて、物《もの》を食《た》べずに働《はたら》けるものですか。屹度《きつと》何《なん》でせう、お腹《なか》が空《す》いたから、山《やま》で何《なに》か食《た》べてゐて遲《おそ》く成《な》つたのでせう。其《それ》ともまた、旦那《だんな》が御馳走《ごちそう》をせずに、薪《まき》を採《と》りにお出しなさつたから、嫌《いや》に成《な》つて了《しま》つて、何處《どこ》かへ行《い》つたのかも知《し》れません。眞實《ほんと》に惜《をし》いことをした、欺《だま》すものですか。併《しか》し旦那《だんな》はお金《かね》が澤山《どつさり》あるから、牛《うし》を一疋《ぴき》失《な》くしても、困《こま》ることはない。薪《まき》は何時《いつ》でも買《か》へるでせう。薪《まき》よりか、旦那《だんな》、蜂蜜《はちみつ》の方《はう》が可《い》いでせう、』と云《い》つて、百姓《ひやくしやう》が犬《いぬ》を見《み》せて、『此犬《このいぬ》はどうです。蜂蜜《はちみつ》犬《いぬ》と云《い》つて、幾程《いくら》でも蜜《みつ》を出《だ》すのです、』と話《はな》す。

『どうして出《だ》すのだ、』と問《と》ふ。

百姓《ひやくしやう》が犬《いぬ》の横腹《よこはら》を、兩方《りやうはう》から抑《おさ》えてしぼると、犬《いぬ》の口《くち》から蜂蜜《はちみつ》が流《なが》れて出《で》る食《た》べて見《み》ると、眞實《ほんと》の蜂蜜《はちみつ》と少《すこ》しも異《ちが》はない。

『驚《おどろ》いた、珍《めづら》しい犬《いぬ》だ。牛《うし》のことは、最《も》う云《い》はないから、此犬《このいぬ》を賣《う》つて呉《く》れないか、』と旦那《だんな》がまた欲《ほ》しくなる。

『旦那《だんな》、高《たか》いですぜ、』と云《い》ふ。

『構《かま》はん、云《い》つて見《み》ろ、』と旦那《だんな》が云《い》ふ。

『五百圓《ひやくゑん》で買《か》つたのだけれど、旦那《だんな》のことだから、思切《おもひき》つて、うんと負《ま》けて、四百九十九圓《ゑん》で進《あ》げて了《しま》ひませう、』と百姓《ひやくしやう》が云《い》ふ。

『宜《よろ》しい、それで貰《もら》はう、』と云《い》つて、金満家《かねもち》が四百九十九圓《ゑん》で其犬《そのいぬ》を買《か》つて、つれて歸《かく》る。そして其次《そのつぎ》の日《ひ》に、友人《ともだち》を大勢《おほぜい》寄《よ》せて、『蜂蜜犬《はちみついぬ》と云《い》つて、珍《めづら》しい犬《いぬ》を買《か》つたから、どうか御覧下《ごらんくだ》さい。今《いま》その蜜《みつ》を出《だ》すところを、御目《おめ》にかけます、』と云《い》つて、座敷《ざしき》の中央《まんなか》に其犬《そのいぬ》を引張出《ひつぱりだ》して、金満家《かねもち》の旦那《だんな》が、兩手《りやうて》で犬《いぬ》の横腹《よこはら》を抑《おさ》えて見《み》たけれど、一向《かう》蜂蜜《はちみつ》が出《で》さうにない。ハテナ、出《で》ない筈《はづ》はないが、まだ御馳走《ごちそう》が足《た》りぬのか知《し》ら。イヤ、さうぢやない。壓《お》しかたが足《た》りないのだ、と思《おも》つて、うんと力《ちから》を入《い》れておしつけると、ワン／＼と口《くち》から聲《こゑ》を出《だ》してバリ／＼と尻《しり》から糞《くそ》を出《だ》した。

友人《ともだち》は皆《みんな》鼻《はな》をつまんで歸《かへ》つて了《しま》つた。旦那《だんな》は悔《くや》しくて、悔《くや》しくて、腹《はら》が立《た》つて、腹《はら》が立《た》つて堪《たま》らなく成《な》つて、直《すぐ》に自分《じぶん》の家《うち》を飛出《とびだ》して、百姓《ひやくしやう》の方《はう》へ駈出《かけだ》した。

百姓《ひやくしやう》の方《はう》では、旦那《だんな》が怒《おこ》つて驅出《かけだ》して來《く》るだらうと云《い》ふことを、ちやんと知《し》つてゐたから、また女房《にようばう》を呼《よ》んで、『今日《けふ》は旦那《だんな》が大變《たいへん》に怒《おこ》つてゐるから、餘程《よほど》うまく欺《だま》さないと可《い》けない。若《も》しか失敗《しくじ》つた日《ひ》には、毆《なぐ》られて叩《たゝ》かれた上《うへ》に、箱《はこ》を賣《う》つたお金《あし》も、牛《うし》を賣《う》つたお金《あし》も、犬《いぬ》を賣《う》つたお金《あし》も、悉皆取返《すつかりとりかへ》されて了《しま》ふ、早《はや》く今《も》一疋《ぴき》の犬《いぬ》を打殺《うちころ》して、血《ち》だらけの腸《はらわた》を懷中《ふところ》にかくしてゐろ。旦那《だんな》が來《き》たら、貴樣《きさま》も一緒《しよ》に成《な》つて喋舌《しやべ》るがよい。乃公《おれ》が怒《おこ》つた眞似《まね》をして、貴樣《きさま》を出刃《でば》で刺《さ》すから、アット云《い》つて仆《たふ》れて、懷中《ふところ》から腸《はらわた》を出《だ》すのだ、』と敎《をし》へた。女《にょ》房《ばう》は其通《そのとほ》りにする、百姓《ひやくしやう》は出刃《でば》をかくして待《ま》つてゐた。

其處《そこ》へ旦那《だんな》が驅付《かけつ》けて來《き》て、『サア、金《かね》を戻《もど》せ。最《も》う我慢《がまん》ができん、』と怒鳴込《どなりこ》んだ。

『旦那《だんな》、マア、どうなさつたのです、』と百姓《ひやくしやう》がおちついてゐる。

『此野郎《このやらう》、何時《いつ》まで人《ひと》を馬鹿《ばか》にする氣《き》だ、』と旦那《だんな》が怒《おこ》つて云《い》ふ。

『マア、お靜《しづ》かになさい、旦那《だんな》。一體全體何《いつたいぜんたいなん》のことです。不意《だしぬけ》に怒鳴《どな》りこんで來《き》て、眞實《ほんと》に吃驚《びつくり》して了《しま》ふ、』と云《い》ふ。

『貴樣《きさま》はマア、太《ふて》え野郎《やらう》だな。蜂蜜犬《はちみついぬ》だなんて、好加減《いゝかげん》なことを云《い》つて人《ひと》を欺《だま》して、幾《いく》らしぼつて見《み》ても、糞《くそ》ばかり垂《た》れて、一寸《ちよつと》も蜜《みつ》を出《だ》さないぢやないか、』と旦那《だいな》が云《い》ふ。

『可笑《おかし》いな、今《いま》まで毎日出《まいにちだ》してゐたのだが、どうしたのだらう。最《も》ふ止《よ》したのか知《し》ら、其《それ》ともまた、金滿家《かねもち》のところへ行《い》つたので、出《で》なく成《な》つたのか知《し》ら、』と云《い》つて、百姓《ひやくしやう》がとぼけて見《み》せる。

旦那《だんな》は愈々怒《いよ〳〵おこ》つて、『とぼけたことを吐《ぬか》すな、此嘘吐奴《このうそつきめ》。雉子捕《きじとり》だの、ひとりで歸《かへ》る牛《うし》だの、蜂蜜犬《はちみついぬ》だの、好加減《いゝかげん》な嘘《うそ》を吐《つ》いて、今《いま》まで乃公《おれ》を欺《だま》して、豪《えら》い金《かね》を取《と》り上《あが》つた。サア、最《も》う勘辨《かんべん》はならん。早《はや》く今《いま》までの金《かね》を出《だ》して返《かへ》せ、』と責《せ》めたてる。

『冗談《じやうだん》云《い》つちや可《い》けません。旦那《だんな》の方《はう》で無理《むり》に賣《う》つて呉《く》れと云《い》ふから、賣《う》つて進《あ》げたのぢやありませんか。欺《だま》したんぢやない、自分《じぶん》で買《か》つたんでせう。今更《いまさら》金《かね》を返《かへ》せと云《い》ふのは、餘《あんま》りぢやありませんか、』と百姓《ひやくしやう》が云《い》つて、相手《あひて》に成《な》らない。

『何《なん》だ、返《かへ》さない。返《かへ》さなけりや、貴樣《きさま》は泥棒《どろばう》だ、』と旦那《だんな》が火《ひ》のやうに成《な》つて怒《おこ》る。

其處《そこ》へ女房《にようぼ》が飛出《とびだ》して來《き》て、『お前《まへ》さんは、私《わたし》の亭主《ていしゆ》を泥棒《どろばう》だと云《い》ひましたなサア、聞《き》きませう。何時《いつ》私《わたし》の亭主《ていしゆ》が泥棒《どろばう》をしました。何《なに》を泥棒《どろばう》しました。サア證據《しやうこ》を見《み》せて下《くだ》さい。幾《いく》らお金《かね》が有《あ》るからと云《い》つて、人《ひと》を泥棒《どろばう》だなんて、勝手《かつて》なことは、云《い》はせて置《お》きません、』と云《い》つて、旦那《だんな》に喰《く》つてかゝる。

『マア、默《だま》つてゐろ。貴樣《きさま》の知《し》つたことぢやない、』と百姓《ひやくしやう》が叱《しか》る。

『默《だま》つてゐるものか、』と女房《にようぼ》が怒《おこ》る。

『旦那《だんな》は怒《おこ》つてゐなさるからさ、』と百姓《ひやくしやう》が止《と》める。

『旦那《だんな》も糞《くそ》もあるものか。お前《まへ》さんが、旦那《だんな》々々と云《い》つて、御機嫌《ごきげん》を取《と》るから馬鹿《ばか》にされるのだ。眞實《ほんと》に意氣地《いくぢ》がない、泥棒《どろぼう》だと云《い》はれて、默《だま》つてゐる奴《やつ》がありますか。謝罪《あやま》らせておやりなさい。眞實《ほんと》に腹《はら》が立《た》つて、悔《くや》しくて仕様《しやう》がない、』と云《い》つて、今度《こんど》は亭主《ていしゆ》に喰《く》つてかゝる。

『引込《ひつこ》んでゐろ、』と云《い》つて、百姓《ひやくしやう》が出刃《でば》を振上《ふりあ》げる。

『斬《き》るなら斬《き》つて見《み》ろ、』と女房《にようぼ》が寄《よ》つて來《く》る。

『生意氣《なまいき》な、』と云《い》つて、百姓《ひやくしやう》が女房《にようぼ》の横腹《よこはら》に、出刃《でば》を突立《つきた》てる眞似《まね》をすると、懷中《ふところ》の犬《いぬ》の腸《はらわた》が切《き》られて、だらりと垂《た》れる。『人殺《ひところ》し、』と怒鳴《どな》つて、女房《にようぼ》が仆《たふ》れる。

金滿家《かねもち》は其《それ》を見《み》て、色眞靑《いろまつさを》に成《な》つて、逃《に》げださうとする。

『お待《ま》ちなさい、』と百姓《ひやくしやう》が止《と》める。

『アヽ、乃公《おれ》が惡《わる》かつた。最《も》う箱《はこ》のことも、牛《うし》のことも、犬《いぬ》のことも、何《なに》も云《い》はない。泥棒《どろばう》と云《い》つたことも、何《なに》もかも悉皆謝罪《すつかりあやま》るから、どうか逃《に》がして下《くだ》さい。愚圖々々《ぐづぐづ》してゐて、御役人《おやくにん》にでも見《み》つかつたら大變《たいへん》だ。コレ、此通《このとほ》り謝罪《あやま》るから、どうか勘辨《かんべん》して、早《はや》く逃《に》がして下《くだ》さい、』と云《い》つて、旦那《だんな》がぶる〳〵慄《ふる》えてゐる。

百姓《ひやくしやう》は其《それ》を見《み》て、『旦那《だんな》、心配《しんぱい》することは有《あ》りません。此《こ》んな時《とき》には、死返《しにかへ》しの法螺貝《ほらがひ》と云《い》つて、私《わし》の家《うち》に寶珠《たから》があります。今《いま》それを持《も》つて來《き》て、活《いか》しますから、見《み》てゐて下《くだ》さい、』と云《い》つて、奥《おく》へ入《い》つて、法螺貝《ほらがひ》を一個《ひとつ》持《も》つて來《き》た。

其《それ》からその法螺貝《ほらがひ》を口《くち》にあてゝ、ブーと一吹《ひとふき》ふくと、死《し》んだ女房《にようぼ》の身體《からだ》が少《すこ》し動《うご》く。また一吹《ひとふき》ふくと、また少《すこ》し動《うご》く。三度《ど》目《め》に一吹《ひとふき》ブーと強《つよ》く吹《ふ》くと、女房《にようぼ》が起上《おきあが》つて、臺所《だいどころ》の奥《おく》の方《はう》へ行《い》つて了《しま》つた。

金滿家《かねもち》は全《まつた》く驚《おどろ》いて了《しま》つて、『成程《なるほど》、調法《てうはふ》なものだ。今《いま》まで話《はなし》には聞《き》いてゐたけれど、眞實《ほんと》にそんなものが有《あ》るとは、少《すこ》しも知《し》らなかつた。お前《まへ》さん、濟《す》まないが、その貝《かひ》を賣《う》つて呉《く》れまいか、』とまた買《か》ふ相談《さうだん》を持出《もちだ》した。

『此《これ》は中々《なかなか》賣れません、』と百姓《ひやくしやう》が云《い》ふ。

『マア、さう云《い》はないで、是非《ぜひ》賣《う》つて下《くだ》さい、』と賴《たの》む。

『賣《う》つて進《あ》げても可《い》いけれども、旦那《だんな》は翌日《よくじつ》に成《な》ると、直《す》ぐに飛《と》んで來《き》て、文《もん》句《く》を云《い》ひなさるから困《こま》る。若《も》しかまた泥棒《どろぼう》だなんて云《い》はれて、女房《にようぼ》を出刄《でば》でやらうものなら、今度《こんど》は活《い》かすことが能《でき》ない、』と百姓《ひやくしやう》が頭《あたま》を振《ふ》る。

『イヤ、最《も》う懲々《こりごり》したから、其《そ》んなことは、決《けつ》してしない、』と云《い》ふ。

『其《それ》ぢや賣《う》つても可《い》いが、併《しか》し、旦那《だんな》、高《たか》いですぜ。私《わし》の親爺《おやぢ》が、龍宮《りうぐう》から貰《もら》つて來《き》た、大事《だいじ》の寶《たから》だ。何《なに》しろ、人間《にんげん》の生命《いのち》を助《たす》けるものだからな、』と云《い》つて百姓《ひやくしやう》が旦那《だんな》の顏《かほ》を見《み》る。

『高《たか》いのは承知《しようち》だ、』と旦那《だんな》が云《い》ふ。

『一萬圓《まんゑん》だけれど、旦那《だんな》のことだから。天《てん》から突飛《つゝと》んだ氣《き》に成《な》つて、思切《おもひき》つて、うんと負《ま》けて、九千九百圓《ゑん》で賣《う》つて進《あ》げませう、』と云《い》ふ。

『宜《よろ》しい、』と云《い》つて、馬鹿《ばか》な金滿家《かねもち》が、唯《たゞ》の法螺貝《ほらがひ》を、九千九百圓《ゑん》で買《か》つて歸《かへ》つた。

其次《そのつぎ》の日《ひ》に、金滿家《かねもち》は無理《むり》に自分《じぶん》の女房《にようぼ》と喧嘩《けんくわ》をして、到頭《とう〳〵》出刃《でば》を突刺《つきさ》して、女房《にようぼ》を殺《ころ》して了《しま》つた。其《それ》から昨日《きのふ》の法螺貝《ほらがひ》を出《だ》して來《き》て、ブーと一吹《ひとふき》ふいたが、死《し》んだ女房《にようぼ》は動《うご》かない。また一吹《ひとふき》ふいたが、矢張《やはり》動《うご》かない。三度目《どめ》にうんと強《つよ》く吹《ふ》いて見《み》たけれど、何《なん》のことは無《な》い、死《し》んだ女房《にようぼ》は到頭《とう〳〵》活《い》きなかつた。

百姓《ひやくしやう》は其《その》ことを聞《き》いて、急《いそ》いで墓《はか》をこしらえて、出刃《でば》を持《も》つて、墓《はか》の中《なか》にかくれてゐた。若《も》しか旦那《だんな》が來《き》たら、死《し》んだと云《い》へと、息子《むすこ》に云《い》つて聞《き》かせて置《お》いた。

金滿家《かねもち》は欺《だま》されたと思《おも》つて、百姓《ひやくしやう》の家《うち》へ來《き》て見《み》ると、昨日《きのふ》死《し》んで葬式《さうしき》を濟《す》ましたと云《い》ふ。餘《あま》り殘念《ざんねん》で堪《たま》らないから、死《し》んだ奴《やつ》でも苛《いぢ》めてやらうと思《おも》つて、墓《はか》へ行《い》つて、暗《くら》い穴《あな》の中《なか》へ入《はい》ると、百姓《ひやくしやう》が出刃《でば》を差出《さしだ》して、金滿家《かねもち》の脚《あし》を突《つ》いた。

金滿家《かねもち》は驚《おどろ》いて飛出《とびだ》して、『マア、驚《おどろ》いた奴《やつ》だ。生《い》きてゐる中《うち》にも、さん〴〵乃公《おれ》を欺《だま》して置《お》いて、死《し》んでからまでも、乃公《おれ》に祟《たゝ》るわい、』と云《い》いて、歸《かへ》つて了《しま》つた。

百姓《ひやくしやう》は墓《はか》を出《で》て來《き》ても、金滿家《かねもち》に見《み》られては可《い》けないと思《おも》つて、今《いま》まで金滿《かねも》家《ち》を欺《だま》して取《と》つた金《かね》を悉皆《すつかり》持《も》つて、其晩《そのばん》の中《うち》に仕度《したく》をして、夜《よ》の明《あ》けない中《うち》に何處《どこ》か遠《とほ》い國《くに》へ逃《に》げて行《い》つて了《しま》つた。

四　和尚《をしやう》の雀踊《をどり》

和尚《をしやう》と小僧《こぞう》が有《あ》つた。お寺《てら》の庭《には》には、柿樹《かきのき》が有《あ》つた。佛様《ほとけさま》の前《まへ》には、牡丹餅《ぼたもち》が供《そな》へて在《あ》つた。柿樹《かきのき》には澤山柿《たくさんかき》が生《な》つてゐたけれども、慾張《よくばり》の和尚《をしやう》は皆自分《みんなじぶん》で食《た》べて、小僧《こぞう》には一個《ひとつ》も呉《く》れない。牡丹餅《ぼたもち》は毎日《まいにち》供《そな》へるけれども、何時《いつ》も和尚《をしやう》か食《た》べて了《しま》つて、小僧《こぞう》の口《くち》へは一個《ひとつ》も入《はい》らない。

其處《そこ》で小僧《こぞう》は、どうにかして和尚《をしやう》を欺《だま》してやらうと思《おも》つて、『和尚《をしやう》さん、和尚《をしやう》さん、私《わたし》の家《うち》の隣家《となり》に、若《わか》い後家《ごけ》さんがゐるのを知《し》つてゐますか、』と問《と》ふて見《み》た。

『知《し》らない、知《し》らない。貴様《きさま》は知《し》つてゐるか、』と和《を》尚《しやう》が云《い》ふ。

『知《し》つてゐなくて、どうしませう。評判《ひやうばん》の標致《きりやう》よしだから、此邊《このへん》で誰《たれ》も知《し》らない者《もの》はない。和尚《をしやう》さんは知《し》らなかつたのですか、困《こま》つたな、』と小僧《こぞう》が云《い》つて、和尚《をしやう》の顔《かほ》を見《み》る。

『どうして、』と和尚《をしやう》が問《と》ふ。

『頼《たの》まれたことが有《あ》るのです、』と小僧《こぞう》が云《い》つて、『其後家《そのごけ》さんが、何時《いつ》も和尚《をしやう》さんのことを問《と》ふのです。昨日《きのふ》も私《わたし》に遇《あ》つて、『小僧《こぞう》さん、小僧《こぞう》さん、和尚《をしやう》さんは自分一人《じぶんひとり》で柿《かき》を食《た》べなさるのですか、』と問《と》ふから、『其《そ》んなことは有《あ》りませせん、誰《だれ》にでも配《わ》けて下《くだ》さいます、』と私《わたし》が云《い》つたのです。すると後家《ごけ》さんが妙《めう》な顔《かほ》をして、『小僧《こぞう》さん、どうか和尚《をしやう》さんに願《ねが》つて、其柿《そのかき》を少《すこ》しばかり貰《もら》つて來《き》て呉《く》れませんか、』と云《い》ふのです、和尚《をしやう》さん、眞實《ほんと》に嫌《いや》な後家《ごけ》さんぢやありませんか、』と話《はな》す。

『アヽ、さうか。其《それ》ぢや早《はや》く柿《かき》を持《も》つて行《い》つて、後家《ごけ》さんにやるがいゝ。悉皆《すつかり》採《と》つて、負《しよ》つてゆけ。乃公《おれ》は柿《かき》なんか、些《ちつ》とも食《た》べたくない、』と和尚《をしやう》が云《い》ふ。

其《それ》を聞《き》いて、小僧《こぞう》は心《こゝろ》の裡《うち》で大層《たいそう》喜《よろこ》んで、直《す》ぐに柿樹《かきのき》に登《のぼ》つて、柿《かき》を悉皆《すつかり》採《と》つて、袋《ふくろ》に入《い》れて、負《しよ》つて出《で》て行《い》つた。そして自分《じぶん》の家《うち》へ持《も》つて歸《かへ》つて、親兄《おやきやう》弟《だい》に配《わ》けてやつて了《しま》つた。

其《それ》から小僧《こぞう》はまたお寺《てら》へ戻《もど》つて來《き》て、『後家《ごけ》さんが豪《えら》く喜《よろこ》んで、柿《かき》を食《た》べました。そして今度《こんど》は、佛様《ほとけさま》に供《そな》へた牡丹餅《ぼたもち》も、矢張《やはり》和尚《おしやう》一人《ひとり》で食《た》べてお了《しま》ひなされるのか、と問《と》ひますから、其《そ》んなことはない、誰《だれ》にでも配《わ》けて下《くだ》さる、と私《わたし》が云《い》ひますと、後家《ごけ》さんがまた妙《めう》な顔《かほ》をして、少《すこ》し貰《もら》つて來《き》て呉《く》れないか、と頼《たの》むのでせう。眞實《ほんと》に嫌《いや》な後家《ごけ》さんぢやありませんか。どうして其《そ》んなに、色《いろ》んな物《もの》が食《た》べたいのでせう。最《も》う嫌《いや》に成《な》つて了《しま》つた。』と話《はな》す。

『小僧《こぞう》の癖《くせ》に、生意氣《なまいき》なことを云《い》ふものぢやない。』と和尚《おしやう》は小僧《こぞう》を叱《しか》つて、『後《ご》家《け》に成《な》ると、誰《たれ》でも食《た》べたがるものぢや。牡丹餅《ぼたもち》が欲《ほ》しい、と云《い》ひなさつたのか。成程《なるほど》、欲《ほ》しいぢやらう。サア、早《はや》く持《も》つて行《い》つて、進《あ》げて來《く》るがよい。悉《すつ》皆《かりも》持つてゆけ。乃公《おれ》は牡丹餅《ぼたもち》なんか、些《ちつ》とも欲《ほ》しくはない、』と和尚《おしやう》が云《い》ふ。

小僧《こぞう》は其《それ》を聞《き》いて、直《す》ぐに牡丹餅《ぼたもち》を包《つゝ》んで、自分《じぶん》の家《うち》へ歸《かへ》つて、親兄弟《おやきやうだい》に配《わ》けてやつて了《しま》つて、またお寺《てら》へ戻《もど》つて來《き》て、『後家《ごけ》さんが大層喜《たいそうよろこ》んで、牡丹餅《ぼたもち》を食《た》べました。そして、眞實《ほんと》に親切《しんせつ》な和尚《おしやう》さんだ、と云《い》つて、何度《なんど》も、何度《なんど》も、和尚《おしやう》さんのことを賞《ほ》めて、何《なに》を御禮《おれい》に差上《さしあ》げたら可《い》いだらう、と私《わたし》に問《と》ひますから、御禮《おれい》をしなくても可《い》いから、一度《ど》和尚《おしやう》さんを招《よ》んで、御馳走《ごちさう》をしてあげたら可《い》いだらう、と私《わたし》が云《い》ひました。すると後家《ごけ》さんが困《こま》つた顔《かほ》をして、和尚《おしやう》さんに來《き》て戴《いたゞ》きたいのは、山々《やま〳〵》だけれど、お急《いそ》がしいだらうから、後家《ごけ》さんの方《はう》から一度《ど》お寺詣《てらまゐり》をして、和尚《おしやう》さんに御目《おめ》に懸《かゝ》つて、御禮《おれい》を申上《まをしあ》げます。明日《あす》は屹度《きつと》參《まゐ》りますから、待《ま》つてゐて下《くだ》さい。緩《ゆつ》くり御話《おはなし》がしたいから、お晝頃《ひるごろ》から參《まゐ》ります、と云《い》ひました、』と小僧《こぞう》が話《はな》した。

和尚《おしやう》は其《それ》を聞《き》いて、最《も》う嬉《うれ》しくて、嬉《うれ》しくて堪《たま》らない。次《つぎ》の日《ひ》は朝早《あさはや》くから起《お》きて、小僧《こぞう》と二人《ふたり》で種々《いろ〳〵》御馳走《ごちそう》をこしらへて、お晝頃《ひるごろ》に成《な》つてから、『最《も》う此《これ》で可《い》い。乃公《おれ》は茶《ちや》を沸《わか》してゐるから、貴樣早《きさまはや》く往《い》つて、後家《ごけ》さんを御供《おとも》して來《こ》い、』と云《い》つて、小僧《こぞう》を出《だ》した。

小僧《こぞう》は近《ちか》くの親類《しんるゐ》の家《うち》へ行《い》つて、婦人《をんな》の履物《はきもの》を片々《かた〳〵》だけ借《か》りて、其《それ》を持《も》つてお寺《てら》へ戻《もど》つて來《き》て、そつと物陰《ものかげ》に隠《かく》れて、内部《うち》の様子《やうす》を覗《のぞ》いて見《み》ると、驚《おどろ》いた和尚《おしやう》は全然《まるで》狂人《きちがひ》のやうなことを云《い》つて、踊《をど》つてゐる。何《なに》をしてゐるのかと思《おも》つて、氣《き》をつけて見《み》ると、後家《ごけ》さんに御馳走《ごちそう》する眞似《まね》をしたり、談話《はなし》をする眞似《まね》をしたり、頭《あたま》をさげて御辭儀《おじぎ》をしたり、手《て》を叩《たゝ》いて笑《わら》つたり、お終《しまひ》には自分《じぶん》一人《り》で二人前《ふたりまへ》の談話《はなし》をして、色《いろ》んなことを喋舌《しやべ》つて、到頭《たう〳〵》立《た》つて踊《おど》りだした。

其處《そこ》へ小僧《こぞう》が飛込《とびこ》んで來《き》て、片々《かた〳〵》の婦人《をんな》の履物《はきもの》を投出《なげだ》して、『駄目《だめ》だ、駄目《だめ》だ、』と云《い》つで、尻餅《しりもち》を搗《つ》いた。

和尚《おしやう》は吃驚《びつくり》して、また尻餅《しりもち》を搗《つ》く。

小僧《こぞう》は失望《がつかり》したやうな顔容《かほつき》をして、『ア、、眞實《ほんと》に惜《を》しいことをした。折角《せつかく》後家《ごけ》さんを此處《こゝ》までつれて來《き》たけれど、和尚《おしやう》さんが色《いろ》んなことを喋舌《しやべ》つて、踊《をど》つてゐなさるものだから、後家《ごけ》さんが吃驚《びつくり》して、恐《こわ》がつて、駈出《かけだ》して了《しま》つた。直《ぢき》に後《あと》を追駈《おつか》けたけれど、到頭《たう〱》逃《に》げられて了《しま》つた。餘《あま》り殘念《ざんねん》だつたから、後家《ごけ》さんの履物《はきもの》の片々《かた〱》だけ拾《ひろ》つて來《き》た。和尚《おしやう》さん、今些《ちつ》と確《しつか》りして下《くだ》さい。眞實《ほんと》に駄《だ》目《め》ですぜ、』と云《い》ふ。

『ア、、駄目《だめ》だ、眞實《ほんと》に乃公《おれ》は駄目《だめ》だ。餘計《よけい》なことを喋舌《しやべ》つて、取返《とりかへ》しのつかぬことをして了《しま》つた。此口《このくち》が悪《わる》いのだ。憎《にく》い口《くち》だ。貴様《きさま》。其處《そこ》にある其履物《そのはきもの》で乃公《おれ》の口《くち》を叩《たゝ》いてくれ、』と和尚《おしやう》が云《い》ふ。

小僧《こぞう》が直《す》ぐに履物《はきもの》を取上《とりあ》げて、力任《ちからまか》せに和尚《おしやう》の口《くち》を歐《なぐ》ると、餘《あま》り歐《なぐ》りかたが激《はげ》しかつたので、和尚《おしやう》の歯《は》が一本殘《ほんのこ》らず、悉皆《すつかり》缺《か》けて了《しま》つた。歯《は》が無《な》く成《な》つて了《しま》つたから、「はなし」に成《な》つた、其《その》「はなし」のはなしである。

五　兎《うさぎ》の生《いき》肝《ぎも》

昔《むかし》むかし龍宮《りうぐう》の乙姫樣《おとひめさま》が、ふとしたことから御病氣《ごびやうき》におかゝり成《な》されて、少《すこ》しも服藥《くすり》の效能《きゝめ》がなくて、日《ひ》に日《ひ》に重《おも》く成《な》るばかりで、醫者《いしや》が匙《さじ》を投《な》げさうに成《な》つて來《き》た。何《なん》でもこれは、餘程《よほど》むつかしい御病氣《ごびやうき》に違《ちが》ひないから、迚《とて》も普通《あたりまへ》のことでは行《ゆ》くまい、と云《い》ふので、海《うみ》の中《なか》に棲《す》んでゐる魚類《さかな》どもが。大勢《おほぜい》寄《よ》つて、會議《くわいぎ》を開《ひら》いて見《み》たが、どうも此《これ》ぞと云《い》ふやうな知慧《ちゑ》が出《で》ない。さて困《こま》つたことだ、どう爲《し》たものだらう、と皆《みんな》が思《し》案《あん》に暮《く》れてゐるところへ、四脚《よつあし》の龜《かめ》がのそ〳〵とやつて來《き》た。

『龜《かめ》さん、遲《おそ》いぢやないか、』と皆《みんな》が云《い》ふ。

『途々《みち〳〵》かんがえて來《き》たものだから、つい遲《おそ》く成《な》りました、御免《ごめん》なさい。そして皆《みな》さんの御《ご》相談《さうだん》は如何《いかゞ》です、うまい御《お》考案《かんがえ》がありますかい、』と龜《かめ》が問《と》ふ。

『それが無《な》いので、今途《いまと》方《はう》に暮《く》れてゐる。龜《かめ》さん、どうしたら、マア可《い》いでせう、』と皆《みんな》がたづねる。

龜《かめ》は沈着《おちつ》いて、『皆《みな》さんの御《ご》心配《しんぱい》は御《ご》尤《もつとも》です。私《わたし》も色々《いろ〳〵》と心配《しんぱい》をして、朝晩《あさばん》かかさず、神《かみ》さま佛《ほとけ》さまに願《ぐわん》をかけて、乙姫様《おとひめさま》の御《ご》病氣《びやうき》が、一日《にち》も早《はや》く癒《なほ》るやうにと、御《ご》祈禱《いのり》をしてゐますか、私《わたし》の心《こゝろ》ざしが天《てん》に屆《とゞ》いたと見《み》えて、昨晩《さくばん》夢《ゆめ》の裡《うち》に、お告《つげ》がありました。皆《みな》さん御《ご》安心《あんしん》なさい、』と云《い》つて、其《それ》から、『其《その》お告《つげ》と云《い》ふのは、かうです。陸《りく》の上《うへ》に、兎《うさぎ》と云《い》つて、大層《たいそう》耳《みゝ》の長《なが》い、脚《あし》の早《はや》い獸《けもの》があります、その兎《うさぎ》の生肝《いきぎも》と云《い》ふのが、藥《くすり》のうちの藥《くすり》だと云《い》はれて、如何《いか》ほど重《おも》い病氣《びやうき》でも、この藥《くすり》で治《なほ》らぬと云《い》ふことは無《な》いさうで、此藥《このくすり》を取《と》つて、乙姫様《おとひめさま》へ差上《さしあ》げたら可《い》い、と云《い》ふ御《お》告《つげ》であります。ところが其兎《そのうさぎ》の生肝《いきぎも》と云《い》ふものが、中々《なか〳〵》取《と》りにくいものであります。皆《みな》さんは未《ま》だ御《ご》存知《ぞんぢ》が無《な》いかも知《し》れませんか兎《うさぎ》と云《い》ふ獸《けもの》は、脚《あし》の早《はや》い癖《くせ》に、非常《ひじやう》に臆病《おくびやう》な奴《やつ》で、一寸《ちよつと》も油斷《ゆだん》を致《いた》しません。

晝寝《ひるね》でもしてゐるところを、うまく見《み》つけるか、欺《だま》して伴《つれ》てくるより他《ほか》に、仕《し》方《かた》は有《あ》りません。其《それ》にはまた、私《わたし》にちやんと旨《うま》い工夫《くふう》が有《あ》ります、』と話《はな》して皆《みんな》の方《はう》を見《み》た。

鯛《たい》が其《その》とき口《くち》を開《ひら》いて、『ナント龜《かめ》さん、御禮《おれい》はお望《のぞ》み次第《しだい》に差上《さしあ》げるとして御苦勞《ごくらう》だが、その兎《うさぎ》とか云《い》ふ奴《やつ》を、巧《うま》く欺《だま》して伴《つ》れて來《き》て貰《もら》へますまいか、』と云《い》ふと、他《ほか》の魚類《さかな》も口《くち》を揃《そろ》へて、『龜《かめ》さん、是非《ぜひ》お願《ねが》ひします、』と頼《たの》んだ。

『イヤ、仰《おつ》しやるまでも無《な》い、私《わたし》が參《まゐ》ります。陸《りく》へ上《あが》ると云《い》ふことは、どうせ皆《みな》さんには能《でき》ないのですから、此《これ》は私《わたし》の役目《やくめ》です。其代《そのかは》りに、つれて來《き》た後《あと》のことは、何《なに》もかも皆《みな》さんに頼《たの》みます、』と龜《かめ》が云《い》つて、其《それ》から好事《いゝこと》は早《はや》い方《はう》が可《い》いと云《い》ふので、直《す》ぐに龍宮《りうぐう》を出《で》て、海《うみ》の中《なか》を泳《およ》いで、濱邊《はまべ》について、一息《ひといき》やすんで、兎《うさぎ》を探《さが》して歩《ある》いてゐると、好工合《いゝぐあひ》に兎《うさぎ》に遇《あ》つた。

『今日《こんにち》は、兎《うさぎ》さん、マア、いゝところで御目《おめ》に懸《かゝ》つた、』と龜《かめ》が馴々《なれなれ》しく挨拶《あいさつ》をする。

『何《なに》か面白《おもしろ》いことでも有《あ》りますかい、』と兎《うさぎ》が問《と》ふ。

『有《あ》りますとも、無《な》くてどうしませう、』と云《い》つて、龜《かめ》は兎《うさぎ》の傍《そば》へ寄《よ》つて、『實《じつ》は今日《けふ》、龍宮《りうぐう》の御殿《ごてん》で、乙姫様《おとひめさま》の御誕生《ごたんじやう》の祝《いはひ》があるので、いま酒宴《さかもり》の最中《さいちう》です。ところが今度《こんど》の御祝《おいはひ》には、どう云《い》ふものだか、陸《りく》の方《はう》からのお客《きやく》がまだ一人《ひとり》も見《み》えないので、何《なん》だか淋《さび》しくて仕《し》やうが無《な》い。お前《まへ》さんは大層舞踏《たいそうをどり》が上手《じやうず》だと云《い》ふ話《はなし》を聞《き》いて、是非《ぜひ》お前《まへ》さんを呼《よ》んで來《こ》い、と云《い》つて、乙姫様《おとひめさま》が私《わたし》を迎《むか》にお遣《よこ》しなさつた。是非《ぜひ》御供《おとも》をしたいものだが、どうでせう、兎《うさぎ》さん、御馳走《ごちそう》は何《なん》でもある、御禮《おれい》が欲《ほし》かつたら、お前《まへ》さんの希望通《のぞみどほ》りに、どんな物《もの》でも差上《さしあ》げるが、』と喋舌《しやべ》りたてた。

兎《うさぎ》は其話《そのはなし》を聞《き》いて、行《い》つて見《み》たいやうな氣《き》がしたので、『さうだナ、行《い》つても可《い》いけれど、大變遠《たいへんとほ》さうだから、何《なん》だか嫌《いや》なやうな氣《き》もする。一體《たい》どうして行《ゆ》くのだらう、』と云《い》つて、考《かんが》えてゐる。

龜《かめ》はすかさず『なに譯《わけ》はない。私《わたし》の脊中《せなか》へ乘《の》つて、坐《すわ》つてゐたら可《い》いのだ。船《ふね》に乘《の》るより、まだ大丈夫《だいじやうぶ》だ。マア、一寸《ちよつと》試《ため》しに乘《の》つて御覧《ごらん》。海《うみ》の上《うへ》から陸《りく》の方《はう》を眺《なが》めると、眞實《ほんと》に好景色《いゝけしき》ですよ。』と云《い》ふ。

兎《うさぎ》は到頭《たう〳〵》欺《だま》されて、龜《かめ》の背中《せなか》へ乘《の》る。龜《かめ》は急《いそ》いで龍宮《りうぐう》へ歸《かへ》る。門《もん》を入《はい》つて見《み》ると、魚類《さかな》が大勢《おほぜい》待《ま》つてゐて、兎《うさぎ》を取卷《とりま》いて了《しま》ふ。何《なん》だか樣子《やうす》が怪《あやし》いので、兎《うさぎ》は吃驚《びつくり》して了《しま》つて『龜《かめ》さん、龜《かめ》さん、一體《たい》何事《なにごと》があるのです。僕《ぼく》をどうする積《つもり》です。』と云《い》つて、ぶる〳〵慄《ふる》えだした。

すると龜《かめ》はへゝゝと笑《わら》つて『聞《き》きたけりや、話《はな》してやらう。今日《けふ》貴樣《きさま》を此《こ》處《ゝ》へ伴《つ》れて來《き》たのは、他《ほか》ぢやない。乙姫樣《おとひめさま》が御《ご》病氣《びやうき》で、今日《けふ》か明日《あす》かも知《し》れない御容體《ごようだい》だ。貴樣《きさま》の生肝《いきぎも》は、藥《くすり》の中《なか》の藥《くすり》とか云《い》ふことで、どんな病氣《びやうき》でも屹度《きつと》治《なほ》ると聞《き》いたから、それを拔取《ぬきと》つて、乙姫樣《おとひめさま》へさし上《あ》げたいと思《おも》つて、實《じつ》は欺《だま》して伴《つ》れて來《き》たのだ。今更泣《いまさらな》いても仕方《しかた》がない。乃公《おれ》に遇《あ》つたのが、運《うん》の盡《つき》だと諦《あきら》めて、サア、溫順《おとなし》く肝《きも》を渡《わた》せ、』と威《おど》しつけた。

兎《うさぎ》は吃驚《びつくり》するだらうと思《おも》ふと、案外《あんぐわい》おちつき拂《はら》つて、『だつて龜《かめ》さん、そりや無理《むり》だ、』と云《い》ふ。

『無理《むり》も糞《くそ》もあるものか、』と他《ほか》の者《もの》が怒鳴《どな》りつける。

『肝《きも》の無《な》いのに、肝《きも》を出《だ》せとは、そりや餘《あんま》りぢやありませんか。乙姫樣《おとひめさま》の爲《ため》だとあれば、生命《いのち》を上《あ》げても、一寸《ちよつと》も惜《をし》くはありませんが、無《な》い肝《きも》ばかりは上《あ》げられません、』と兎《うさぎ》は愈々《いよ〱》おちついてゐる。

『肝《きも》の無《な》い奴《やつ》があるものか、』と龜《かめ》が怒鳴《どな》る。

『生命《いのち》が惜《をし》くて、氣《き》でも狂《くる》つたのか、』と鯛《たい》が云《い》ふ。

兎《うさぎ》はすまして、『生命《いのち》が惜《をし》いのでもなければ、氣《き》が狂《くる》つたのでもありません。マア、騷《さわ》がずに、聞《き》いて下《くだ》さい。海《うみ》の方々《かた〲》は、まだ御存知《ごぞんぢ》無《な》いか知《し》りませんが兎《うさぎ》と云《い》ふものは、尻《しり》の穴《あな》が二個《ふたつ》づつありまして、御天氣《おてんき》の好《い》い日《ひ》には、一《ひと》つの穴《あな》から肝《きも》を出《だ》して、洗濯《せんたく》をして乾《ほ》して置《お》いて、夕方《ゆふがた》に成《な》ると、今《も》一《ひと》つの穴《あな》から入《い》れるのです。毎日《まいにちは》晴れさへすれば、屹度《きつと》肝《きも》の洗濯《せんたく》をするのです。今日《けふ》も御天《おてん》氣《き》が好《よ》かつたから、肝《きも》を洗《あら》つて、丁度《ちやうど》木の枝《えだ》に懸《か》けて乾《ほ》してゐたところに、龜《かめ》さんが來《き》なさつて、餘《あま》り急《いそ》いだものだから、取《と》るのを忘《わす》れて來《き》て了《しま》ひました。龜《かめ》さんが其時《そのとき》に、さう云《い》つて下《くだ》さると、持《も》つて來《く》る筈《はず》だつたのに、惜《をし》いことをした。先刻《さつき》泣《な》いたのは、肝《きも》のことを思出《おもひだ》して、泣《な》いたのです。併《しか》し、其肝《そのきも》が御《お》役《やく》に立《た》つと云《い》ふことなら、差上《さしあ》げませう。此處《こゝ》では何《なん》と仰《おつ》しやつても、無《な》いものは仕方《しかた》が有《あ》りません。御覧《ごらん》なさい、僕《ぼく》のお腹《なか》は此通《このとほ》りフワ〳〵してゐませう。」

と云《い》つて、兎《うさぎ》が腹《はら》を叩《たゝ》いて見《み》せた。

此話《このはなしき》を聞いて、龜《かめ》は失望《がつかり》して了《しま》つた。

仕方《しかた》が無《な》いから、また元《もと》の濱邊《はまべ》へ兎《うさぎ》を伴戻《つれもど》して、肝《きも》を取《と》つたが可《よ》からう、と云《い》ふことに成《な》つて、今度《こんど》は兎《うさぎ》にうまく欺《だま》された龜《かめ》が、欺《だま》した兎《うさぎ》を背中《せなか》に坐《すわ》らせて、また元《もと》の濱邊《はまべ》へ伴戻《つれもど》した。

兎《うさぎ》は陸《りく》に上《あが》ると、物《もの》も云《い》はずに、飛《と》んで迯《に》げで了《しま》つた。

龍宮《りうぐう》の見物《けんぶつ》をさせて貰《もら》つた代《かは》りに、飛《と》んだ恐《こわ》い目《め》に遇《あ》つたので、臆病《おくびやう》な兎《うさぎ》は愈々《いよ〱》臆病《おくびやう》に成《な》つて、最《も》う決《けつ》して龜《かめ》の傍《そば》へは寄《よ》らない。今《いま》でも兎《うさぎ》が臆病《おくびやう》なのは、其《その》ときのことを、矢張《やはり》まだ記臆《おぼ》てゐると見《み》える。

六　大工《だいく》と植木屋《うゑきや》

大工《だいく》と植木屋《うゑきや》と隣同士《となりどうし》に棲《す》んでゐた。

大工《だいく》は評判《ひやうばん》の働者《はたらきもの》で、毎日々々《まいにち〱》朝早《あさはや》くから仕事《しごと》に出《で》て、一日《にち》も休《やす》まないやうに働《はたら》くけれども、女房《にようばう》が酒好《さけずき》の怠惰者《なまけもの》で、自分勝手《じぶんかつて》のことばかり云《い》つて、亭主《ていしゆ》を窘《いぢ》めて、少《すこ》しも大事《だいじ》にして吳《く》れない。其處《そこ》で大工《だいく》は、どうにかして、女房《にようばう》の悪《わる》い癖《くせ》を直《なを》して、自分《じぶん》を大事《だいじ》にして呉《く》れるやうにしたいものだと、色々《いろ〳〵》に考《かんが》えて後《あと》で、わざと女房《にようば》と喧嘩《けんくわ》をして、座敷《ざしき》の奥《おく》に引籠《ひつこも》つて、蒲團《ふとん》を被《かぶ》つて寝《ね》て了《しま》つた。

次《つぎ》の朝早《あさはや》く、女房《にようば》が大工《だいく》を起《おこ》さうとすると、大工《だいく》は蒲團《ふとん》の中《なか》から、『乃公《おれ》は最《も》う生《い》きてゐるのが嫌《いや》に成《な》つたから、此《この》まゝ寝《ね》てゐて死《し》んで了《しま》ふのだ。乃公《おれ》が死《し》んだら、お前《まへ》も嘸喜《さぞよろこ》ぶだらう、』と云《い》つて、どうしても起《お》きない。

其次《そのつぎ》の日《ひ》に成《な》つても、大工《だいく》はまだ起《お》きない。女房《にようば》は心配《しんぱい》をして、『お腹《なか》が空《す》いたでせう。サア、御飯《ごはん》にするから、起《お》きてお出《い》でなさい、』と云《い》つて見《み》るけれども、『乃公《おれ》は死《し》んで了《しま》ひたいから、御飯《ごはん》を食《た》べなくてもいゝ、』と云《い》つて、大工《だいく》が起《お》きない。そして五日《いつか》ばかりと云《い》ふもの、大工《だいく》が寝《ね》たまゝ起《お》きずにゐた。

其處《そこ》で酒飲《さけのみ》の怠惰者《なまけもの》の女房《にようぼ》も、愈々《いよ〳〵》降參《かうさん》をして了《しま》つて、『大工《だいく》の寝《ね》てゐるところへ來《き》て、『どうぞ勘辨《かんべん》して下《くだ》さい、何《なに》もかも皆《みんな》私《わたし》が惡《わる》いのだから、どうぞ勘《かん》辨《べん》して下《くだ》さい。此《これ》から心《こゝろ》を入替《いれか》へて、溫順《をとな》しくして働《はたら》きます。最《も》うお酒《さけ》も飲《の》みません、道樂《だうらく》も致《いた》しません、何《なん》でもお前《まへ》さんの仰《おつ》しやることを聞《き》いて、大事《だいじ》にしますから、どうぞ勘辨《かんべん》して下《くだ》さい。アヽ、惡《わる》かつた、惡《わる》かつた。眞實《ほんと》に此《これ》まで、お前《まへ》さんにばかり苦勞《くらう》をさせて、何《なん》とも申譯《まをしわけ》がありません。どうぞ起《お》きて御飯《ごはん》を食《た》べて下《くだ》さい。どうぞ機嫌《きげん》を直《なほ》して下《くだ》さい、』と云《い》つて、涙《なみだ》を流《なが》して、聲《こゑ》をあげて泣出《なきだ》した。

其《それ》を聞《き》いて、大工《だいく》も安心《あんしん》して起《お》きて來《き》た。

其時《そのとき》から女房《にようぼ》は生《うま》れかはつたやうに、亭主《ていしゆ》を大事《だいじ》にして、酒《さけ》を一切《せつ》飲《の》まずに働《はたら》くやうに成《な》つた。

植木屋《うゑきや》の亭主《ていしゆ》は、仕事《しごと》も碌《ろく》に能《でき》ない癖《くせ》に、大酒呑《おほさけのみ》であるから、女房《にようぼ》がどんなに働《はたら》いても、何時《いつ》も貧乏《びんぼう》をする。女房《にようぼ》は評判《ひやうばん》の働者《はたらきもの》だけれども、働《はたら》いたお金《あし》は、片《かた》つぱしから亭主《ていしゆ》に飲《の》まれて了《しま》ふ。今《も》少《すこ》し酒《さけ》を飲《の》まぬやうにして下《くだ》さい、と毎日《まいにち》のやうに、亭主《ていしゆ》に云《い》ふけれども、亭主《ていしゆ》が少《すこ》しも聞《き》いて呉《く》れないので、だん〳〵嫌《いや》に成《な》つて、亭主《ていしゆ》を大事《だいじ》にしないやうに成《な》る。お終《しまひ》には、亭主《ていしゆ》の顔《かほ》を見《み》たばかりで、最《も》う嫌《いや》な顔《かほ》をするやうに成《な》つた。

其處《そこ》で植木屋《うゑきや》も愈々《いよ〳〵》困《こま》つて、隣家《となり》の大工《だいく》の眞似《まね》をして、女房《にようぼ》を凹《へこ》ませてやらうと思《おも》つて、奥《おく》に引籠《ひつこも》つて、蒲團《ふとん》を被《かぶ》つて寢《ね》て了《しま》つた。けれども女房《にようぼ》は知《し》らぬ顔《かほ》をして、起《お》きないかとも、御飯《ごはん》を食《た》べないかとも、何《なん》とも云《い》つて呉《く》れない。自分《じぶん》で働《はたら》いたお金《あし》で、自分《じぶん》の好《す》きな物《もの》を買《か》つて、自分一人《じぶんひとり》で食《た》べてゐる。

植木屋《うゑきや》は今《いま》に女房《にようぼ》が降參《かうさん》するだらうと思《おも》つて、我慢《がまん》をしてゐるけれども、女《によう》房《ばう》の方《はう》では、却《かへ》つて喜《よろこ》んでゐるぐらゐで、中々《なか〳〵》降參《かうさん》しさうもない。三日目《かめ》に成《な》ると、最《も》うお腹《なか》が空《す》いて堪《たま》らなく成《な》つて、植木屋《うゑきや》の亭主《ていしゆ》は奥《おく》から這出《はいだ》して來《き》て『アヽ、お腹《なか》が空《す》いた、』と云《い》つて、女房《にようばう》が一人《ひとり》で御飯《ごはん》を食《た》べてゐるところを、欲《ほ》しさうな顏《かほ》をして見《み》た。

『最《も》う起《お》きたのですか、』と女房《にようばう》が云《い》つた。

『アヽ、最《も》う降參《かうさん》々々《〳〵》。此《これ》から屹度《きつと》溫順《おとな》しくして、一生懸命《しやうけんめい》働《はたら》くから、どうぞ御飯《ごはん》を食《た》べさせて呉《く》れ、』と云《い》つて、亭主《ていしゆ》が謝罪《あやま》つた。

其《それ》から暫《しばら》くして、植木屋《うゑきや》の亭主《ていしゆ》は大工《だいく》に遇《あ》つて、『此間《このあひだ》お前《まへ》さんの眞似《まね》をして眞實《ほんと》に甚《ひど》い馬鹿《ばか》を見《み》た。今少《もすこ》しのことで、お腹《なか》が空《す》いて死《し》ぬところだつた。お前《まへ》さんは能《よ》くマア、五日《か》も何《なに》も食《た》べずに、我慢《がまん》をしたものだ、』と云《い》つた。

『乃公《おれ》は勝栗《かちぐり》を懐中《ふところ》に入《い》れて、其《それ》を食《た》べてゐた、』と大工《だいく》が云《い》つた。

植木屋《うゑきや》は其《それ》を聞《き》いて、『知《し》らなかつた。眞實《ほんと》に豪《えら》い目《め》に遇《あ》つた。アヽ、滅多《めつた》に他人《ひと》の眞似《まね》をするものぢやない、』と云《い》つて、頭《あたま》をかいて苦笑《にがわらひ》をした。

七　馬《うま》一匹《びき》に騎手《のりて》三人《にん》

昔《むかし》むかし、その昔《むかし》、青《せい》と云《い》ふ男《をとこ》と、胡《こ》と云《い》ふ男《をとこ》と、鬼《き》と云《い》ふ男《をとこ》と、三人《にん》一緒《しよ》に成《な》つて、馬《うま》の市《いち》に行《い》つた。各々《めいめい》馬《うま》を一匹《びき》づゝ買《か》ふ筈《はづ》であつたけれども、三人《にん》とも百圓《ゑん》づゝしか持《も》つてゐない。澤山《たくさん》繋《つな》いである馬《うま》を見《み》ると、百圓《ゑん》ぐらゐの馬《うま》は、一寸《ちよつと》も好《よ》く見《み》えない。此《これ》は良《よ》い馬《うま》だと思《おも》つて、値《ね》を聞《き》いて見《み》ると、屹度《きつと》三百圓《ゑん》だと云《い》はれる。其處《そこ》で三人《にん》が相談《さうだん》をして、各々《めいめい》百圓《ゑん》づゝ出《だ》して、良《よ》くない馬《うま》を三匹《びき》買《か》ふよりも、各々《めいめい》の金《かね》を一緒《しよ》にして、三百圓《ゑん》で良馬《よいうま》を一匹《びき》買《か》つた方《はう》が増《ま》しだらう、と云《い》つて、良馬《よいうま》を一匹《びき》探《さが》しだした。

三人《にん》の中《うち》で、青《せい》が一番賢《ばんかしこ》い男《をとこ》だつたので、其馬《そのうま》を見《み》ると、『乃公《おれ》は此馬《このうま》の背中《せなか》のところを買《か》はう、』と云《い》つて、一番《ばん》に金《かね》を拂《はら》つた。

胡《こ》は其次《そのつぎ》に、『乃公《おれ》は首《くび》を買《か》ふ、』と云《い》つて拂《はら》つた。

鬼《き》は一番《ばん》お終《しまひ》に、『乃公《おれ》は尻《しり》だ、』と云《い》つて拂《はら》つた。

さうすると青《せい》が其馬《そのうま》に騎《の》つて見《み》て、『乃公《おれ》は此馬《このうま》の脊中《せなか》のところを買《か》つたのだから、騎《の》つて歩《ある》いて可《い》いだらう。首《くび》を買《か》つた奴《やつ》は、草《くさ》を食《く》はせたり、口《くち》を取《と》つたりするのだ。それから尻《しり》を買《か》つた奴《やつ》は、糞《くそ》の掃除《さうぢ》をしたり、尾《しつぽ》の掃除《さうぢ》をしたりするのだ、』と云《い》つて、胡《こ》と鬼《き》を御供《おとも》にして、彼方此方《あちこち》見物《けんぶつ》をして歩《ある》いた。

胡《こ》と鬼《き》は青《せい》の御供《おとも》をして、はじめの中《うち》は面白《おもしろ》がつてゐたけれど、毎日々々《まいにち〱》引《ひつ》張《ぱ》つたり、草《くさ》を食《く》はせたり、尻《しり》を洗《あら》つたり、糞《くそ》を掃除《さうぢ》をしたり、二人《り》とも唯働《たゞはたら》くばかりで、一寸《ちよつと》も騎《の》ることが無《な》いのだから、だん〱嫌《いや》に成《な》つて、お終《しまひ》には最《も》う堪《たま》らなく成《な》つて、少《すこ》しも青《せい》の云《い》ふことを聞《き》かない。三人《にん》で買《か》つたのだから三人《にん》で順番《じゆんばん》に騎《の》るのが當然《あたりまへ》だ、と胡《こ》が云出《いひだ》すと、鬼《き》が成程《なるほど》と贊成《さんせい》をする。

其《それ》からまた三人《にん》で種々《いろ〱》に相談《さうだん》をして、何《なん》でも豪《えら》い者《もの》が騎《の》ることにしたら可《い》いだらう、と話《はなし》が極《きま》ることは極《きま》つたけれども、三人《にん》の中《うち》で、誰《だれ》が一番豪《ばんえら》いのだか一寸判《ちよつとわか》らなかつた。すると誰《だれ》かゞ、一番高《ばんたか》いところへ登《のぼ》つたことのある者《もの》が、豪《えら》いだらうぢやないか、と云出《いひだ》して、皆《みんな》がそれに賛成《さんせい》をした。

『乃公《おれ》は天《てん》に登《のぼ》つたことがあるぞ、』と胡《こ》が云《い》ふ。

『乃公《おれ》は貴様《きさま》の登《のぼ》つた天《てん》の上《うへ》の天《てん》まで登《のぼ》つて見《み》たぞ、』と鬼《き》が云《い》ふ。

青《せい》が其《それ》を聞《き》いて、『其《それ》ぢや貴様《きさま》の方《はう》が豪《えら》い。貴様《きさま》が其天《そのてん》の上《うへ》の天《てん》に登《のぼ》つた時《とき》に頭《あたま》の上《うへ》の方《はう》を、手《て》で探《さぐ》つて見《み》たら、何《なに》か有《あ》つたらう。屹度有《きつとあ》つた筈《はづ》だが、記憶《おぼえ》があるか、』と鬼《き》に問《と》ふ。

『有《あ》つた、記憶《おぼ》えてゐる、』と鬼《き》が云《い》ふ。

『丸《まる》くて長《なが》いものが、ぶら下《さが》つてゐたらう、』とまた問《と》ふ。

『ゐた、』と鬼《き》が云《い》ふ。

『其長《そのなが》くて丸《まる》いものは、乃公《おれ》の脚《あし》だつた。貴様《きさま》は乃公《おれ》の脚《あし》の下《した》にゐたのだから乃公《おれ》よりも低《ひく》かつたに相違《さうゐ》ない』と青《せい》が云ふ。

其《それ》を聞《き》いて、胡《こ》も鬼《き》も何《なん》とも云《い》へなかつたから、二人《ふたり》とも愈々《いよいよ》青《せい》の御供《おとも》にされて了《しま》つた。

八　麻仁粕《あぶらかす》

田舎者《ゐなかもの》が町《まち》へ行《い》つて、はじめて麻仁粕《あぶらかす》を見《み》て、何《なん》だらうと思《おも》つて、其店《そのみせ》の者《もの》に問《と》ふと、店《みせ》の者《もの》が麻仁粕《あぶらかす》だと、敎《をし》へて呉《く》れた。田舎者《ゐなかもの》は其《それ》を聞《き》いて、麻仁粕《あぶらかす》を油菓子《あぶらかし》と聞間違《ききちが》へて、成程《なるほど》、菓子《かし》のやうな色《いろ》をしてゐる。油菓子《あぶらかし》と云《い》ふから屹度《きつと》油《あぶら》を使《つか》つてこしらえた菓子《かし》だらう。何《なに》しろ、珍《めづら》しいものだ。折角町《せつかくまち》を見物《けんぶつ》に來《き》ても、此《こ》んなものを食《た》べて見《み》なくては、來《き》た甲斐《かひ》がない。歸《かへ》つてから、友《とも》人《だち》に遇《あ》つても、話《はなし》の種子《たね》が無《な》いやうでは困《こま》る。少《すこ》し買《か》つて、食《た》べて見《み》て、旨《うま》いやうだつたら、また土産《みやげ》に買《か》ふことにしやう、と考《かんが》へて、其麻仁粕《そのあぶらかす》を少《すこ》しばかり買《か》つて、食《た》べながら歩《ある》いてゐると、町《まち》の者《もの》が其《それ》を見《み》て驚《おどろ》いて、『何《なに》をお前《まへ》さんは、食《た》べてゐるのかい、』と問《と》ふた。

『油菓子《あぶらかし》だ、』と田舎《ゐなか》者《もの》が云《い》ふ。

『冗談《じやうだん》ぢやない、麻仁粕《あぶらかす》なんぞ食《く》ふ奴《やつ》があるか。眞實《ほんと》に田舎《ゐなか》者《もの》と云《い》ふ者《もの》は、しやうが無《な》いもんだ。粕《かす》を菓子《かし》と間違《まちが》へて、旨《うま》さうに食《く》つてゐあがる、』と云《い》つて町《まち》の者《もの》が笑《わら》つた。

田舎《ゐなか》者《もの》は其《それ》を聞《き》いて、失敗《しくじ》つたと氣《き》がついたけれども、餘《あま》り町《まち》の者《もの》が馬鹿《ばか》にして笑《わら》つたから、敵《かたき》を打《う》つてやらうと思《おも》つて、『眞實《ほんと》に町《まち》の者《もの》と云《い》つたら、しやうが無《な》いもんだ。生意氣《なまいき》なことばかり云《い》つても、麻仁粕《あぶらかす》がリユーマチの藥《くすり》になる、と云《い》ふことも知《し》らない。リユーマチの藥《くすり》では、麻仁粕《あぶらかす》が一番《ばん》だから、まづいのを我慢《がまん》して、食《く》つてゐるのだ、』と云《い》つて聞《き》かせた。

町《まち》の者《もの》は其《それ》を聞《き》いて、『乃公《おれ》もリユーマチで困《こま》つてゐるのだが、眞實《ほんと》に麻仁粕《あぶらかす》が利《き》くのか知《し》ら、』と云《い》つて、田舎者《ゐなかもの》の顔《かほ》を見る。

『利《き》くとも、』と田舎者《ゐなかもの》がすましてゐる。

町《まち》の者《もの》は欺《だま》されて、麻仁粕《あぶらかす》を買《か》つて食《く》ふ。

田舎者《ゐなかもの》が其《それ》を見《み》て、手《て》を拍《たゝ》いて笑《わら》ふ。

『何故《なぜ》笑《わら》ふのか、』と町《まち》の者《もの》が問《と》ふ。

『乃公《おれ》は知《し》らないで、麻仁粕《あぶらかす》を買《か》つて食《く》つたけれども、お前《まへ》さんは町《まち》の者《もの》で、何《なん》でも知《し》つてゐる癖《くせ》に、田舎者《ゐなかもの》に欺《だま》されて、麻仁粕《あぶらかす》なんぞを食《く》ふから、可笑《おか》しくつて、可笑《おか》しくつてしやうが無《な》い。眞實《ほんと》に町《まち》の者《もの》は、どうして此《こ》んなに馬鹿《ばか》だらう、』と田舎者《ゐなかもの》が云《い》つた。

九　盲目《めくら》の龍宮見物《りうぐうけんぶつ》

女房《にようばう》と子供《こども》を持《も》つてゐる、盲目《めくら》が一人《ひとり》あつた。盲目《めくら》の癖《くせ》に、色《いろ》んなものを見《み》たがつたり、聞《き》きたがつたりして、誰《たれ》にでも遇《あ》ひさへすれば、何時《いつ》も極《きま》つたやうに、何《なに》か珍《めづら》しいものはないか、異《かは》つたことはないか、と問《たづ》ねる。そして相手《あひて》が、好加減《いゝかげん》なことを云《い》つて聞《き》かせると、其《それ》を眞實《ほんと》だと思《おも》つて心《しん》から嬉《うれ》しがる。普通《あたりまへ》の人間《にんげん》に比《くら》べると、餘程《よほど》智慧《ちゑ》が足《た》りなくて、間《ま》が拔《ぬ》けてゐたので、女房《にようばう》や子供《こども》までか、此盲目《このめくら》の物《もの》ずきなのを笑《わら》つて、馬鹿《ばか》にしてゐた。

隣家《となり》の男《をとこ》が訪《たづ》ねて來《き》た。

『何《なに》か異《かは》つたことは有《あ》りませんか、』と盲目《めくら》が問《と》ふ。

『有《あ》るとも、有《あ》るとも、大有《おほあ》りだ。墓場《はかば》の先《さき》の野原《のつぱら》が、十町《ちやう》ばかり陷落《おちこ》んで、地《ち》の下《した》の世界《せかい》が見《み》えるやうに成《な》つて了《しま》つた。私《わし》は昨日《きのふ》行《い》つて見《み》たが、眞實《ほんと》に珍《めづら》しい。人《ひと》の歩《ある》いてゐるのが、よく見《み》える。鷄《にはとり》の啼《な》く聲《こゑ》も、犬《いぬ》の吠《ほ》える聲《こゑ》も、木《もく》魚《ぎよ》を叩《たゝ》く音《おと》も、ちやんと能《よ》く聞《きこ》える、和尚《をしやう》さんに聞《き》いたら、あれは龍宮《りうぐう》だと敎《をし》へて下《くだ》さつたけれど、此國《このくに》と少《すこ》しも異《ちが》つたことはない。お前《まへ》さんは、未《ま》だ聞《き》きませんか、」と男《をとこ》が云《い》ふ。

『聞《き》かない、聞《き》かない、眞實《ほんと》に珍《めづら》しい話《はなし》だ。是非《ぜひ》行《い》つて見《み》たい、早速《さつそく》行《い》つて、見物《けんぶつ》をしたい。眼《め》が見《み》えなくて困《こま》るけれども、木魚《もくぎよ》の聲《こゑ》だけでも聞《き》きたい。どうか此《これ》から一緒《しよ》に、つれて行《い》つて下《くだ》さい。龍宮《りうぐう》の見物《けんぶつ》さへして置《お》けば、最《も》う何《い》時《つ》死《し》んでもいゝ、」と盲目《めくら》が頼《たの》む。

『アヽ、宜《い》いとも。サア、一緒《しよ》にお出《い》でなさい、」と云《い》つて、男《をとこ》が盲目《めくら》の手《て》を引《ひ》いて、盲目《めくら》の家《うち》を出《で》て、其《それ》から墓所《はかば》の近所《きんじよ》まで行《い》つて、其處《そこ》らを彼方此方《あちこち》引張《ひつぱり》廻《まは》して、また元《もと》の盲目《めくら》の家《うち》の前《まへ》の土手《どて》の上《うへ》まで來《き》て、『サア、此處《こゝ》だ。色《いろ》んな音《おと》が聞《きこ》えるだらう、」と欺《だま》す。

盲目《めくら》は自分《じぶん》の家《うち》の鷄《にはとり》の啼《な》く聲《こゑ》を聞《き》いて、『成程《なるほど》、聞《きこ》える、聞《きこ》える。此《これ》は珍《めづら》しい面白《おもしろ》い、」と云《い》つて、手《て》をたゝいて喜《よろこ》ぶ。

男《をとこ》は其《それ》を聞《き》いて、最《も》う可笑《をか》しくて堪《たま》らなく成《な》つて、盲目《めくら》の肩《かた》を叩《たゝ》く。餘《あま》り叩《たゝ》

きかたが強《つよ》かつたので、盲目《めくら》は土手《どて》を轉《ころ》がつて、自分《じぶん》の家《うち》の庭《には》へ轉《ころ》がり込《こ》んだ
其間《そのひま》に男《をとこ》は逃《に》げて去《い》つて了《しま》つた。
小供《こども》が盲目《めくら》の轉《ころ》がりおちたのを見《み》て、飛《と》んで來《き》て、扶《たす》け起《おこ》して、『マア、どうしたのです、』と問《と》ふと、盲目《めくら》は自分《じぶん》の子供《こども》だと云《い》ふことには氣《き》がつかないで、自分《じぶん》は龍宮《りうぐう》へ墮《お》ちたのだと思《おも》つてゐるので、『マア、どうも難有《ありがた》う御座《ござ》います、』と云《い》つて、手《て》を揉《も》んで御辭儀《おじぎ》をして、『御免《ごめん》ください、私《わたくし》は此上《このうへ》の世界《せかい》の盲目《めくら》で御座《ござ》います。』と

云《い》ふ。
其處《そこ》へ女房《にようぼ》が出《で》て來《き》て、『マア、どうしたのだらう、此人《このひと》は、』と云《い》つて笑《わら》ふと

盲目《めくら》は吃驚《びつくり》して、『誰《だれ》かと思《おも》つたら、お前《まへ》だつたか。マア、何時《いつ》の間《ま》に、乃公《おれ》に隱《かく》れて、龍宮見物《りうぐうけんぶつ》に來《き》たのだ、』と云《い》つた。

十　嫁《よめ》の改心《かいしん》

邪慳《じやけん》な嫁《よめ》さんが、病氣《びやうき》をしてゐる姑《しうと》を窘《いぢ》めて、窘《いぢ》めて仕《し》やうがない。亭主《ていしゆ》が種々《いろ〳〵》に心配《しんぱい》をして、『私《わし》のお母《つか》さんは、お前《まへ》の爲《ため》にも、矢張《やはり》大事《だいじ》のお母《つか》さんだ。私《わし》は大事《だいじ》にして貰《もら》はなくても可《い》いから、どうぞ今少《すこ》しお母《つか》さんを大事《だいじ》にして呉《く》れ。病氣《びやうき》をしてゐなさるから、尚更氣《なほさらき》をつけて貰《もら》はないと、私《わし》が困《こま》るから、』と毎日《まいにち》のやうに、云《い》つて聞《き》かせるけれども、嫁《よめ》さんは少《すこ》しも聞入《きゝい》れないで、亭主《ていしゆ》が何《なに》か云《い》へば云《い》ふほど、姑《しうと》につらく當《あた》るので、姑《しうと》も愈々《いよ〳〵》機嫌《きげん》を惡《わる》くして、病氣《びやうき》は毎日《まいにち》重《おも》く成《な》るなるばかりで、今《いま》にも死《し》にさうな樣子《やうす》に見《み》えた。亭主《ていしゆ》は其《それ》を見《み》て、ひどく心配《しんぱい》をする。嫁《よめ》さんは却《かへ》つて喜《よろこ》んで、憎《にく》い婆々奴《ばゞめ》、一日も早く死んでしまへ、と心の裡で祈つてゐる。かう成ると、幾程云つて聞かせても、何《なん》にも成《な》らない。嫁《よめ》さんの氣《き》に入《い》らぬことを云《い》つて怒《おこ》らせるよりも嫁《よめ》さんの氣《き》に入《い》るやうに機嫌《きげん》を取《と》つた方《はう》が、母親《おふくろ》の病氣《びやうき》の爲《ため》にもよい。何《なん》でも巧《うま》く欺《だま》して、嫁《よめ》さんの心《こゝろ》を入替《いれか》えさせるより他《ほか》に仕方《しかた》がない、と考《かんが》えて、亭主《ていしゆ》は町《まち》へ行《い》つて、栗《くり》を三升《じやう》ばかり買《か》つて來《き》た。

其《それ》から亭主《ていしゆ》は嫁《よめ》さんを自分《じぶん》の室《へや》へ呼《よ》んで、『私《わし》が今日《けふ》お醫者樣《いしやさま》のところへ行《い》つて、お母《つか》さんの容體《ようたい》を話《はな》したところが、お醫者樣《いしやさま》の仰《おつ》しやるには、最《も》う迚《とて》も助《たす》かる見込《みこみ》はない、長《なが》くても七日《か》の中《うち》には、屹度《きつと》死《し》んでお了《しま》ひなさる。仕方《しかた》が無《な》いと諦《あきら》めて、何《なん》でも好《す》きなものを食《た》べさせるがよい、と仰《おつ》しやつた。其《それ》で町《まち》へ廻《まわ》つて、お母《つか》さんの好《す》きな栗《くり》を買《か》つて來《き》たから、毎日少《まいにちすこ》しづゝ煑《に》てあげるがよい。最《も》う七日《か》だ。辛抱《しんばう》して、機嫌《きげん》を取《と》つてくれ、』と云《い》つて聞《き》かせた。

嫁《よめ》さんは其《それ》を聞《き》いて、大層《たいそう》よろこんだ。アヽ、最《も》う七日《か》だ。どんな辛《つら》い思《おもひ》をしたところで、知《し》れたものだ。七日《か》の中《うち》には、嫌《いや》な婆々《ばゞ》が死《し》んで了《しま》ふ。そしたら最《も》う何《なん》にも辛《つら》いことはない、自分《じぶん》の思《おも》ふ通《とほ》りになる。此《こ》んな嬉《うれ》しいことはない。嫌《いや》な奴《やつ》だと思《おも》つてゐても、最《も》う直《す》ぐに死《し》ぬと思《おも》へば可哀相《かあいさう》だ。苛《いぢ》め殺《ころ》したなどゝ云《い》はれると、人聞《ひとぎゝ》が惡《わる》い、亭主《ていしゆ》に怨《うら》まれる、死《し》んだ母親《おふくろ》に祟《たゝ》られる。こりや何《なん》でも、今《いま》の中《うち》に機嫌《きげん》を取《と》つて置《お》いた方《はう》がいゝ。七日《か》のことだ、辛《つら》いことが有《あ》るものか、と考《かんが》えて、嫁《よめ》さんは其日《そのひ》から生《うま》れかはつたやうに、姑《しうと》を大事《だいじ》にして、機嫌《きげん》を取《と》つて、好《す》きな栗《くり》を煮《に》て食《た》べさせる。姑《しうと》は妙《めう》なことだとは思《おも》つたけれど、栗《くり》を食《た》べて見《み》ても、たゞ美味《おいし》いばかりで、毒《どく》の入《はい》つてゐるやうな味《あぢ》もない。今《いま》まで辛《つら》く當《あた》つてゐた嫁《よめ》さんが、急《きふ》に大事《だいじ》にして呉《く》れるので、だん〳〵機嫌《きげん》が直《なを》つて、此《これ》までのことは悉皆《すつかり》忘《わす》れて了《しま》つて、反對《あべこべ》に嫁《よめ》さんの機嫌《きげん》を取《と》るやうになる。亭主《ていしゆ》も喜《よろこ》んで、嫁《よめ》さんを大事《だいじ》にする。嫁《よめ》さんは姑《しうと》からも、亭主《ていしゆ》からも、大事《だいじ》にして貰《もら》つて、生《うま》れてから此《こ》んな嬉《うれ》しいことは無《な》いやうな氣《き》がして愈々《いよ〳〵》姑《しうと》を大事《だいじ》にすると、姑《しうと》の病氣《びやうき》はだん〳〵よく成《な》つて、七日目には最う悉皆直《なを》つて了《しま》つた。

其時《そのとき》から母親《おふくろ》は自分《じぶん》の生命《いのち》の親《おや》だと云《い》つて、嫁《よめ》さんを大事《だいじ》にする。嫁《よめ》さんは其《それ》を難有《ありがた》がつて、此《これ》まで母親《おふくろ》を窘《いぢ》めたことを、心《しん》から惡《わる》かつたと思《おも》つて、母親《おふくろ》を大事《だいじ》にする。兩方《りやうはう》で大事《だいじ》にするから、仲《なか》が惡《わる》く成《な》る筈《はづ》がない、喧嘩《けんくわ》の種《たね》の出《で》來《き》る理由《わけ》がない。

邪慳《じやけん》な嫁《よめ》さんだと云《い》はれてゐた女房《にようば》は、其時《そのとき》から孝行《かう〳〵》な嫁《よめ》さんだと云《い》はれるやうに成《な》つた。

十一　新《しん》浦《うら》島《しま》

奥山《おくやま》には仙人《せんにん》と云《い》ふものか接《す》んでゐて、正直《しやうぢき》な樵夫《きこり》などが、時々《とき〳〵》その仙人《せんにん》の洞窟《いはや》へ行《い》つて、仙人《せんにん》の棋《ご》を打《う》つてゐるのを、見《み》ることがある。惡《わる》い人間《にんげん》が仙人《せんにん》に遇《あ》ふと、酷《ひど》い目《め》に遇《あ》はされるけれども、正直《しやうぢき》な者《もの》は、仙人《せんにん》に可愛《かあい》がられて、甘露《かんろ》と云《い》つて天國《てんごく》の酒《さけ》を御馳走《ごちそう》に成《な》る。此酒《このさけ》を一度《ど》飲《の》んだら、三千年生《ねんいき》るさうだ、と云《い》ふことを聞《き》いて、是非《ぜひ》一度《ど》その仙人《せんにん》に遇《あ》つて、甘露《かんろ》の御馳走《ごちそう》に成《な》つて見《み》たい、と思《おも》つてゐる大臣《だいじん》があつた。

役所《やくしよ》の給仕《きふじ》は、毎日《まいにち》のやうに、此大臣《このだいじん》から仙人《せんにん》の洞窟《いはや》のことを問《と》はれて、うるさくて仕様《しやう》が無《な》いから、一つ欺《だま》してやらうと思《おも》つて、『御自分《ごじぶん》で一度《ど》行《い》つて御《ご》覧《らん》なさつたら、如何《いかゞ》で御座《ござ》いませう、』と云《い》つて見《み》た。

『平常《ふだん》から何時《いつ》もさう思《おも》つてはゐるけれど、まだ行《い》つて見《み》たことが無《な》いから、途《みち》が判《わか》らないでのう、』と大臣《だいじん》が云《い》ふ。

『途《みち》は何《なん》でもありません。御都合《ごつがふ》で御案内《ごあんない》を致《いた》しても、宜《よ》う御座《ござ》います。私《わたくし》も若《わか》い時分《じぶん》までは、樵夫《きこり》をしてゐまして、あの邊《へん》の山《やま》なら、悉皆《すつかりし》知つてゐます。その仙人《せんにん》の棲《す》んでゐるといふ洞窟《いはや》の下《した》までは、能《よ》く行《い》つたことがあります、』と給仕《きふじ》が好加減《いゝかげん》なことを云《い》ふ。

『其《それ》ぢや是非《ぜひ》案内《あんない》をして貰《もら》はう。そしてその、仙人《せんにん》の洞窟《いはや》と云《い》ふのは、眞實《ほんと》にあるのか、』と大臣《だいじん》が問《と》ふ。

『ありますとも、私《わたくし》の國《くに》などでは、其處《そこ》まで態々《わざ〳〵》行《い》つて、仙人《せんにん》に遇《あ》つて來《き》たものは、幾人《いくにん》も有《あ》ります。皆長命《みんなながいき》をしてゐます。併《しか》し、その甘露《かんろ》とか云《い》ふ酒《さけ》は、餘程《よほど》豪《えら》い御方《おかた》でなくては、御馳走《ごちそう》に成《な》れないさうで、仙人《せんにん》の童子《こども》が、酒盃《さかづき》に入《い》れて來《き》て、飮《の》ませるさうです、』と給仕《きふじ》がまた好加減《いゝかげん》な嘘《うそ》を吐《つ》く。

馬鹿正直《ばかしやうぢき》な大臣《だいじん》は、其《それ》を聞《き》いて、悉皆欺《すつかりだま》されて了《しま》つて、『其《それ》ぢや明日《あす》出懸《でか》けることにするから、其方《そのはう》案内《あんない》を致《いた》せ。宜《よろ》しいか、確乎《しつかり》頼《たの》んだぞ、』と大臣《だいじん》が念《ねん》を押《お》す。

『畏《かしこ》まりました、』と云《い》つて、給仕《きふじ》は大臣《だいじん》の前《まへ》を下《さが》つた。

其次《そのつぎ》の朝早《あさはや》く、給仕《きふじ》は近所《きんじよ》の童子《こども》を一人《ひとり》頼《たの》んで、笛《ふえ》と酒盃《さかづき》と馬《うま》の小便《しよんべん》の充滿《いつぱい》入《はい》つてゐる壺《つぼ》を持《も》せて、よく云《い》つて聞《き》かせて、自分《じぶん》よりも先《さき》に、山《やま》に登《のぼ》つてゐるやうに、急《いそ》がせてやつた。

其後《そのあと》で大臣《だいじん》を案内《あんない》して、山《やま》へ登《のぼ》つて、大《おほ》きい岩《いは》の下《した》の平《ひら》たい石《いし》のあるところまで來《く》ると、給仕《きふじ》は立止《たちどま》つて、上《うへ》の方《はう》を指《ゆび》さして、『あの岩《いは》の傍《わき》に、洞窟《いはや》があります。私《わたくし》のやうな者《もの》は、此《これ》から上《うへ》へ登《のぼ》ると、罰《ばち》が中《あた》りますから、最《も》う登《のぼ》れません。私《わたくし》は此處《こゝ》に待《ま》つてゐますから、御《お》一人《ひとり》で行《い》つて、仙人《せんにん》に遇《あ》つて、御馳走《ごちそう》の酒《さけ》を飲《の》んで御出《おいで》なさい、』と云《い》つて、登《のぼ》る途《みち》を敎《をし》へてやつた。

大臣《だいじん》は一人《ひとり》で登《のぼ》つて行《ゆ》く。少《すこ》しばかり行《ゆ》くと、上《うへ》の方《はう》で幽《かす》かに笛《ふえ》を吹《ふ》く音《おと》が聞《きこ》える。ハヽア、成程《なるほど》、仙人《せんにん》の笛《ふえ》と云《い》ふのが此《これ》だな。道理《だうり》で、馬鹿《ばか》に面白《おもしろ》い、全然《まるで》天國《てんごく》へでも行《い》つたやうな心持《こゝろもち》がする。イヤ、此邊《このへん》は最《も》う天國《てんごく》だらう。仙人《せんにん》の棲んでゐるところなら、天國《てんごく》に相違《ちがひ》ない。何《なん》だか、草《くさ》の色《いろ》までも異《ちが》つてゐるやうだ。アレ、笛《ふえ》の音《ね》が、だん〳〵近《ちか》く成《な》る。最《も》う一息《いき》だ、最《も》う仙人《せんにん》の姿《すがた》が、見《み》えさうなものだ、と心《こゝろ》の裡《うち》で考《かんが》えながら、だん／＼登《のぼ》つて行《ゆ》くと、遠《とほ》くの方《はう》に童子《こども》の姿《すがた》が見《み》えた。

大臣《だいじん》は其《それ》を見《み》て、仙人《せんにん》の童子《こども》と給仕《きふじ》が云《い》つて聞《き》かせたのが、此《これ》だらうと思《おも》つて、地面《ぢめん》に座《すわ》つて、頭《あたま》を下《さ》げる。

童子《こども》が手《て》で招《まね》く。

大臣《だいじん》がまた登《のぼ》つてゆく。

『其方《そのはう》は何者《なにもの》か、』と問《たづ》ねられる。

『ハイ、私《わたくし》は李《り》と申《まを》す大臣《だいじん》で御座《ござ》りまする、』と答《こた》へる。

『ハヽア、兼《かね》て聞《き》いてゐた、正直《しやうぢき》な大臣《だいじん》の李《り》と申《まを》すは、其方《そのはう》のことか、』と云《い》はれる。

『左様《さやう》で御座《ござ》りまする、』と大臣《だいじん》が頭《あたま》をさげる、

『能《よ》く訪《たづ》ねて參《まゐ》つた。遠《とほ》いところを歩《ある》いて、咽《のど》が乾《かは》いたであらう、』と童子《こども》が云《い》

ふ。

『まことに畏入《おそれい》りまして御座《ござ》りまするが、少《すこ》し乾《かは》いて御座《ござ》りまする、』と云《い》つて大臣《だいじん》がまた頭《あたま》を下《さ》げる。

『然《しか》らば甘露《かんろ》の酒《さけ》を飲《の》ませてつかはす。此《これ》は天人《てんにん》の靈藥《れいやく》と云《い》つて、この酒《さけ》を一杯飲《はいの》むときは、千年《せんねん》の壽命《いのち》が延《の》びる、』と云《い》つて、童子《こども》が馬《うま》の小便《しよんべん》を酒盃《さかづき》についで渡《わた》す。

大臣《だいじん》が其《それ》を頂戴《ちやうだい》する。

『甘《うま》いか、』と問《たづ》ねられる。

『如何《いか》にも結構《けつこう》で御座《ござ》りまする、』と答《こた》へる。

『今《も》一杯《ぱい》つかはさうか、』と來《く》る。

『頂戴致《ちやうだいいた》します、』と云《い》つて、また一杯飲《ぱいの》む。

『今《も》一杯《ぱい》つかはさうか、』と云《い》はれて、また一杯《ぱい》のむ。到頭欺《たうくだま》されて、馬《うま》の小便《しやうべん》を三杯《ばい》飲《の》んだ。

三杯目《ばいめ》を飲《の》んで、頭《あたま》を上《あ》げて見《み》ると、童子《どうじ》は何時《いつ》の間《ま》にか、逃《に》げて了《しま》つて、影《かげ》も見《み》えなかつた。

給仕《きふじ》は大臣《だいじん》が小便《しよんべん》を飲《の》んでゐる間《あひだ》に、其處《そこ》らを飛歩《とびある》いて、馬《うま》の骨《ほね》を少《すこ》しばかり拾《ひろ》つて來《き》て、其《それ》を石《いし》の上《うへ》に置《お》いて、自分《じぶん》だけ先《さき》に歸《かへ》つて了《しま》つた。そして急《いそ》いで役所《やくしよ》の門《もん》を塗替《ぬりか》えて、門番《もんばん》に大臣《だいじん》の衣服《きもの》を着《き》せて、大臣《だいじん》の室《へや》に座《すわ》らせて置《お》いた。

大臣《だいじん》は給仕《きふじ》が待《ま》つてゐるだらうと思《おも》つて、急《いそ》いで仙人《せんにん》の山《やま》を下《くだ》つて、岩《いは》の下《した》の平《ひら》たい石《いし》のあるところへ來《き》て見《み》ると、給仕《きふじ》は居《ゐ》なくて、白《しろ》い骨《ほね》が石《いし》の上《うへ》に散《ち》ばつてゐる。

大臣《だいじん》は其《それ》を見《み》て吃驚《びつくり》して、『天國《てんごく》の一日《にち》は、人間《にんげん》の五百年《ねん》に當《あた》る、と聞《き》いてゐたが、成程《なるほど》、嘘《うそ》ぢやない。一寸《ちよつと》の間《ま》と思《おも》つたが、最《も》う百年《ねん》も經《た》つて了《しま》つたのだな。可哀相《かあいさう》に、給仕《きふじ》の奴《やつ》は、乃公《おれ》の歸《かへ》つて來《く》るのを待《ま》つてゐたと見《み》えて、此處《こゝ》で死《し》んで、骨《ほね》に成《な》つて了《しま》つた。世間《せけん》の樣子《やうす》も、餘程變《よほどかは》つてゐるだらう。アヽ、心配《しんぱい》でたまらぬ、早《はや》く歸《かへ》つて見《み》やう』と云《い》つて、急《いそ》いで山《やま》を下《くだ》つた。

其《それ》から役所《やくしよ》へ歸《かへ》つて見《み》ると、門《もん》の柱《はしら》の色《いろ》が異《ちが》つてゐる。自分《じぶん》の室《へや》へ入《はい》つて見《み》ると、知《し》らぬ男《をとこ》が大臣《だいじん》に成《な》つてゐる。自分《じぶん》のことを、其男《そのをとこ》に問《たづ》ねて見《み》たら、五百年《ねん》ばかり前《まへ》に、さう云《い》ふ名前《なまへ》の大臣《だいじん》がゐたけれども、給仕《きふじ》をつれて山《やま》へ登《のぼ》つたきり、戻《もど》つて來《こ》ない。屹度《きつと》仙人《せんにん》に成《な》つて了《しま》つたのだらう、と云《い》ふ話《はなし》がある、と云《い》つて聞《き》かせた。

其《それ》を聞《き》いて、大臣《だいじん》は愈々《いよ〳〵》自分《じぶん》は五百年前《ねんまへ》の人間《にんげん》だと思《おも》つて、茫然《ぼんやり》して自分《じぶん》の家《うち》へ歸《かへ》ると、女房《にようぼ》と娘《むすめ》が、何時《いつも》のやうに出迎《でむか》へる。大臣《だいじん》は其《それ》を見《み》て、また吃驚《びつくり》して、幽靈《ゆふれい》か怪物《おばけ》だらうと思《おも》つて、アッと云《い》つて仆《たふ》れて、氣絕《きぜつ》をして了《しま》つた。

十二　家鴨《あひる》の勘定《かんちやう》

家鴨《あひる》好《ずき》の旦那《だんな》があつた。年齢《とし》は四十に成《な》るけれども、まだ物《もの》の數《かず》を勘定《かんちやう》することを知《し》らない。晝《ひる》の間《あひだ》は丁稚《でつち》に家鴨《あひる》の番《ばん》をさせて、夕方《ゆふかた》に成《な》ると、自分《じぶん》で家鴨《あひる》の數《かず》を勘定《かんちやう》して見《み》る。一疋《ぴき》づゝ數《かぞ》へて、數《かず》をしらべるのではない。二疋《ひき》づゝ勘定《かんちやう》して行《い》つて、一番《ばん》おしまひが、丁度《ちやうど》よかつたか、一疋殘《ぴきのこ》つたか、唯其《たゞそれ》だけ記憶《おぼ》えてゐる。

丁稚《でつち》が旦那《だんな》の留守《るす》に、家鴨《あひる》を一疋殺《ぴきころ》して食《た》べて了《しま》つて、知《し》らぬ顔《かほ》をしてゐると、夕方《ゆふかた》に成《な》つて、旦那《だんな》が歸《かへ》つて來《き》て、勘《かん》定《ちやう》をはじめる。二疋《ひき》づゝ勘定《かんちやう》して行《ゆ》くと、一番《ばん》おしまひに一疋《ひき》だけ殘《のこ》る。何度《なんど》やつて見《み》ても、一疋殘《ひきのこ》る。昨日《きのふ》勘定《かんちやう》したときは、丁度《ちやうど》よかつたのだから、屹度《きつと》丁稚《でつち》の奴《やつ》が、一疋盜《ひきぬす》んだのに相違《ちがひ》ない、と思《おも》つて、丁稚《でつち》を叱《しか》りつける。丁稚《でつち》は知《し》らぬと云《い》ふ。知《し》らぬことが有《あ》るか、と云《い》つて、丁稚《でつち》を縛《しば》つて毆《なぐ》る。

丁稚《でつち》は堪《たま》らなくなつて、『御免《ごめん》なさい、御免《ごめん》なさい。明日《あす》持《も》つて來《き》て返《かへ》しますから、勘辨《かんべん》して下《くだ》さい、』と云《い》つて謝罪《あやま》る。

『屹度《きつと》返《かへ》したら、勘辨《かんべん》してやらう、』と云《い》つて　赦《ゆる》して呉《く》れる。

其次《そのつぎ》の日《ひ》に、丁稚《でつち》が旦那《だんな》の留守《るす》に、また家鴨《あひる》を一疋殺《ひきころ》して食《た》べて了《しま》つて、知《し》らぬ顏《かほ》をしてゐると、夕方《ゆふがた》に成《な》つて、旦那《だんな》が歸《かへ》つて來《き》て、『返《かへ》したか、』と丁稚《でつち》に問《と》ふ。

『返《かへ》して置《お》きました、』と丁稚《でつち》が云《い》ふ。

旦那《だんな》が勘定《かんちやう》して見《み》ると、今度《こんど》は一番《ばん》おしまひが丁度《ちやうど》よい。何度《なんど》やつて見《み》ても一疋《ひき》殘《のこ》るやうなことはない。其處《そこ》で旦那《だんな》が大層《たいそう》よろこんで、機嫌《きげん》を直《なを》して、『宜《よう》しい、勘定《かんちやう》が合《あ》つたから、勘辨《かんべん》してやる、』と云《い》つた。

其次《そのつぎ》の日《ひ》に、旦那《だんな》は友人《ともだち》に遇《あ》つて、『丁稚《でつち》が惡《わる》いことをしたら、縛《しば》つて毆《なぐ》るに限《かぎ》る。一昨日《おとゝひ》の夕方《ゆふがた》家鴨《あひる》が一疋《ひき》足《た》りなかつたから、ウンと毆《なぐ》つてやつたら、次《つぎ》の日《ひ》には最《も》う持《も》つて來《き》て返《かへ》した。毆《なぐ》るくらゐ効驗《きゝめ》のあることは、世《よ》の中《なか》にまたと無《な》い、』と得意《とくい》に成《な》つて話《はな》した。

十三　坊主《ばうず》の河渡《かはわたり》

山寺《やまでら》に棲《す》んで、黒《くろ》い衣《ころも》を着《き》てゐる癖《くせ》に、酒《さけ》ばかり飲《の》んでゐて、何時《いつ》も醉拂《よつぱら》つて能《よ》く失敗《しくじ》る和尙《おしやう》が有《あ》つた。

此和尙《このおしやう》が佛事《ぶつじ》に招《よ》ばれて、餘《あま》り酒《さけ》を飲《の》み過《す》ぎて、夜遲《よるおそ》く成《な》つてから、歸《かへ》りかゝると、醉《よ》つてゐたので路《みち》に迷《まよ》つて、野《の》の中《なか》の知《し》らぬところへ出《で》た。見《み》ると行《ゆ》く路《みち》に、白《しろ》いところが横《よこ》に長《なが》くつゞいてゐる。水《みづ》があるのだと思《おも》つて、裾《すそ》を褰《から》げて渡《わた》ると、水《みづ》ではなくて、蕎麥《そば》の花《はな》であつた。

『何《なん》だ、蕎麥畑《そばばたけ》ぢやないか。人《ひと》を馬鹿《ばか》にしてゐる、』と獨言《ひとりごと》を云《い》つて、ぷん〳〵怒《おこ》つて、畑《はたけ》を出《で》てまた少《すこ》しゆくと、また向《むか》うに白《しろ》いものが見《み》える。和尚《をしやう》は其《それ》を見《み》て、『ハヽア、また出《で》たぞ。何《なん》ぼ酒《さけ》に醉《よ》つてゐても、其《そ》んなに幾度《いくど》も欺《だま》されるものか、』と云《い》つて、裾《すそ》を褰《から》げずに、威勢《ゐせい》よく踏込《ふみこ》んで行《ゆ》くと、今度《こんど》は蕎麥畑《そばばたけ》ではなくて、眞實《ほんと》の河《かは》であつたから、衣《ころも》を悉皆《すつかり》ぬらして、酒《さけ》の醉《よひ》も醒《さ》めた。

彼方此方《あちこち》路《みち》に迷《まよ》つてゐる中《うち》に、夜《よ》が明《あ》けた。見《み》ると山寺《やまでら》の方《はう》とは、反對《あべこべ》の方《はう》へ歩《ある》いてゐた。其處《そこ》で後《あと》へ戻《もど》つて、急《いそ》いで行《ゆ》くと河《かは》の縁《へり》へ出《で》た。其河《そのかは》の岸《きし》に、婦女《をんな》が五六人《にん》ばかりで、米《こめ》を洗《あら》つてゐた。和尚《をしやう》は夜《よ》中《ぢう》彼方此方《あちこち》歩《ある》いたので、脚《あし》が疲勞《くたび》れて、お腹《なか》が空《す》いて堪《たま》らなく成《な》つて、思《おも》はず大《おほ》きい聲《こゑ》を出《だ》して、『アヽ、堪《たま》らぬ、堪《たま》らぬ、口《くち》が酸《すつ》ぱく成《な》つた、』と云《い》つて、唾吐《つばき》をした。

米《こめ》を洗《あら》つてゐた婦女《をんな》どもは、和尚《おしやう》が酸《す》つぱいと云《い》つたのを聞《き》いて、大層怒《たくさうたこ》つて『大事《だいじ》の酒《さけ》をこしらえる米《こめ》を洗《あら》つてゐるのに、酸《す》つぱいとは何《なん》のことだ。縁起《えんぎ》の悪《わる》い、此坊主奴《このばうずめ》』と怒鳴《どな》つて、駈出《かけだ》して來《き》て、和尚《おしやう》を取卷《とりま》いて、打《う》つやら、叩《たゝ》くやら、毆《なぐ》るやら、蹴《け》るやら、散々甚《さんざんひど》い目《め》に遇《あ》はせて、追放《おつぱな》した。

和尚《おしやう》は衣《ころも》を引裂《ひきさ》かれて、頭《あたま》から泥《どろ》だらけに成《な》されて、痛《いた》い脚《あし》を引《ひ》ずつて來《く》ると、道傍《みちばた》に薯畑《いもばたけ》があつた。お腹《なか》が空《す》いて、最《も》う歩《ある》けさうにもないから、其薯《そのいも》を堀《ほ》つて食《た》べてゐると御役人《おやくにん》が馬《うま》に騎《の》つて來《く》るのが見《み》える。和尚《おしやう》は驚《おどろ》いて、藪《やぶ》の蔭《かげ》に隠《かく》れる。

能《よ》く見《み》ると、御役人《おやくにん》の後《あと》から、御供《おとも》が物《もの》を持《も》つて跟《つ》いて來《く》る。屹度《きつと》お辨當《べんたう》に違《ちが》ひない。此薯《このいも》を差上《さしあ》げたら、御握飯《おむすび》一個《ひとつ》ぐらゐは、下《くだ》さるだらうと思《おも》つて、御役人《おやくにん》の近《ちか》く來《く》るのを待《ま》つてゐて、和尚《おしやう》が藪蔭《やぶかげ》から飛出《とびだ》すと、馬《うま》が驚《おどろ》いて駈出《かけだ》した機《はづみ》に、御役人《おやくにん》が馬《うま》から墜《おち》る。御供《おとも》の者《もの》が和尚《おしやう》を捕《とら》へて、棒《ぼう》で叩《たゝ》いたから堪《たま》らない、和尚《をしやう》は腰《こし》が立《た》たなく成《な》つて、路傍《みちばた》に仆《たふ》れて了《しま》ふ。

和尚《をしやう》は宛然《まるで》死人《しにん》のやうに成《な》つて、其處《そこ》に臥《ね》てゐると、今度《こんど》は巡査《じゆさ》が四五人通《にんとほ》りかゝつて、『ヤア、坊主《ばうず》が死《し》んでゐる。此奴《こいつ》を叩《たゝ》いて、棒《ぼう》を使《つか》ふ稽古《けいこ》をして見《み》やうぢやないか、』と云《い》つて、交々《かはる〴〵》和尚《をしやう》を叩《たゝ》く。和尚《をしやう》は痛《いた》くて堪《たま》らぬけれども、起《お》きたら、どんな目《め》に遇《あ》ふかも知《し》れない、と思《おも》つて我慢《がまん》をしてゐる。

すると其中《そのうち》の一人《ひとり》が、『死《し》んだ坊主《ばうず》の鼻《はな》は、喘息《ぜんそく》の藥《くすり》に良《よ》いと云《い》ふから、序《ついで》に此奴《こいつ》の鼻《はな》を貰《もら》つて行《ゆ》かうぢやないか、』と云出《いひだ》した。

和尚《をしやう》は其《それ》を聞《き》くと、吃驚《びつくり》して跳起《はねお》きて、腰《こし》の痛《いた》いのも、脚《あし》の痛《いた》いのも、何《なに》もかも忘《わす》れて了《しま》つて、盲目《めくら》滅法《めつぽふ》に駈出《かけだ》した。

其《それ》から幾度《いくど》も途中《みち》で休《やす》んで、漸《やつ》と山寺《やまでら》に歸《かへ》りついたときは、最《も》う日《ひ》が暮《く》れてゐた。門《もん》が閉《しま》つてゐたから、入《はい》ることが能《でき》ない。叩《たゝ》いても誰《だれ》も開《あ》けて呉《く》れないので、和尚《をしやう》は怒《おこ》つて、『小僧《こぞう》、小僧《こぞう》、何《なに》をしてゐるのだ。早《はや》く開《あ》けないか、』と怒《ど》鳴《な》つた。

小僧《こぞう》は何時《いつ》も和尚《をしやう》に窘《いぢ》められるから、今度《こんど》こそ反對《あべこべ》に和尚《をしやう》を窘《いぢ》めてやらう、と思《おも》つて、『小僧《こぞう》と怒鳴《どな》るのは誰《だれ》だ、』と怒鳴《どな》りかへした。

『乃公《おれ》だ、和尚《をしやう》だ、』と和尚《をしやう》が云《い》ふ。

『和尚《をしやう》は酒飲《さけのみ》だから、何時《いつ》も夜半《よなか》でなくては歸《かへ》つて來《こ》ない。貴様《きさま》は何處《どこ》の和尚《をしやう》だ。貴様《きさま》のやうな奴《やつ》を入《い》れると、家《うち》の和尚《をしやう》に叱《しか》られる、』と云《い》つて、小僧《こぞう》が出《で》て見《み》ない。

仕方《しかた》が無《な》いから、和尚《をしやう》が犬《いぬ》の穴《あな》から潜込《もぐりこ》まうとすると、小僧《こぞう》が其《それ》を見《み》て、『此《この》犬《いぬ》の畜生奴《ちくしやうめ》、昨夕《ゆふべ》も來《き》あがつて、御燈明《おとうめう》の油《あぶら》を舐《ねぶ》つて了《しま》つた。また來《き》たつて、其《そ》んなに毎晩《まいばん》舐《ねぶ》らせるものか、』と云《い》つて、棒《ぼう》を振上《ふりあ》げて、和尚《をしやう》を毆《なぐ》つて、毆《なぐ》つて、半殺《はんごろ》しにして了《しま》つた。

間誤《まご》ついて、甚《ひど》い目《め》に遇《あ》つたことを、坊主《ばうず》の河渡《かはわたり》のやうだ、と云《い》ふのは、此《この》和尚《をしやう》の失敗《しくじり》からはじまつたのだ、と云《い》つてある。

十四　龜《かめ》の年齢《とし》

鶴《つる》は千年《ねん》、龜《かめ》は萬年《まんねん》、と云《い》ふことは、好加減《いゝかげん》な嘘《うそ》かと思《おも》つてゐたら、矢張《やはり》眞《ほん》實《と》のことだつた。どうして嘘《うそ》ぢやない、眞實《ほんと》のことだつた、と云《い》ふことを知《し》つたかと云《い》ふと、其《それ》には確實《たしか》な證據《しやうこ》がある。

確實《たしか》な證據《しやうこ》と云《い》ふのは、動物《けだもの》の證據《しやうこ》である。

人間《にんげん》よりは動物《けだもの》の方《はう》が、いつでも正直《しやうぢき》である。人間《にんげん》の云《い》つたことだとすると中々《なかなか》眞實《ほんと》には出來《でき》ない。好加減《いゝかげん》な嘘《うそ》が多《おほ》いのだけれど、動物《けだもの》の方《はう》で言出《いひだ》したことだから、此《これ》より確實《たしか》なことはない。

動物《けだもの》の中《うち》でも、狐《きつね》や狸《たぬき》のやうな、評判《ひやうばん》の嘘吐《うそつき》の言出《いひだ》したことなら、一寸《ちよいと》あてに成《な》らぬかも知《し》れぬけれど、皆《みんな》で言出《いひだ》したことだから、少《すこ》しもあてに成《な》らぬことはない。

何時《いつ》そんなことを言出《いひだ》したのか、其《そ》んなことは、書物《しよもつ》に書《か》いてないから、判《はつ》然分《きりわか》らないけれど、何《なん》でも餘程《よほど》むかしのことだつたに相違《ちがひ》ない。其《そ》んなことはどうでもいゝ。何處《どこ》だか、何時《いつ》だか、分《わか》らないけれど、昔《むかし》むかし、其《その》むかし、今《い》一つお負《ま》けに、そのまたむかし、山羊《やぎ》の親爺《おやぢ》が六十一に成《な》つて、本卦還《ほんけがへり》のお祝《いはひ》をした。

山羊《やぎ》と云《い》ふ奴《やつ》は、若《わか》くても髯《ひげ》を生《は》やして年寄《としより》の眞似《まね》をしてゐるから、六十一に成つたら、餘《よ》程年《ほどとし》よりに成《な》つたらう。三百六十一か、八百六十一ぐらゐには成《な》つたかも知《し》れない。其山羊《そのやぎ》がお祝《いはひ》をすると云《い》つて、世界中《せかいぢう》の動物《けだもの》を呼《よ》んで、御馳走《ごちそう》をした。

人間《にんげん》は六十一になると、赤《あか》いおべゞを着《き》て、赤《あか》んぼの眞似《まね》をして、喜《よろこ》んでゐるけれど、此《この》くらゐ間違《まちが》つたことは、世《よ》の中《なか》にない。何《なん》でも老人《としより》は豪《えら》い。一歳《ひとつ》でも年齢《とし》の多《おほ》い方《はう》が、世《よ》の中《なか》のことを餘計《よけい》に見《み》て、餘計《よけい》に知《し》つてゐる。山羊《やぎ》は子供《こども》の時《とき》から、髯《ひげ》を生《は》やして、老人《としより》の眞似《まね》をする位《くらゐ》だから、六十一に成《な》つても人間《にんげん》のやうに赤《あか》んぼの眞似《まね》をしたりなんぞ、其《そ》んな馬鹿《ばか》なことはしない。招《よ》ばれて來《き》たお客《きやく》も、能《でき》るだけ老人《としより》の眞似《まね》をするのである。

其《それ》から御馳走《ごちそう》の時《とき》に成《な》つて、『御客樣《おきやくさま》の中《うち》で、一番年齢《ばんとし》の多《おほ》い方《かた》が、床柱《とこばしら》の前《まへ》に座《すわ》つて下《くだ》さい、』と山羊《やぎ》が云《い》つた。

御客《おきやく》の中《うち》に、苔《こけ》の生《は》えたやうな古狐《ふるぎつね》が一疋《ぴき》ゐて、『私《わし》は世界中《せかいぢう》を隅《すみ》から隅《すみ》まで歩《ある》いて、何處《どこ》でも知《し》つてゐる。何《なに》もかも見《み》てゐるから、今日《けふ》は私《わし》が一番年上《ばんとしうへ》ぢやらう、』と云《い》つた。

他《ほか》の動物《けだもの》は其《それ》を聞《き》いて、此狐《このきつね》には迚《とて》も敵《かな》はぬと思《おも》つて、默《だま》つてゐた。

其處《そこ》で狐《きつね》が床《とこ》の前《まへ》に座《すわ》つた。

すると龜《かめ》が隅《すみ》の方《はう》に坐《すわ》つて、手《て》を顏《かほ》にあてゝ、泣《な》いてゐる。

山羊《やぎ》は其《それ》を見《み》て、『龜《かめ》さん、龜《かめ》さん、マア、どうしたのです。何故《なぜ》泣いてゐます、』と問《と》ふて吳《く》れた。

『往昔《むかし》のことを思出《おもひだ》して、悲《かな》しくなりました、』と龜《かめ》が云《い》ふ。

『お話《はな》しなさい、どんなことです、』と山羊《やぎ》が問《と》ふ。

『二本《ほん》の大木《たいぼく》の話《はなし》を、皆《みな》さんお存《ぞん》じですか、』と龜《かめ》が問《と》ふ。

誰《たれ》も知《し》つたものがない。狐《きつね》も知《し》らない。

『其《それ》では話《はな》しませう、』と龜《かめ》が云《い》つて、『その二本《ほん》の大木《たいぼく》と云《い》ふのは、私《わたし》の孫《まご》が種《た》子《ね》を蒔《ま》いたのです。三千年經《ねんた》つて、二本《ほん》とも大木《たいぼく》に成《な》りましたから、孫《まご》が其中《そのうち》の一本《ぽん》を切《き》つて、槌《つち》をこしらえて、其槌《そのつち》で天《てん》の星《ほし》を動《うご》かないやうに打込《うちこ》みました。今一本《ぽん》の方《はう》では、栓《せん》をこしらえて、銀河《あまのがは》の溢《こぼ》れて了《しま》はないやうに、其底《そのそこ》の穴《あな》へ打込《うちこ》みました。今日《けふ》皆《みな》さんと一緒《しよ》に成《な》つて、死《し》んだ孫《まご》のことを思出《おもひだ》して、悲《かな》しく成《な》りました、』と話《はな》した。

皆《みんな》が其《それ》を聞《き》いて、龜《かめ》が一番老人《ばんとしより》だと云《い》ふことを知《し》つて、狐《きつね》を退《の》かせて、龜《かめ》を床《とこ》の前《まへ》に坐《すわ》らせた。

十五　猫鳥《ねこどり》の禁厭《まじなひ》

商人《あきんど》か猫鳥《ねこどり》を一疋《ぴき》買《か》つて、見世物《みせもの》にして金儲《かねまうけ》をしやうと思《おも》つて、籠《かご》に入《い》れて田舍《いなか》の山路《やまみち》を歩《ある》いてゐると、虎《とら》に出遇《であ》つた。商人《あきんど》は吃驚《びつくり》して、猫鳥《ねこどり》の籠《かご》を虎《とら》に打着《ぶつ》けて、逃出《にげだ》して了《しま》ふ。虎《とら》は商人《あきんど》の後《あと》を追駈《おつか》ける。猫鳥《ねこどり》は籠《かご》を拔出《ぬけだ》して飛《と》んで了《しま》ふ。

商人《あきんど》は何處《どこ》まで逃《に》げたのやら、虎《とら》は何處《どこ》まで追《お》つて行《い》つたのやら、其《そ》んなことは、能《よ》く見《み》てゐなかつたから知《し》らない。猫鳥《ねこどり》は晝間《ひるま》のことで、能《よ》く眼《め》が見《み》えないから、村《むら》の百姓家《しやうや》の簷《のき》の下《した》の暗《くら》いところへ逃込《にげこ》んで、日《ひ》の暮《く》れるまで、其處《そこ》に止《とま》つてゐて、夜《よる》に成《な》つてから、嫌《いや》な聲《こゑ》を出《だ》しで三度《ど》ばかり啼《な》いて、それから山《やま》の方《はう》へ飛《と》んで行《い》つて了《しま》つた。

百姓《しやうや》家の者《もの》は、猫鳥《ねこどり》と云《い》ふものを、まだ見《み》たことがなかつたので、はじめて

其《それ》を見《み》て大層驚《たいそうおどろ》いた。隣家近所《きんじよ》の者《もの》までが、皆寄《みんなよ》つて來《き》て見《み》たけれども、誰《だれ》も其鳥《そのとり》の名《な》を知《し》つた者《もの》がない。何《なん》でも此《これ》は悪《わる》い鳥《とり》にちがひない、嫌《いや》な啼聲《なきごゑ》は、何《なに》か悪《わる》いことのある前兆《しらせ》ではあるまいか、と云《い》つて大勢《おほぜい》の者《もの》が大騒《おほさわ》ぎをして、其次《そのつぎ》の日《ひ》に、お寺《てら》の和尚《をしやう》を呼《よ》んで來《き》た。

和尚《おしやう》は何事《なにごと》かと思《おも》つて、來《き》て見《み》ると、其《その》百姓家《しやうや》の中《なか》に、村《むら》の者《もの》が大勢集《おほぜいあつ》つて、色々相談《いろいろさうだん》をしてゐる。男《をとこ》も女《をんな》も、老人《としより》も子供《こども》も若《わか》い者《もの》も、何《なに》もかも集《あつ》つてゐる。

百姓家《しやうや》の親爺《おやぢ》が昨日《きのふ》の話《はなし》をして、『和尚《おしやう》さん、マア、何《なん》と云《い》ふ鳥《とり》で御坐《ごさ》んせう身體《からだ》は鳥《とり》に見《み》えるけれど、頭《あたま》に耳《みゝ》があつて、猫《ねこ》のやうな面《つら》をしてゐあがつて、嫌《いや》な聲《こゑ》を出《だ》して三度《ど》啼《な》いて、夜《よる》に成《な》つてから、飛《と》んで行《い》つたで御坐《ごさ》んす。何《なん》だか知《し》らないけれど、鬼《おに》の怪物《おばけ》ぢやないかと思《おも》つて、皆《みんな》が心配《しんぱい》してゐるで御坐《ござ》んす。』と云《い》つて、和尚《おしやう》の顔《かほ》を見《み》た。

和尚《おしやう》は其話《そのはなし》を聞《き》いて、猫鳥《ねこどり》だと云《い》ふことを、直《す》ぐに知《し》つたけれども、此百姓《このしやう》家《や》にゐる奴《やつ》どもを、すこし驚《おど》かして、米《こめ》なりと布《ぬの》なりと取《と》つてやらうと思《おも》つてわざと心配《しんぱい》らしい顔容《かほつき》をして、『其《それ》は山猫鳥《やまねこどり》と云《い》つて、何《なに》か世《よ》の中《なか》に悪《わる》いことがある時《とき》に、出《で》てくる鳥《とり》ぢや。お寺《てら》の書物《かきもの》で見《み》ると、百三十年《ねん》ばかり前《まへ》にも、一度《ど》そんなことがあつて、村中《むらぢう》の者《もの》が虎《とら》に喰《く》はれて了《しま》つた。屹度《きつと》何《なに》か悪《わる》いことがあるのぢやから、氣《き》をつけなさい。』と云《い》つて聞《き》かせた。

大勢《おほぜい》の者《もの》が其《それ》を聞《き》いて、吃驚《びつくり》して騒《さわ》ぎだした。

和尚《おしやう》は其《それ》を見《み》て、『マア、マア、其《そ》んなに心配《しんぱい》せぬがよい。御祈禱《おいのり》をして、御《お》禁厭《まじなひ》をしてさへ置《お》けば、別《べつ》に大《たい》したことはない。其禁厭《そのまじなひ》なら、私《わし》が致《いた》して進《あ》げやう、』と云《い》つた。

皆《みんな》が喜《よろこ》んで、『どうか宜《よろ》しく願《ねが》ひます、』と賴《たの》む。

『宜《よろ》しい。其《それ》ぢや皆《みんな》の衆《しゆう》は、私《わし》の後方《うしろ》に列《なら》んでゐて、何《なん》でも私《わし》のする通《とほ》りにするのぢや。少《すこ》しでも違《ちが》つた日《ひ》にや、御禁厭《おまじなひ》が効《き》きませんぞ。宜《よろ》しいか。其《それ》ぢや皆《みんな》の衆《しゆう》、米《こめ》を一升《しやう》づゝ持《も》つて來《き》なさい、』と和尚《おしやう》が云《い》ふ。

皆《みんな》の者《もの》が直《す》ぐに眞似《まね》をして、『米《こめ》を一升《しやう》づゝ持《も》つて來《き》なさい、』と云《い》ふ。

『布《ぬの》を一反《たん》づゝ持《も》つて來《き》なさい、』と和尚《おしやう》が云《い》ふ。

『布《ぬの》を一反《たん》づゝ持《も》つて來《き》なさい、』と皆《みんな》の者《もの》が云《い》ふ。

『何故《なぜ》そんな口眞似《くちまね》をしなさるのぢや、』と和尚《おしやう》が云《い》ふ。

『何故《なぜ》そんな口眞似《くちまね》をしなさるのぢや、』と皆《みんな》の者《もの》が云《い》ふ。

和尚《おしやう》が怒《おこ》つて、百姓家《しやうや》を飛出《とびだ》すと、餘《あま》り怒《おこ》つてゐたものだから、戸《と》の框《かまち》に頭《あたま》をうちつける。

皆《みんな》の者《もの》が和尚《おしやう》の後《あと》に續《つゞ》いて、各々《めい〳〵》戸《と》の框《かまち》に頭《あたま》を打《ぶち》つけて、外《そと》へ飛出《とびだ》さうとすると、框《かまち》は一個《つ》で頭《あたま》が澤山《たくさん》だから、中々《なか〳〵》急《きふ》に打《ぶち》つけきれないで、押合《おしあ》ひ突合《つきあ》ひして、大混雜《おほこんざつ》に成《な》る。身長《せい》の小《ちい》さい者《もの》や、小供《こども》などは、屆《とゞ》かないものだから、踏臺《ふみだい》を持《も》つて來《き》たり、梯子《はしご》を擔《かつ》いで來《き》たりして、コツン〳〵と打《ぶち》つける。

其中《そのうち》に和尚《おしやう》は頭《あたま》の痛《いた》いのを我慢《がまん》して駈出《かけだ》して行《ゆ》くと、門《もん》の外《そと》の牛《うし》の糞《くそ》を踏《ふ》んで、脚《あし》が滑《すべ》つて横仆《よこたふ》しに仆《たふ》れる。

皆《みんな》の者《もの》が其《それ》を見《み》て、また一人《ひとり》づゝ滑《すべ》つて仆《たふ》れる。二三人《にん》滑《すべ》ると、牛《うし》の糞《くそ》が無《な》くなる。仕方《しかた》がないから、各々《めい〳〵》牛《うし》の糞《くそ》を拾《ひろ》つて來《き》て、其《それ》を踏《ふ》んで滑《すべ》る。下手《へた》な滑《すべ》り方《かた》をして、怪我《けが》をする者《もの》もあれば、頭《あたま》を打《う》つて泣出《なきだ》す者《もの》もある。小供《こども》は面白《おもしろ》がつて、キャツ〳〵と云《い》つて喜《よろこ》ぶ。

和尚《をしやう》は衣服《きもの》を牛《うし》の糞《くそ》だらけにして、周章《あわ》て近《ちか》くの夕顔棚《ゆふがほだな》の下《した》へ潜込《もぐりこ》むと、皆《みんな》の者《もの》がまた駈《か》けて來《き》て潜込《もぐりこ》む。最《も》う棚《たな》の下《した》が充満《いつぱい》に成《な》つて、後《おく》れて來《き》た小供《こども》の入《はい》るところがない。

小供《こども》は泣出《なきだ》して、『お祖父《ぢい》さん、お祖母《ばあ》さん、』と怒鳴《どな》る。

老年《としより》は棚《たな》の下《した》から、『最《も》う此處《こゝ》へは入《はい》れぬだから、隣家《となり》へでも行《い》つて、南瓜畑《かぼちやばたけ》の中《なか》へ潜込《もぐりこ》め、』と怒鳴《どな》つた。

十六　瓜《うり》の種子《たね》

花嫁《はなよめ》が婚禮《こんれい》の晩《ばん》に、どうした機《はづみ》か、おならを一つ取《とり》はづして了《しな》つた。ハッと思《おも》つたが、最《も》う間《ま》に合《あ》はない。一度《ど》出《で》て了《しま》つたものは、何《なん》としても引込《ひつこ》ます譯《わけ》には行《ゆ》かないので、『御《ご》免《めん》なさい、』と云《い》ふのも、極《きま》りが惡《わる》くて、もぢ〱してゐると、泊《とま》つてゐた婿殿《むこどの》は、何《なん》と思《おも》つたか、默《だま》つて起《た》つて、自分《じぶん》の家《うち》へ歸《かへ》つて了《しま》つた。歸《かへ》つたきり、何《なん》の音沙汰《おとさた》もせずに、其《その》まゝ離縁《りえん》に成《な》つて了《しま》つた。

花嫁《はなよめ》は其《その》ときから、身體《からだ》がおかしく成《な》つて、月滿《つきみ》ちて、玉《たま》のやうな男《をとこ》の子《こ》を生《う》んだ。無心出《むしんしゆつ》と名《な》をつけて、大事《だいじ》にして育《そだ》てゝゐると、月日《つきひ》の經《た》つのは早《はや》いもので、やがて此兒《このこ》も、學校《がくかう》へ通《かよ》ふやうに成《な》つた。物記憶《ものおぼえ》がよくて、賢《かしこ》くて、學校《がくかう》からは大層《たいそう》可愛《かあい》がられたけれど、友達《ともだち》が嘲弄《からか》つたり、窘《いぢ》めたりして仕樣《しやう》がない。何《なに》かと云《い》ふと直《す》ぐに、『親無《おやな》し子《こ》だ、』と云《い》つて、無心出《むしんしゆつ》を馬鹿《ばか》にする。悔《くや》しくて堪《たま》らないので、泣《な》いて歸《かへ》つて、母親《はゝおや》に云《い》ひつける。

『僕《ぼく》には、お母《かあ》さん、どうしてお父《とう》さんは無《な》いのですか、』と問《と》はれて、母親《はゝおや》も涙《なみだ》を流《なが》して、『アヽ、可哀相《かあいさう》に、堪忍《かんにん》して下《くだ》さい。何《なに》もかも皆《みな》お母《かあ》さんが惡《わる》いのだから、堪忍《かんにん》して下《くだ》さい。なんの、お前《まへ》にばかり、お父《とう》さんが無《な》いことがありませう。ちやんと、立派《りつぱ》なお父《とう》さんがあるのです。ゐらつしやるのだけれど、お目《め》に懸《かゝ》ることが能《でき》ません。何時《いつ》まで隱《かく》しておいても、仕樣《しやう》が無《な》いから、悉皆《すつかり》話《はな》して聞《き》かせませう。近所《きんじよ》の子供《こども》が、お母《かあ》さんのことを、色々《いろ／＼》に惡《わる》く云《い》ふのは決《けつ》して噓《うそ》ばかり云《い》ふのぢやありません。お母《かあ》さんが婚禮《こんれい》の晩《ばん》に、恐《こわ》い夢《ゆめ》を見《み》て眼《め》を覺《さ》ましたときに、どうした機《はづみ》か、おならを一つ取《とり》はづしたのです。するとお前《まへ》のお父《とう》さんは、默《だま》つて起《た》つてお歸《かへ》りなされて、其《それ》きりお音信《たより》がありません乾度《きつと》お母《かあ》さんの行儀《ぎやうぎ》の惡《わる》いのを、お怒《おこ》り成《な》されて、嫌《いや》に成《な》つてお了《しま》ひなされたに、相違《さうゐ》ありません。今《いま》では豪《えら》いお方《かた》に成《な》つてゐらつしやるのですけれど、お目《め》に懸《かゝ》ることが能《でき》ません。何《なに》もかも、お母《かあ》さんが惡《わる》いのです。決《けつ》してお父《とう》さんを恨《うら》んでは可《い》けません、』と云《い》つて聞《き》かせた。

無心出《むしんしゆつ》は母《はゝ》の話《はなし》を聞《き》いて、暫《しばら》く考《かんが》へてゐたが、『お母《かあ》さん、僕《ぼく》にお小遣《こづかひ》を下《くだ》さい、』と云《い》ひだした。

『何《なに》にします、』と母親《はゝおや》が問《と》ふ。

『何《なん》でも可《い》いから、少《すこ》し下《くだ》さい、』と兒《こ》が云《い》ふ。

母親《はゝおや》が小遣《こづかひ》を少《すこ》し呉《く》れると、無心出《むしんしゆつ》は父親《ちゝおや》の名前《なまへ》と家《うち》を能《よ》く聞《き》いて、其《それ》から汚《きたな》い衣服《きもの》に着更《きか》えて、自分《じぶん》の家《うち》を飛出《とびだ》した。途中《みち》で種物屋《たねものや》へ寄《よ》つて、瓜《うり》の種子《たね》を一升《しやう》ばかり買《か》つて、其《それ》を袋《ふくろ》に入《い》れて、父親《ちゝおや》の家《うち》へ尋《たづ》ねて行《い》つて、『珍《めづら》しい瓜《うり》の種子《たね》を買《か》つて下《くだ》さいな、』と頼《たの》んだ。

父親《ちゝおや》は出《で》て見《み》ると、汚《きたな》い衣服《きもの》を着《き》た小供《こども》が來《き》てゐるから、『貴樣《きさま》は何《なに》をしに來《き》た、』と叱《しか》るやうに云《い》つて、追拂《おつぱら》はうとする。『瓜《うり》の種子《たね》を賣《う》つて歩《ある》くのです。珍《めづら》しい瓜《うり》の種子《たね》だから、少《すこ》し買《か》つてやつて下《くだ》さいな、』と云《い》つて、兒《こ》が動《うご》かない。

『珍《めづら》しい瓜《うり》とは、どんな瓜《うり》だ、』と親《おや》が問《たづ》ねる。

『朝植《あさう》えると、晩《ばん》には最《も》う食《た》べられる瓜《うり》です、』と兒《こ》が云《い》ふ。

『そんな瓜《うり》があるものか、』と親《おや》が叱《しか》りつける。

『年中《ねんぢう》おならを爲《し》ない方《かた》が、此種子《このたね》を植《う》えると、屹度《きつと》夕方《ゆふがた》には食《た》べられます、』

と兒《こ》が教《をし》へるやうに云《い》ふ。

『馬鹿《ばか》、世《よ》の中《なか》に屁《へ》をひらぬ者《もの》があるか、』と親《おや》が怒鳴《どな》りつける。

『其《それ》では何故《なぜ》旦那《だんな》は、奥樣《おくさん》と別《わか》れて了《しま》つたのですか、』と兒《こ》が云《い》ふ。

『何《なん》だ、失敬《しつけい》な、』と父親《ちゝおや》は大層《たいそう》怒《おこ》つて、能《よ》く〳〵兒《こ》の顏《かほ》を見《み》ると、唯《たゞ》の乞食《こじき》では無《な》いやうだから、何《なに》か此《これ》には理由《わけ》があるだらうと思《おも》つて、また柔和《やさし》く成《な》つて

『貴樣《きさま》は一體《たい》何《なん》だ、何處《どこ》から來《き》た、』と問《たづ》ねる。

『お父《とう》さんを尋《たづ》ねて來《き》たのです。お父《とう》さん、どうぞ勘辨《かんべん》して、お母《かあ》さんを許《ゆる》して下《くだ》さい、』と云《い》つて、無心出《むしんしゆつ》は父親《ちゝおや》の膝《ひざ》に縋《すが》りついた。

此兒《このこ》の御蔭《おかげ》で、久《ひさ》しく遇《あ》はなかつた兩親《ふたおや》は、とう〳〵また元《もと》の通《とほ》り、仲善《なかよ》く一緒《しよ》に捿《す》むやうに成《な》つた。朝植《あさう》えた瓜《うり》の種子《たね》は、眞實《ほんと》に其日《そのひ》のうちに、食《た》べられるやうに成《な》つたのであつた。

十七　瘤《こぶ》取《とり》

昔《むかし》むかし正直《しやうぢき》な男《をとこ》があつた。何《なん》の因果《いんぐわ》か、左《ひだり》の頰《ほう》に大《おほ》きい瘤《こぶ》が一個《ひとつ》あつたので、此男《このをとこ》は寢《ね》ても覺《さ》めても、この瘤《こぶ》のことを苦《く》にして、年中《ねんぢう》それをぶら下《さ》げて持《も》てあましてゐた。

或日《あるひ》のこと、この男《をとこ》は山《やま》へ木《き》を拾《ひろ》ひに出掛《でか》けると、どう云《い》ふ理由《わけ》だか、此日《このひ》に限《かぎ》つて大層疲勞《たいそうくたび》れて『アヽ、疲勞《くたび》れた。暫《しばら》く休息《やす》んでから、また働《はたら》くことにしやう、こんな時《とき》に、餘《あま》り無理《むり》をすると、身體《からだ》のために善《よ》くない、明日《あす》の仕事《しごと》が能《でき》なくなる、』と云《い》つて、樹《き》の切株《きりかぶ》に腰《こし》うちかけて、休息《やす》んでゐる中《うち》に、睡氣《ねむけ》がさしてきて、ふら／＼してゐると、何時《いつ》の間《ま》にか眠《ねむ》つて了《しま》つた。寒《さむ》い風《かぜ》に吃驚《びつくり》して、眼《め》を覺《さま》して見《み》ると、最《も》う日《ひ》は暮《く》れて了《しま》つて、附近《あたり》は眞暗《まつくら》である。周章《あわて》て斧《をの》を腰《こし》に挾《さ》して、拾《ひろ》つた木《き》を負《しよ》つて、眞暗《まつくら》やみの路《みち》を急《いそ》いで歸《かへ》りかゝると、何《なん》だか知《し》らないけれど、大《おほ》きい黒《くろ》い影《かげ》が、路《みち》の傍《わき》に立《た》つてゐるのが見《み》えた。少《すこ》し氣味《きみ》が惡《わる》かつたけれど、別《べつ》に恐《こわ》い物《もの》でもないらしかつたので、知《し》らぬ風《ふり》をして、默《だま》つて行過《ゆきす》ぎやうとすると、その黒《くろ》い影《かげ》がずつと出《で》てきて、『オイ、一寸《ちよつと》まて、』と呼《よ》びとめた。

『ハイ〳〵、私《わたし》ですか、』と云《い》つて、男《をとこ》は立止《たちどま》る。

『貴樣《きさま》は何《なん》だ、』と影《かげ》がたづねる。

『貧乏《びんぼう》な樵夫《きこり》です、』と男《をとこ》が答《こた》へる。

『矢張人間《やはりにんげん》か、』とまた問《たづ》ねる。

『人間《にんげん》の屑《くず》見たやうなもので、』と男《をとこ》が云《い》ふ。

『貴樣《きさま》の左《ひだり》の頰《ほう》に附《つ》けて持《も》つてゐるのは、それは一體何《たいなん》と云《い》ふものだ、』と影《かげ》が云《い》ふ。

男《をとこ》は噓《うそ》を吐《つ》いては惡《わる》いと思《おも》つて、『これは瘤《こぶ》と云《い》つて、眞實《ほんと》に厄介《やくかい》な、うるさい、氣《き》持《もち》の惡《わる》いものです。この瘤《こぶ》が附着《くつつ》いてゐるばかりに、私《わたし》は年中苦勞《ねんぢうくらう》をしてゐます、』と正直《しやうぢき》に話《はな》す。

『それは氣《き》の毒《どく》だ。除《と》つてやらうか、』と影《かげ》が云《い》ふ。

其《それ》を聞《き》いて、男《をとこ》は嬉《うれし》くて、『除《と》れるものなら、どうか除《と》つて戴《いたゞ》きたう御座《ござ》います、』と云《い》つて、手《て》を合《あは》せて拜《をが》んだ。すると黑《くろ》い影《かげ》が、手《て》をさし出《だ》したかと思《おも》ふと、左《ひだり》の頰《ほう》のところが冷《ひや》りとした。何《なん》だか頭《あたま》が輕《かる》く成《な》つたやうな心持《こゝろもち》がしたので、頰《ほう》を撫《な》でゝ見《み》ると、今《いま》まであつた瘤《こぶ》が、奇麗《きれい》に失《な》く成《な》つて了《しま》つて、痕跡《あとかた》もない。子供《こども》の時分《じぶん》から、一寸《ちよつと》も放《はな》さず、持《も》つてゐた大事《だいじ》の瘤《こぶ》が急《きふ》に失《な》く成《な》つたので、何《なん》だか惜《をし》いやうな、嬉《うれし》いやうな氣持《きもち》がして、『難有《ありがた》う御座《ござ》います、』と何遍《なんべん》も云《い》つて、頭《あたま》を上《あ》げて見《み》ると、黑《くろ》い影《かげ》は消失《きえうせ》て、附近《あたり》は元《もと》の暗黑《くらやみ》であつた。

脚《あし》まで輕《かる》く成《な》つて、飛《と》んで歸《かへ》つて、女房《にようぼ》に其《その》ことを話《はな》して聞《き》かせる。女房《にようぼ》も大層《たいそう》よろこんで、『それは屹度《きつと》神樣《かみさま》に違《ちが》ひない。お前《まへ》さんが、大層眞面目《たいそうまじめ》で、正《しやう》直だから、山《やま》の神様《かみさま》が可哀相《かあいさう》だと思《おも》つて、瘤《こぶ》を除《と》つて下《くだ》さつたのでせう。マアよかつた。歸《かへ》りが馬鹿《ばか》に遲《おそ》いから、若《も》しか間違《まちがひ》でも有《あ》りはしないかと思《おも》つて、心配《しんぱい》をしてゐたのに、好男子《いゝをとこ》に成《な》つて歸《かへ》つて來《き》てくれて、こんな嬉《うれし》いことはない。』と云《い》つて、山《やま》の方《はう》を向《む》いて、手《て》を合《あは》せて拜《をが》んだ。

翌日《よくじつ》に成《な》ると、この事《こと》が村中《むらぢう》の評判《ひやうばん》に成《な》つた。

其村《そのむら》にまた今《い》一人《ひとり》瘤《こぶ》のある男《をとこ》がゐた。この男《をとこ》の瘤《こぶ》は、形《かたち》も大《おほ》きさも、全《まつた》く同《おな》じやうだけれど、左《ひだり》の方《はう》ではなくて、右《みぎ》の頰《ほゝ》についてゐた。生《うま》れつき餘《あま》り善《よ》くない男《をとこ》で、噓《うそ》つきで、怠惰者《なまけもの》で、仕事嫌《しごとぎら》ひの橫着者《わうちやくもの》であつた。此男《このをとこ》が正直《しやうぢき》な男《をとこ》のことを聞《き》いて、自分《じぶん》もどうか其黑《そのくろ》い影《かげ》に遇《あ》つて、瘤《こぶ》を除《と》つて貰《もら》ひたいものだと考《かんが》へて、正直《しやうぢき》な男《をとこ》に遇《あ》つて、腰《こし》をかけた切株《きりかぶ》のあるところを能《よ》く聞《き》いて、其《それ》から仕度《したく》をして、錆《さび》のついた斧《をの》を一丁《ちやう》さげて、其山《そのやま》へ出掛《でか》けた。併《しか》し、元來《ぐわんらい》が怠惰者《なまけもの》だから、木《き》を切《き》るのでもなければ、拾《ひろ》ふのでもない。持《も》つて行《い》つた斧《をの》は其處《そこ》へ投出《はうりだ》して、疲勞《くたび》れもしないのに、切株《きりかぶ》に腰《こし》をかけてゐると、やがて睡氣《ねむけ》がさして、何時《いつ》の間《ま》にか高鼾聲《たかいびき》に成《な》つた。すると何《なに》か來《き》て、身體《からだ》を甚《ひど》くゆすぶるので、吃驚《びつくり》して眼《め》を覺《さま》して見《み》ると、黑《くろ》い影《かげ》が其處《そこ》に立《た》つてゐる。男《をとこ》は其《それ》を見《み》て、サア、占《し》めた、難有《ありがた》いと喜《よろこ》んで、『どうぞ此頰《このほう》の瘤《こぶ》を除《と》つて下《くだ》さい、』と賴《たの》んで見《み》た。

『貴樣《きさま》は何《なん》だ、』と影《かげ》がたづねる。

『此下《このした》の村《むら》の者《もの》です、』と男《をとこ》が云《い》ふ。

『人間《にんげん》か、』と影《かげ》がまた問《と》ふ。

『勿論《もちろん》です、立派《りつぱ》な人間《にんげん》です、』と男《をとこ》が威張《ゐば》つた。

『瘤《こぶ》がついてゐて立派《りつぱ》な人間《にんげん》なら、最《も》つと立派《りつぱ》な人間《にんげん》にしてやらう、』と云《い》つて影《かげ》が手《て》をさし出《だ》した。すると瘤《こぶ》のない、左《ひだり》の頰《ほう》のあたりが冷《ひや》りとした。吃驚《びつくり》して撫《な》でゝ見《み》ると、左《ひだり》の頰《ほう》に瘤《こぶ》がついてゐる。ハテナと思《おも》つて、右《みぎ》の頰《ほう》を觸《さわ》つて見《み》ると、右《みぎ》の方《はう》にも矢張瘤《やはりこぶ》がある。不思議《ふしぎ》だと思《おも》つて、兩方《りやうはう》の手《て》で右《みぎ》と左《ひだり》の頰《ほう》を、一緒《しよ》に撫《な》でゝ見《み》ると、同《おんな》じやうな瘤《こぶ》が一個《ひとつ》づゝ、右《みぎ》と左《ひだり》に附着《くつつ》いてゐる。男《をとこ》は最《も》う泣《な》きたく成《な》つて、『除《と》つて下《くだ》さい、除《と》つて下《くだ》さい、』と云《い》つて見《み》たが、黑《くろ》い影《かげ》は最《も》う消失《きえう》せて了《しま》つて、遠《とほ》くの方《はう》で、ハヽヽヽと笑《わら》ふ聲《こゑ》が聞《きこ》えるばかりであつた。

十八　釜《かま》の家《いへ》

貧乏《びんばう》な百姓《しやう》があつた。親《おや》もなければ、兄弟《きやうだい》も無《な》い。女房《にようばう》も無《な》ければ、子供《こども》もゐない。寢宿《ねとま》りする家《いへ》だけは持《も》つてゐるけれども、家《いへ》の中《なか》には、大《おほ》きな釜《かま》がたつた一個《ひとつ》あるばかりで、其他《そのほか》には何《なに》も道具《だうぐ》と云《い》ふものが無《な》い。若《も》しか盜賊《どろばう》に入《はい》られて、此釜《このかま》でも取《と》られやうものなら、其《それ》こそ大變《たいへん》だ、身體《からだ》ひとつの貧乏人《びんばうにん》に成《な》つて了《しま》ふ。どんなことが有《あ》つても、此釜《このかま》だけは大事《だいじ》にして、盜《ぬす》まれぬやうに氣《き》をつけなくてはならぬと、寢《ね》ても覺《さ》めても、此釜《このかま》のことばかり考《かんが》えて、百姓《しやう》は生命《いのち》の次《つぎ》の大事《だいじ》なものにして、毎晩其釜《まいばんそのかま》の中《なか》に寢《ね》るやうにしてゐた。中《なか》に入《はい》つて寢《ね》てゐたら、決《けつ》して取《と》られることはあるまいと、思《おも》つてゐると、悉皆當《すつかりあて》がちがつた。世《よ》の中《なか》には、隨分物好《ずゐぶんものずき》な盜賊《どろぼう》もあるもので、此《この》百姓《しやう》の家《うち》へ忍込《しのびこ》んだ奴《やつ》がある。何《なん》ぼ貧乏《びんぼう》でも、家《うち》を持《も》つてゐるからには、何《なに》か物《もの》が有《あ》るだらう、と思《おも》つて、入《はい》つて見《み》ると、驚《おどろ》いた、家《いへ》の中《うち》はすつからかんのがらんどうで、大《おほ》きな釜《かま》がたつた一個《ひとつ》、隅《すみ》の方《はう》に轉《ころ》がつてゐるばかりで、何《なに》一つ取《と》るものが無《な》い。餘《あま》り腹《はら》が立《た》つてしやうが無《な》いから、入《はい》つた駄賃《だちん》に、此釜《そのかま》を引擔《ひつかつ》いで、持《も》つて出《で》た。

盜賊《どろぼう》は腹立紛《はらたちまぎ》れに、釜《かま》を擔出《かつぎだ》して見《み》たけれども、重《おも》くて、重《おも》くて堪《たま》らない。一里《り》ばかり行《ゆ》く中《うち》に、肩《かた》が痛《いた》く成《な》つて、脚《あし》が動《うご》かなく成《な》つた。考《かんが》えて見《み》ると、眞實《ほんと》に馬鹿《ばか》々々しい。此釜一個《このかまひとつ》を賣《う》つたところで、幾程《いくら》にも成《な》らない。それに此《こ》んな大《おほ》きい釜《かま》を、買《か》ふ者《もの》が有《あ》るやら、無《な》いやら、分《わか》つたもんぢやない。其《そ》んな馬鹿《ばか》骨折《ほねをり》をするよりも、夜《よ》の明《あ》けぬ中《うち》に、何處《どこ》か今少《すこ》し物《もの》の有《あ》りさうな家《うち》へ入《はい》つて、破履《やぶれぐつ》の一足《そく》でも盗《ぬす》んだ方《はう》が、餘程《よほど》氣が利《き》いてゐる、と考《かんが》えて、擔《かつ》いで來《き》た釜《かま》を畠《はたけ》の中《なか》に打棄《うつちや》つて、去《い》つて了《しま》つた。

夜《よ》が明《あ》けてから、百姓《しやう》が釜《かま》の中《なか》で眼《め》を覺《さ》まして見《み》ると、何《なん》だか様子《やうす》が異《ちが》ふ。不思議《ふしぎ》なことだと思《おも》つて、釜《かま》を出《で》て見《み》ると、外《そと》には日《ひ》が照《て》つて、風《かぜ》が吹《ふ》いて、昨夕《ゆふべ》まで有《あ》つた家《いへ》がない。

百姓《しやう》は吃驚《びつくり》して、『アヽ、驚《おどろ》いた。眞實《ほんとう》に驚《おどろ》いた。釜《かま》のことばかり考《かんが》へて、油斷《ゆだん》をしてゐたら、家《いへ》を盗《ぬす》まれて了《しま》つた。今夜《こんや》から、何處《どこ》に泊《とま》つたら可《い》いだらう、』と云《い》つて、泣出《なきだ》した。

其處《そこ》を通《とほ》りかゝつた、年取《としと》つた親爺《おやぢ》が其《それ》を見《み》で、『どうしてお前《まへ》さんは泣《な》いてゐなさるか、』と問《と》ふた。

百姓《しやう》は涙《なみだ》を拭《ふ》いて、『小父《をぢ》さん、マア、聞《き》いて下《くだ》さい。私《わし》は貧乏《びんぼう》な百姓《しやう》で、持《も》つてゐるものと云《い》つたら、破家《やぶれいへ》と此釜《このかま》と二個《ふたつ》しかなかつたのです。若《も》しか盜賊《どろぼう》にでも入《はい》られて、大事《だいじ》な釜《かま》を取《と》られたら大變《たいへん》だ、と思《おも》つて、毎晩《まいばん》この釜《かま》の中《なか》に寢《ね》てゐて、此《これ》なら大丈夫《だいじやうぶ》だらう。家《いへ》は眞《ま》逆《さか》取《と》られるやうなことは有《あ》るまいと思《おも》つて、安心《あんしん》してゐたら、昨夜《ゆふべ》盜賊《どろぼう》に來《こ》られて、家《いへ》を持《も》つて行《ゆ》かれて了《しま》つた。今《こん》夜《よ》から最《も》う宿《とま》るところが無《な》いから、どうしたら可《い》いだらう、と思《おも》ふと、心細《こゝろぼそ》く成《な》つて、それで泣《な》いてゐるのです。眞實《ほんと》にどうしたら可《い》いでせう、』と云《い》つて嘆《ため》息《いき》を吐《つ》いた。

親爺《おやぢ》は其《それ》を聞《き》いて、吃驚《びつくり》して急《いそ》いで歸《かへ》つて、家《いへ》の周圍《まわり》に杙《くひ》を打込《うちこ》んで、其杙《そのくひ》へ家《いへ》を縛《しば》りつけた。

女房《にようぼ》が其《それ》を見《み》て、『何《なに》をするのですか、』と問《と》ふた。

『取《と》られない前《まへ》の用心《ようじん》だ、』と親爺《おやぢ》が云《い》つた。

十九　牡馬《をとこうま》の子《こ》

田舎《ゐなか》の村長《そんちやう》が助役《じよやく》に欺《だま》されて、幾度《いくど》も幾度《いくど》も金《かね》を取《と》られて、殘念《ざんねん》で堪《たま》らないので、何《なん》とかして此《この》かたきを取《と》つてやらうと、色々《いろ／＼》に考《かんが》へて、到頭《たう／＼》うまいことを考出《かんがえだ》した。村長《そんちやう》は助役《じよやく》を呼《よ》んで、『牡馬《をとこうま》の子《こ》を一疋《ぴき》、どうにかして捜《さが》して呉《く》れ、』と云《い》ひつけた。

流石《さすが》の助役《じよやく》も、此難題《このなんだい》には困《こま》つた。村長《そんちやう》からの命令《いひつけ》であるから、嫌《いや》と云《い》ふことは能《でき》ないので、『ハイ、畏《かしこ》まりました、』と返答《へんたふ》はして見《み》たものゝ、さてその注文《もん》の牡馬《をとこうま》の子《こ》と云《い》ふものが、廣《ひろ》い世界《せかい》を隅《すみ》から隅《すみ》まで、鐵《かね》の草鞋《わらじ》を穿《は》いて、驅《かけ》ずりまわつて探《さが》したところで、なか〳〵見《み》つかるものではない。ハテ、困《こま》つたことが持上《もちあ》がつて來《き》た。どう爲《し》たら可《い》いだらうと、その事《こと》ばかり苦勞《くらう》にして、家《うち》へ歸《かへ》つても、茶《ちや》も飲《の》まず、飯《めし》も食《た》べずに、ふさいでゐると、息子《むすこ》が其《それ》を見《み》て

『お父《とつ》さん、マア、どう成《な》さつたのですか、』と問《たづ》ねて呉《く》れた。

『ア、、困《こま》つた、眞實《ほんと》に弱《よわ》つて了《しま》つた、』と親爺《おやぢ》が溜息《ためいき》を吐《つ》く。

『何事《なにごと》です、お父《とつ》さん、』と云《い》つて、息子《むすこ》が氣《き》をもむ。

『村長《そんちやう》から無理《むり》な注文《ちうもん》をされて、其《それ》で困《こま》つてゐるのだ。マア、聞《き》いてくれ。今《け》日《ふ》村長《そんちやう》が私《わし》を呼《よ》んで、牡馬《をとこうま》の子《こ》を一疋《ぴき》どうにかして、是非《ぜひ》捜《さが》して來《こ》い、と飛《と》んだ難題《なんだい》を持《も》ちかけた。ハイと云《い》つて、歸《かへ》つては來《き》たけれど、牡馬《をとこうま》の子《こ》と云《い》ふものが、世《よ》の中《なか》に有《あ》るもんぢやない。村長《そんちやう》は私《わし》のことを大變《たいへん》怒《おこ》つてゐるのだから若《も》しか無《な》いと云《い》つたら、どんな事《こと》を爲《す》るかも知《し》れない。ひよつとしたら殺《ころ》されるかも知《し》れない、と思《おも》ふと、最《も》う心細《こゝろぼそ》く成《な》つて、其《それ》で弱《よわ》つてゐるのだ、』と云《い》つ

て、親爺《おやぢ》が泣《な》き出《だ》した。

息子《むすこ》は其《それ》を聞《き》いて、『マア、驚《おどろ》いて了《しま》つた。何事《なにごと》かと思《おも》つて、心配《しんぱい》してゐたら其《そ》んなことですか。其《その》ことなら、お父《とつ》さん、譯《わけ》はない、何《なに》も心配《しんぱい》することは有《あ》りません。私《わたし》に任《まか》せて下《くだ》さい、』と息子《むすこ》が云《い》ふ。

『だつて牡馬《をとこうま》の子《こ》は無《な》いぢやないか、』と親爺《おやぢ》が云《い》ふ。

『無《な》いです。無《な》いから安心《あんしん》でせう。マア、氣《き》を落《おち》つけて、お茶《ちや》でもお上《あが》り成《な》さい。牡馬《をとこうま》の方《はう》は、私《わたし》が村長《そんちやう》に會《あ》つて、能《よ》く話《はなし》を爲《し》ます。大丈夫《だいじやうぶ》、屹度《きつと》請合《うけあ》ひました。つまらない、其《その》くらゐの事《こと》で、泣《な》く者《もの》かありますか。見《み》つともない、お父《とつ》さん、確《しつか》りして下《くだ》さい、』と息子《むすこ》は親爺《おやぢ》のやうなことを云《い》つて、其翌日《そのよくじつ》村役場《むらやくば》へ出懸《でか》けた。

村長《そんちやう》は其《それ》を見《み》て、『何《なん》の用《よう》で來《き》なさつた、』と問《と》ふ。

『親爺《おやぢ》の代理《だいり》です、』と息子《むすこ》が答《こた》へる。

『親爺《おやぢ》さんはどうしました、』と村長《そんちやう》が問《と》ふ。

『親爺《おやぢ》は昨日《きのふ》御注文《ごちうもん》の馬《うま》を捜《さが》しに參《まゐ》りますと、犬《いぬ》に追駈《おつか》けられまして、逃《に》げる機《はずみ》に其犬《そのいぬ》の角《つの》に引懸《ひつか》つて、横倒《よこたを》しに倒《たを》れたとか申《まを》すことで、昨晩寢《さくばんね》てから、横《よこ》腹《はら》が痛《いた》い痛《いた》いと云《い》つて、唸《うな》つてゐましたが、今朝《けさ》に成《な》つて到頭流産《たうとうりうざん》を致《いた》しました。其《それ》で今日《けふ》は、私《わたし》が代理《かはり》に參《まゐ》りました、』と云《い》つて、息子《むすこ》が眞面目《まじめ》な顏《かほ》をして見《み》せる。

其《それ》を聞《き》いて、村長《そんちやう》は火《ひ》のやうに怒《おこ》つて、『馬鹿《ばか》なことをお云《い》ひなさんな、男《をとこ》が流産《りうざん》すると云《い》ふことが、何處《どこ》の國《くに》にありますかい。それに犬《いぬ》の角《つの》とは、何《なん》のことです。人《ひと》を馬鹿《ばか》にしてゐるにも程《ほど》がある、』と怒鳴《どな》りつける權幕《けんまく》は、素晴《すばら》しいものであつた。

息子《むすこ》はすかさず、『それぢや、村長《そんちやう》さん、牡馬《をとこうま》の產《う》んだ子《こ》と云《い》ふものが、世《よ》の中《なか》に有《あ》りませうか、』と逆捩《さかねぢ》を食《く》はせたので、村長《そんちやう》は頭《あたま》を掻《か》いて、一言半句《いちごんはんく》も出《で》なかつた。

二十　驢《ろ》馬《ば》の耳《みゝ》

世人《ひと》の悪口《わるくち》ほど恐《おそ》ろしいものはない。云《い》ひたくて云《い》ふ譯《わけ》ばかりでも無《な》いけれど、思《おも》つてゐることは、どうしても口《くち》へ出《で》る。何《なに》が困難《むつかし》いと云《い》つても、云《い》ひたいのを我慢《がまん》する位《くらゐ》、困難《むつかし》いことは、世《よ》の中《なか》に又《また》とない。

昔《むかし》むかし、殿様《とのさま》があつた。大層賢《たいそうかしこ》い、えらい殿様《とのさま》であつたけれど、どうした因縁《いんねん》が祟《たゝ》つたのやら、この殿様《とのさま》の兩方《りやうはう》の耳《みゝ》が、丁度《ちやうど》驢《ろ》馬《ば》の耳《みゝ》のやうに長《なが》かつた長《なが》くて、大《おほ》きくて、一面《めん》に毛《け》が生《は》えて、そして動《うご》くと云《い》ふのだから、堪《たま》らない他人《ひと》に見《み》られるのが嫌《いや》だから、殿様《とのさま》は寢《ね》ても、起《お》きても頭巾《づきん》を被《かぶ》つて、一寸《ちよつと》も頭巾《づきん》を脱《ぬ》ぐと云《い》ふことを、成《な》されない。妙《めう》な殿様《とのさま》だと、思《おも》つた者《もの》もあつたけれど、變手古《へんてこ》な耳《みゝ》のことだけは、誰《だれ》も知《し》らなかつた。世間《せけん》の者《もの》は勿論《もちろん》、大臣《だいじん》ども御傍《おそば》の人《ひと》たちも、少《すこ》しもそれを知《し》らなかつた。

併《しか》し、廣《ひろ》い世界《せかい》に、たつた一人《ひとり》其《それ》を知《し》つてゐる者《もの》があつた。それは他《ほか》ではない、殿様《とのさま》の頭巾《づきん》を製《こしら》える職人《しよくにん》であつた。

此職人《このしよくにん》は、殿様《とのさま》の耳《みゝ》の長《なが》いことを、能《よ》く知《し》つてゐたけれど、其《それ》を誰《たれ》にも喋舌《しやべ》ることが能《でき》ない。喋舌《しやべ》つたら大變《たいへん》だ、殿様《とのさま》に怒《おこ》られて、殺《ころ》されるかも知《し》れない喋舌《しやべ》らずに我慢《がまん》をしてゐるのは、なか／＼辛《つら》い。辛《つら》いけれども、仕方《しかた》がない、生命《いのち》には代《か》へられない。けれども、我慢《がまん》をすればするほど、喋舌《しやべ》りたくなる。辛《つら》い辛《つら》いと思《おも》つてゐると、お終末《しまひ》には堪《たま》らなく成《な》る。餘《あま》り辛《つら》い想《おもひ》をしたので、到頭《たう／＼》病氣《びやうき》に成《な》つて了《しま》つた。

愈々《いよ／＼》死《し》ぬ日《ひ》が、近《ちか》く成《な》つて來《き》た。

誰《だれ》も死《し》ぬ前《まへ》には、爲《し》たいことを爲《し》て了《しま》つて、安心《あんしん》をして見《み》たい。安心《あんしん》をせずに死《し》ぬと、死《し》んでも死《し》にきれない、屹度《きつと》迷《まよ》つて出《で》る。頭巾《づきん》つくりの職人《しよくにん》も、死ぬ前《まへ》に一度《ど》でも宜《い》いから、殿様《とのさま》の耳《みゝ》のことを、喋舌《しやべ》つて見《み》たいと、種々《いろ／＼》に考《かんが》えて、お寺《てら》の中《なか》の竹藪《たけやぶ》へ行《い》つた。そして、誰《たれ》も聞《き》いてゐないところで、『殿様《とのさま》の耳《みゝ》は驢馬《ろば》の耳《みゝ》のやうだ、』と幾度《いくど》も幾度《いくど》も喋舌《しやべ》つた。

『アヽ、此《これ》で最《も》う安心《あんしん》だ。氣《き》がせい／＼して來《き》た。最《も》う死《し》んでも可《い》い、思殘《おもひのこ》すことは無《な》い、』と云《い》つて、職人《しよくにん》が家《うち》へ歸《かへ》つて來《く》ると、眞實《ほんと》に安心《あんしん》して、氣《き》が脱《ぬ》けたやうに成《な》つて、其日《そのひ》の中《うち》に死《し》んで了《しま》つた。

此職人《このしよくにん》が死《し》んで了《しま》つたから、殿様《とのさま》の耳《みゝ》のことを、知《し》つてゐる者《もの》は、最《も》う世《よ》の中《なか》に一人《ひとり》も無《な》い。けれども、一度《ど》喋舌《しやべ》つたことは、直《す》ぐに世間《せけん》に知《し》れる。職人《しよくにん》の喋舌《しやべ》つたのを、誰《だれ》か聞《き》いてゐたものは無《な》いけれど、竹藪《たけやぶ》が聞《き》いてゐた。風《かぜ》が吹《ふ》いて、竹《たけ》の葉《は》が動《うご》くと、其竹《そのたけ》の葉《は》の動《うご》く音《おと》が、今《いま》までとは異《ちが》つて、丁度人間《ちやうどにんげん》が物《もの》を言《い》ふやうに聞《きこ》える。能《よ》く聞《き》くと、『殿様《とのさま》の耳《みゝ》は、驢馬《ろば》の耳《みゝ》のやうだ、』と云《い》ふやうに、誰《たれ》の耳《みゝ》にも聞《きこ》える。

其《その》ことが評判《ひやうばん》に成《な》つたので、殿様《とのさま》が其竹藪《そのたけやぶ》を切拂《きりはら》つて、其跡《そのあと》に山茱萸《ぐみのき》をお植《う》え成《な》された。すると其山茱萸《そのぐみのき》が風《かぜ》に吹《ふ》かれて、矢張《やはり》また同《おな》じやうに、『殿様《とのさま》の耳《みヽ》は長《なが》い耳《みヽ》、』と聞《きこ》える。

何《なん》としても仕方《しかた》がない、驢馬《ろば》の耳《みヽ》の評判《ひやうばん》は、とう〳〵世《よ》の中《なか》に知《し》れ渡《わた》つて了《しま》つた。

廿一　三人《にん》伴侶《づれ》

馬鹿《ばか》と阿呆《あはう》と頓馬《とんま》と三人《にん》一緒《しよ》に成《な》つて、山登《やまのぼ》りに出懸《でか》けた。途傍《みちばた》の岩《いは》に穴《あな》が一個《ひとつ》あつた。その穴《あな》の傍《わき》に、蜜蜂《みつばち》が二三疋《びき》ゐた。馬鹿《ばか》が其《それ》を見《み》て、此穴《このあな》の中《なか》には、屹度《きつと》蜂蜜《はちみつ》があるに違《ちが》ひないと考《かんが》えて、御《ご》馳《ち》走《そう》に成《な》らうと思《おも》つて、頭《あたま》を突込《つきこ》んだ。馬鹿《ばか》の癖《くせ》に、頭《あたま》だけは大《おほ》きかつた。その大《おほ》きい頭《あたま》を、小《ちい》さい穴《あな》へ無理《むり》に押込《おしこ》んだのだから、堪《たま》つたもんぢやない、岩《いは》に附着《くつつ》いて了《しま》つて、少《すこ》しも動《うご》かなく成《な》つた。蜂蜜《はちみつ》の御馳走《ごちそう》どころの騒《さわ》ぎぢやない反對《あべこべ》に岩《いは》に自分《じぶん》の頭《あたま》を取《と》られた。引拔《ひきぬ》かうとして見《み》るけれども、中々《なか〳〵》拔《ぬ》けない

手《て》と脚《あし》ばかり、ばた〳〵させて藻掻《もが》いてゐる。

頓馬《とんま》が其《それ》を見《み》て、馬鹿《ばか》の脚《あし》を摑《つか》んで引張《ひつぱ》つた。引張《ひつぱ》つて、引張《ひつぱ》つて、到頭《たう〳〵》引放《ひきはな》したのは、可《よ》かつたけれど大事《だいじ》の頭《あたま》は一緒《しよ》に附《つ》いて出《で》なくて、身體《からだ》だけ別《べつ》に成《な》つて了《しま》つた。

阿呆《あはう》が其《それ》を見《み》て、『眞實《ほんと》に驚《おどろ》いた。頭《あたま》だけ穴《あな》の中《なか》に置《お》いて、出《で》て來《く》ると云《い》ふのは、珍《めづら》しい藝當《げいたう》だ。豪《えら》い奴《やつ》だ、どうして此《こ》んな豪《えら》いことを覺《おぼ》えたのだらう、』と云《い》つた。

廿二　驢《ろ》馬《ば》の卵《たまご》

片田舍《かたゐなか》に貧乏《びんぼう》な夫婦《ふうふ》があつた。亭主《ていしゆ》は每日本《まいにちほん》を讀《よ》んでゐる、女房《にようぼ》は朝《あさ》から晩《ばん》まで機《はた》を織《を》つて、織《を》つた布《ぬの》を町《まち》へ持《も》つて行《い》つて賣《う》つて、其金《そのかね》で米《こめ》を買《か》つて、亭《てい》主《しゆ》を養《やしな》ふ。至《いた》つて正直《しやうぢき》な、働《はたら》きものと評判《ひやうばん》された女房《にようぼ》であつた。亭主《ていしゆ》が每日本《まいにちほん》を讀《よ》むのは、御役人《おやくにん》の試驗《しけん》を受《う》ける爲《ため》で、どうかして、試驗《しけん》に及第《きうだい》して、立派《りつぱ》な御役人《おやくにん》に成《な》つて、女房《にようぼ》に樂《らく》をさせたいと思《おも》つて、一生懸命《しやうけんめい》に勉强《べんきやう》して見《み》るけれど、中々《なかなか》及第《きうだい》しない。都《みやこ》までは五里《り》もある。其《その》五里《り》の路《みち》を、月《つき》に三度《ど》づゝ歩《ある》いて、試驗《しけん》を受《う》けに行《ゆ》くが、何時《いつ》も落第《らくだい》ばかりして歸《かへ》つて來《く》る。其《それ》でも懲《こ》りずに、勉强《べんきやう》をして三度《ど》の試驗《しけん》は屹度《きつと》缺《か》かさず受《う》けてゐる。女房《にようぼ》も亭主《ていしゆ》の熱心《ねつしん》に感《かん》心《しん》をして了《しま》つて、一日《にち》も早《はや》く試驗《しけん》が濟《す》むやうにと、神佛《かみほとけ》に願《ぐわん》をかけて、每日々々《まいにちまいにち》働《はたら》いてゐる。働《はたら》くのは、少《すこ》しも苦《く》には成《な》らないけれど、他《ほか》の者《もの》は試驗《しけん》と云《い》ふと屹度《きつと》驢馬《ろば》に乘《の》つて行《ゆ》くのに、自分《じぶん》の亭主《ていしゆ》は歩《ある》いて行《ゆ》く。一度《ど》や三度《ど》なら可《い》いけれど、毎月《まいつき》々々《〱》三度《ど》づゝ、五里《り》の路《みち》を往《い》つたり、來《き》たりするのを見《み》ると、氣《き》の毒《どく》で堪《たま》らない。どうにかして驢馬《ろば》を一疋《ぴき》買《か》つて、乘《の》らせてやりたい、と思《おも》つて働《はたら》いて見《み》るけれど、機《はた》を賣《う》つたお金《かね》は、お米《こめ》を買《か》ふにも足《た》りない位《くらゐ》で、なか〱驢馬《ろば》どころの話《はなし》ぢやない。

或日《あるひ》のこと、亭主《ていしゆ》が試驗《しけん》に行《い》つた留守《るす》に、女房《にようぼ》が機《はた》を織《を》つてゐると、西瓜賣《すゐくわうり》が此村《このむら》へやつて來《き》た。女房《にようぼ》は生《うま》れてから、西瓜《すゐくわ》と云《い》ふものを、まだ一度《ど》も見《み》たことが無《な》いので、西瓜《すゐくわ》を見《み》て吃驚《びつくり》して、『マア、おつ魂消《たまげ》て了《しま》つた。何《なん》てマア大《おほ》きい玉《たま》だらう。』と云《い》つて、機《はた》の手《て》を止《や》める。

西瓜賣《すゐくわうり》は此女房《このにようぼ》の驚《おどろ》いた顏容《かほつき》を見《み》て、餘《あま》り賢《かしこ》くはない女《をんな》だ、とでも思《おも》つたのか、眞面目《まじめ》に成《な》つて、『玉《たま》ぢやない、卵《たまご》ですぜ。』と云《い》つた。

『何《なん》の卵《たまご》ですか。』と女房《にようぼ》が問《と》ふ。

『驢馬《ろば》の卵《たまご》です、』と西瓜賣《すゐくわうり》が云《い》ふ。

驢馬《ろば》の卵《たまご》と聞《き》いて、女房《にようば》は愈々《いよ／＼》不思議《ふしぎ》に想《おも》つて、機《はた》から下《お》りて來《き》て、西瓜《すゐくわ》を一個《ひとつ》手《て》に取《と》つて見《み》て、『マア、珍《めづら》しい、始《はじ》めて見《み》た。どうすれば、生《うま》れるですか、』と問《たづ》ねる。

西瓜賣《すゐくわうり》は愈々《いよ／＼》女房《にようばう》を馬鹿《ばか》にする積《つもり》で、『何《なん》のことはない、綿《わた》にくるんで棚《たな》へ上《あ》げて、溫《あつた》かくしてさへ置《お》きなさりや、三日《か》經《た》たぬ間《ま》に、生《うま》れるのです、』と出鱈《でたら》目《め》なことを云《い》ふ。

女房《にようばう》は買《か》つて見《み》たい氣《き》に成《な》つて、直段《ねだん》を聞《き》いて見《み》ると、一個《ひとつ》が布《ぬの》二反《たん》だと云《い》ふ。棚《たな》に置《お》きさへすれば、驢馬《ろば》が生《うま》れる、驢馬《ろば》が生《うま》れさへすれば、大事《だいじ》な亭主《ていしゆ》が五里《り》の途《みち》を歩《ある》かなくても濟《す》むのだから、布《ぬの》二反《たん》は廉《やす》いものだけれど、困《こま》つたことには、織上《をりあ》げた布《ぬの》が一反《たん》しかない。ハテ、困《こま》つたものだ、どう爲《し》たら宜《い》いだらうと、思案《しあん》してゐると、西瓜賣《すゐくわうり》は女房《にようば》の胸《むね》の中《なか》を悟《さと》つて、『如何《いかゞ》です、御都《ごつ》合《あひ》に行《い》けませんか、」と云《い》ふ。

『貰《もら》ひたいのですけれど、布《ぬの》が一反《たん》しか無《な》いのです、」と女房《にようばう》が云《い》ふ。

『其《それ》ぢや私《わし》の方《はう》でも、思切《おもひき》つて負《ま》けますから、布《ぬの》一反《たん》に米《こめ》一升《しやう》だけ足《た》して下《くだ》さい。其《それ》で我慢《がまん》をして置《お》きませう、」と西瓜賣《すゐくわうり》が云《い》ふ。

女房《にようばう》は大喜《おほよろこ》びて、『さうですか、其《それ》はマア、有難《ありがた》う。負《ま》けて下《くだ》さつて、氣《き》の毒《どく》です、」と反對《あべこべ》に御禮《おれい》を云《い》つて、布《ぬの》一反《たん》に米《こめ》一升《しやう》を足《た》して、形《かたち》のよさゝうな西瓜《すゐくわ》を一個《ひとつ》受取《うけと》つて、亭主《ていしゆ》の蒲團《ふとん》にくるんで、床《とこ》の上《うへ》に大事《だいじ》に飾《かざ》つて置《お》く。

三日《か》目《め》の朝《あさ》に成《な》る。今日《けふ》は愈々《いよいよ》驢馬《ろば》が生《うま》れる日《ひ》だと思《おも》つて、女房《にようばう》は機《はた》に腰《こし》をかけても、氣《き》が沈着《おちつ》かない。何度《なんど》も何度《なんど》も機《はた》を下《を》りて、床《とこ》の前《まへ》へ行《い》つて、蒲團《ふとん》の外《そと》から中《なか》の様子《やうす》を聞《き》いて見《み》る。何《なん》の音《おと》もしない。未《ま》だ早《はや》いのかと思《おも》つて、また機《はた》に腰《こし》をかける。二三寸《ずん》織《を》ると、また下《を》りる。行《い》つたり、來《き》たりしてゐるとお晝過《ひるすぎ》に亭主《ていしゆ》が歸《かへ》つて來《く》る。

亭主《ていしゆ》は矢張《やはり》また、落第《らくだい》をしたので、機嫌《きげん》が悪《わる》い。女房《にようばう》は亭主《ていしゆ》の機嫌《きげん》を直《なを》さうと思《おも》つて、『遠《とほ》いところを歩《ある》いて、餘《あま》り身體《からだ》が疲勞《くたび》れるから、試驗《しけん》がうまく行《ゆ》かないのでせう。其《それ》でも安心《あんしん》して下《くだ》さい、此次《このつぎ》から驢馬《ろば》に乘《の》つて行《ゆ》けますから。三日《か》前《まへ》に、驢馬《ろば》の卵《たまご》を賣《う》りに來《き》ましたから、少《すこ》し高《たか》かつたけれど、一個《ひとつ》買《か》つて置《お》きました。今日《けふ》は生《うま》れる日《ひ》です。最《も》う間《ま》はありません。』と話《はな》して聞《き》かせた。

其《それ》を聞《き》いて、亭主《ていしゆ》は少《すこ》しも喜《よろこ》んで呉《く》れない。吃驚《びつくり》したやうな顔容《かほつき》をして、『何《なん》だ、驢馬《ろば》の卵《たまご》を買《か》つた。驚《おどろ》いたことを云《い》ふぢやないか。一體全體《たいぜんたい》マア、何《なに》を爲《し》しのだらう。そして、其卵《そのたまご》と云《い》ふのは、何處《どこ》に藏《しま》つてあるのか。』と問《と》ふた。

『冷《ひえ》ると可《い》けない、と云《い》ひますから、貴方《あなた》の蒲團《ふとん》にくるんで、床《とこ》の上《うへ》に飾《かざ》つて置《お》きました。』と女房《にようばう》が話《はな》した。

亭主《ていしゆ》は最《も》う堪《たま》らなく成《な》つて、床《とこ》の前《まへ》へ飛《と》んで行《い》つて、蒲團《ふとん》を開《あ》けて見《み》ると、驚《おどろ》いた、腐《くさ》れかゝつた西瓜《すゐくわ》が一個《ひとつ》轉《ころ》がつてゐる。餘《あま》り馬鹿《ばか》々々しくて、女房《にようばう》を叱《しか》ることも能《でき》ず『そして、幾何《いくら》で買《か》つた、』と聞《き》いて見《み》ると、布《ぬの》一反《たん》に米《こめ》一升《しやう》だと云《い》ふ。亭主《ていしゆ》は其《それ》を聞《き》いて、あきれて了《しま》つて、默《だま》つて其西瓜《そのすゐくわ》を摑《つか》んで、垣根《かきね》の外《そと》へ投出《なげだ》した。

垣根《かきね》の外《そと》の草《くさ》の中《なか》に、晝寢《ひるね》をしてゐた兎《うさぎ》が、其音《そのおと》に吃驚《びつくり》して、眼《め》を覺《さま》して駈《かけ》出《だ》すと、女房《にようばう》が其《それ》を見《み》て、『アレ、驢馬《ろば》が卵《たまご》から飛出《とびだ》して、逃《に》げて了《しま》つた。早《はや》く行《い》つて、連《つ》れて來《き》て下《くだ》さい、』と云《い》つて泣出《なきだ》す。亭主《ていしゆ》も始《はじ》めて、驢馬《ろば》の卵《たまご》であつた、と氣《き》がついて、周章《あわて》て椽側《えんがわ》から飛下《とびお》りて、後《あと》を追駈《おつか》けると、兎《うさぎ》は隣家《となり》の垣《かき》を飛越《とびこ》して、厩《うまや》の中《なか》へ逃込《にげこ》んだ。

其《それ》から亭主《ていしゆ》は、自分《じぶん》の家《うち》へ戻《もど》つて、着物《きもの》を着換《きか》えて、隣家《となり》へ行《い》つて、隣家《となり》の亭主《ていしゆ》に遇《あ》つて、『乃公《おれ》の家《うち》に生《うま》れた驢馬《ろば》が、物《もの》に驚《おどろ》いて飛出《とびだ》して、お前《まへ》のところの厩《うまや》へ逃込《にげこ》んだ、』と話《はな》して、出《だ》して貰《もら》ひたいと賴《たの》んだ。

隣家《となり》の亭主《ていしゆ》は驚《おどろ》いて、『何《なに》をお前《まへ》さんは、云《い》ひなさるのです。驢馬《ろば》を飼《か》つてもゐずに、驢馬《ろば》の子《こ》が生《うま》れたなんて、眞實《ほんと》にあきれて了《しま》ふ。私《わし》の家《うち》の驢馬《ろば》が、今《け》日子《ふこ》を一疋《ぴき》生《う》んだのだ。お前《まへ》さんは、そのことを言出《いいだ》して、私《わし》を欺《だま》してやらうと思《おも》つて、來《き》なさつたのだらう。其《そ》んな出鱈目《でたらめ》を云《い》つて來《き》ても、駄目《だめ》です、』と云《い》つて、相手《あひて》に成《な》らない。

『いや、決《けつ》して其《そ》んな譯《わけ》ぢやない。全《まつた》く驢馬《ろば》の卵《たまご》を貰《もら》つて、今日《けふ》それが生《うま》れたのだ、』と訪《たづ》ねて來《き》た亭主《ていしゆ》が云《い》ふ。

『鳥《とり》ぢやあるまいし、驢馬《ろば》が卵《たまご》を生《う》むものか、』と隣家《となり》の亭主《ていしゆ》が云《い》ふ。

『生《う》むか生《う》まないか、見《み》れば判《わか》ることだ。驢馬《ろば》と云《い》ふものは、一疋《ぴき》づゝしか子《こ》を生《う》まないものだ。お前《まへ》のところの驢馬《ろば》も、今日子《けふこ》を生《う》んだと云《い》ふなら、其子《そのこ》はお前《まへ》のものだ。何《なん》でも可《い》いから、厩《うまや》へ行《い》つて見《み》せて貰《もら》はう。若《も》しか驢馬《ろば》の子《こ》が二疋《ひき》ゐたら、一疋《ぴき》は乃公《おれ》のものだから、渡《わた》して呉《く》れるだらう、』と訪《たづ》ねて來《き》た亭主《ていしゆ》が云《い》ふ。

『アヽ宜《よろ》しい。サア、見《み》せてやらう。』と云《い》つて、隣家《となり》の亭主《ていしゆ》が訪《たづ》ねて來《き》た亭《てい》主《しゆ》をつれて、厩《うまや》へ行《い》つて見《み》ると、一疋《ぴき》だと思《おも》つた驢馬《ろば》の子《こ》が、何時《いつ》の間《ま》にか、二疋《ひき》に成《な》つてゐる。

隣家《となり》の亭主《ていしゆ》は、全《まつた》く驚《おどろ》いて了《しま》つて『不思議《ふしぎ》だ。全《まつた》く不思議《ふしぎ》だ。此《これ》は何《なん》でも、神樣《かみさま》がお前《まへ》さんを助《たす》けやうと思《おも》つて、下《くだ》さつたのに違《ちが》ひない。お前《まへ》さんが試驗《しけん》を濟《す》まさうと思《おも》つて、一生懸命《しやうけんめい》に勉强《べんきやう》なさる其心《そのこゝろ》が、神樣《かみさま》に屆《とゞ》いたのだ。恐《おそ》ろしいことだ。宜《よろ》しい、一疋《ぴき》は差上《さしあ》げます。併《しか》し、乳《ちゝ》を呑《の》ませる親《おや》が無《な》くて、お困《こま》りでせうから、私《わし》の方《はう》で大《おほ》きく成《な》るまで、育《そだ》てゝ上《あ》げませう。』と云《い》つて呉《く》れた。

廿三　嘘《うそ》の賭《かけ》

李公《りこう》と金公《きんこう》と一緒《しよ》に酒《さけ》を飲《の》んだ。

貧乏《びんぼう》で惡智慧《わるぢゑ》の多《おほ》い、野良久良者《のらくらもの》の金公《きんこう》は、馬鹿正直《ばかしやうぢき》で小金《こがね》が有《あ》つて、美《うつく》しい女房《にようばう》を有《も》つてゐる李公《りこう》を欺《だま》して、おどかして、少《すこ》しばかり金《かね》を取《と》つてやらうと思《おも》つて、無理《むり》に酒《さけ》を勸《すゝ》めて、李公《りこう》を醉《よ》はせた。

金公《きんこう》は李公《りこう》が醉《よ》つたのを見《み》て『オイ、李公《りこう》、たゞ酒《さけ》を飮《の》んだばかりぢや、面《おも》白《しろ》くないから、何《なに》か賭《かけ》をやらうぢやないか、』と云出《いひだ》す。

『どんな賭《かけ》をやらうか、』と李公《りこう》が云《い》ふ。

『嘘吐《うそつき》の賭《かけ》をやらう。貴樣《きさま》が乃公《おれ》をうまく欺《だま》したら、乃公《おれ》の女房《にようばう》を貴樣《きさま》にやる乃公《おれ》がうまく貴樣《きさま》を欺《だま》したら、貴樣《きさま》の女房《にようばう》を乃公《おれ》が貰《もら》ふ。どうだ、面白《おもしろ》いだらう、』と金公《きんこう》が云《い》つて、李公《りこう》にまた一盃《いつぱい》飮《の》ませる。

『面白《おもしろ》いだらう、』と李公《りこう》が眞似《まね》をする。

『サア、乃公《おれ》から出《だ》すぞ、宜《よろ》しいか、』と金公《きんこう》が云《い》つて、『乃公《おれ》が道《みち》を歩《ある》いてゐると、針《はり》が一本道ちてゐたと思《おも》へ、宜《よろ》しいか。乃公《おれ》が其針《そのはり》を拾《ひろ》つて、其《それ》を緞つてとん〱拍子《ひやうし》に、鎌《かま》と鉞《まさかり》をこしらへたがどうだ、』と話《はな》す。

『何《なん》だ、面白《おもしろ》くもない。乃公《おれ》は先刻《さつき》、家《うち》で粥《かゆ》をこしらへて、身動《みうごき》もならない程《ほど》食《く》つて、皆犬《みんないぬ》に喰《く》れて來《き》た。』と李公《りこう》が話《はな》す。

金公《きんこう》は其《それ》を聞《き》いて、『さうだらう、貴樣《きさま》の話《はなし》は皆眞實《みなほんと》のことだ。乃公《おれ》のは全然《まるつきり》うそ八百だから、乃公《おれ》が勝《か》つたぞ。サア、李公《りこう》、勝《か》つたぞ、勝《か》つたぞ、貴樣《きさま》の女房《にようぼ》は、乃公《おれ》が貰《もら》つた宜《よろ》しいか、』と云《い》ふ。
『金公《きんこう》、冗談《じやうだん》を云《い》ふな、』と云《い》つて、李公《りこう》が金公《きんこう》の顏《かほ》を見《み》ると、金公《きんこう》が眞面目《まじめ》な顏容《かほつき》をして、『約束《やくそく》をして、賭《かけ》に負《ま》けて置《お》いて、冗談《じやうだん》とは何《なん》のことだ。李公《りこう》、卑

怯《きやう》なことをすると、承知《しようち》しないぞ。明日貰《あすもら》ひに來《く》るから、待《ま》つてゐろ、」と云《い》つて、威《おど》しつけたので、李公《りこう》は吃驚《びつくり》して、酒《さけ》の醉《よひ》も悉皆《すつかり》醒《さ》めて了《しま》つて、逃《に》げるやうにして歸《かへ》つた。

歸《かへ》つて寢《ね》て見《み》たが、賭《かけ》のことが氣《き》に成《な》つて、心配《しんぱい》で、心配《しんぱい》で眠《ねむ》れなくて、嘆《ため》息《いき》ばかり吐《つ》いてゐると、女房《にようばう》が其《それ》を見《み》て『マア、どうしたのですか、」と問《と》ふ。

『ア、、困《こま》つた、困《こま》つた、惡《わる》いことをした、死《し》んで了《しま》ひたい、」と云《い》つて、李公《りこう》が死《し》にさうに息《いき》を吐《つ》く。

『一體何《いつたいなん》のことです、サア、早《はや》く話《はな》して下《くだ》さい。一人《ひとり》で心配《しんぱい》してゐたつて、仕樣《しやう》が無《な》いぢやありませんか。屹度《きつと》また酒《さけ》を飲《の》んで、誰《だれ》かに欺《だま》されたのでせう。お金《かね》でも取《と》られたのですか、」と女房《にようばう》が問《と》ふ。

『其《そ》んなことぢやない、」と李公《りこう》が云《い》ふ。

『其《そ》ぢや何《なん》です、」と女房《にようばう》が問詰《とひつ》める。

『賭《かけ》をして負《ま》けたのだ、』と云《い》つて、李《り》公《こう》が金公《きんこう》と酒《さけ》を飲《の》んだことから、悉皆《すつかり》話《はな》して、『どうしたら可《い》いだらう、』と泣出《なきだ》さうとする。

其《それ》を聞《き》いて、女房《にようばう》は可笑《をか》しくて堪《たま》らなく成《な》つて、『ホヽヽ、何事《なにごと》が起《おこ》つたかと思《おも》つて、心配《しんぱい》してゐたら、マア、其《そ》んなことですか。早《はや》くさう話《はな》して下《くだ》さればいいのに、眞實《ほんと》に餘計《よけい》な心配《しんぱい》をした。女房《にようばう》の賭《かけ》なんて、其《そ》んなことがありますか。今《いま》少《すこ》し確《しつか》りして下《くだ》さい、金公《きんこう》見《み》たやうな奴《やつ》に、務追されるのぢやありません。明日《あす》來《く》ると云《い》つたのですか、宜《よ》う御座《ござ》んす、私《わたし》が逢《あ》つて話《はなし》をしますからサア、安心《あんしん》してお寢《やす》みなさい、』と云《い》つて聞《き》かせる。

李《り》公《こう》は其《それ》で安心《あんしん》して眠《ねむ》つた。

金公《きんこう》は其次《そのつぎ》の朝早《あさはや》く出懸《でか》けた。李《り》公《こう》の奴《やつ》、女房《にようばう》を取《と》ると云《い》つたら、乾度《きつと》閉口《へいこう》して、金《かね》を出《だ》して謝罪《あやま》るだらう。幾何《いくら》でも出《だ》すだけ、貰《もら》つて來《く》るのだ、面白《おもしろ》いぞ、と心《こゝろ》の裡《うち》で考《かんが》えて、李《り》公《こう》の家《うち》の戸《と》を叩《たゝ》いた。すると李《り》公《こう》の女房《にようばう》が、李《り》公《こう》を奥《おく》に隠《かく》して置《お》いて、其《それ》から自分《じぶん》で戸《と》を開《あ》けて、『マア、大層《たいそう》お早《はや》いぢやありませんか、』と云《い》つた。

『李公《りこう》を起《おこ》してくれ、』と金公《きんこう》が怒鳴《どな》る。

『今朝《けさ》早《はや》く出懸《でか》けて、まだ帰《かへ》りません、』と女房《にようばう》が云《い》ふ。

『ハテナ、何処《どこ》へ、』と金公《きんこう》が失望《がつかり》する。

『三年前《ねんまへ》の狸《たぬき》の古皮《ふるかは》が、尾《しつぽ》を振《ふ》つたり、聲《こゑ》を出《だ》したりしますから、尾毛《しつぽげ》を切《き》りに行《ゆ》きました、』と女房《にようばう》が云《い》ふ。

『冗談《じやうだん》ぢやない、三年前《ねんまへ》の古皮《ふるかは》が、どうして尾《しつぽ》を振《ふ》るものか、』と金公《きんこう》が喰《く》つてかゝらうとする。

女房《にようばう》は落《お》ついて、『其《それ》ぢや、お前《まへ》さん、針《はり》一本《ぽん》でどうして鎌《かま》と鉞《まさかり》ができますかい、』と云《い》つて、金公《きんこう》を凹《へこ》ませる。

金公《きんこう》は頭《あたま》を掻《か》いて、黙《だま》つて去《い》つて了《しま》つた。

廿四　牛《うし》に成《な》つた大臣《だいじん》の子《こ》

大臣《だいじん》たちの息子《むすこ》が、博奕《ばくち》を打《う》つて、博奕《ばくち》を打《う》つて仕様《しやう》がない。毎日々々《まいにち〳〵》暇《ひま》さへあると、酒屋《さかや》へ行《い》つて、酒《さけ》を飲《の》んで博奕《ばくち》を打《う》ち、博奕《ばくち》を打《う》つて酒《さけ》を飲《の》む。親《おや》たちが幾《いく》ら叱《しか》つても、叱《しか》つても、云《い》ふことを聞《き》かない、大臣《だいじん》たちの息子《むすこ》が、此《こ》んな悪《わる》い遊戯《あそび》をするものだから、國中《くにぢう》の若《わか》い者《もの》が、皆《みんな》その眞似《まね》をして、何處《どこ》もかしこも、博奕《ばくち》だらけに成《な》つて了《しま》つた。見《み》つかつた者《もの》は、役人《やくにん》に撲《なぐ》られたり、叩《たゝ》かれたり、甚《ひど》い奴《やつ》は牢《らう》に打込《ぶちこ》まれたりするけれど、中々《なか〳〵》其位《そのくらゐ》のことでは懲《こ》りない。何《なん》でも上《うへ》の方《はう》の者《もの》のすることは、下《した》の方《はう》の者《もの》が眞似《まね》をするのだから、大《だい》臣《じん》たちの息子《むすこ》から先《ま》づ博奕《ばくち》を止《よ》さなければ、國中《くにぢう》の若《わか》い者《もの》の眞似《まね》が止《や》まない、と思《おも》つて、役人《やくにん》どもが大臣《だいじん》たちの息子《むすこ》に博奕《ばくち》を止《よ》させやうとして、種々《いろ〳〵》話《はなし》をして見《み》るけれども、大臣《だいじん》たちの息子《むすこ》のことだから、役人《やくにん》を輕蔑《けいべつ》して、少《すこ》しも云《い》ふことを聞《き》かない。

殿様《とのさま》が其《それ》をお聞《き》きなされて、大臣《だいじん》の息子《むすこ》たちを残《のこ》らず呼《よ》んで『お前《まへ》たちは毎《まい》日々々《にち〳〵》博奕《ばくち》を打《う》つて遊《あそ》んでゐるさうぢやが、眞實《まこと》に善《よ》くないことぢや。若《わか》い時《とき》は二度《ど》とないから、今《いま》の中《うち》に學問《がくもん》をして置《お》かなくては、後《あと》で善《よ》い人間《にんげん》に成《な》れない。其《そ》んなこと位《ぐらゐ》は、云《い》つて聞《き》かせなくとも、知《し》つてゐる筈《はづ》ぢやと思《おも》ふが、どうして其《そ》んな馬鹿《ばか》に成《な》つたのぢや。お前《まへ》たちは世間《せけん》の若《わか》い者《もの》の龜鑑《てほん》に成《な》る筈《はづ》の身分《みぶん》ぢやのに、博奕《ばくち》を打《う》つたり、酒《さけ》を呑《の》んだりして、親《おや》に心配《しんぱい》をさせ、世間《せけん》から惡《わる》く云《い》はれると云《い》ふのは、一體何《いつたいなん》のことぢや。此《これ》までのことは赦《ゆる》して置《お》くから、此《これ》から吃度《きつと》氣《き》をつけて、一切博奕《いつさいばくち》を止《や》めるがよい。』と云《い》つてお聞《き》かせなされる。

『畏《かしこ》まりました。』と云《い》つて、大臣《だいじん》の息子《むすこ》たちが下《さが》る。

下《さが》ると直《す》ぐに、また酒屋《さかや》へ行《い》つて、博奕《ばくち》を打《う》つ。

殿様《とのさま》がまた息子《むすこ》たちを呼《よ》んで、今《い》一度《ど》よく云《い》つてお聞《き》かせなされると、其時《そのとき》だけは、『畏《かしこ》まりました、』と云《い》つて、下《さが》つて來《く》るけれど、下《さが》つて來《く》るとまた直《す》ぐに、酒屋《さかや》へ行《い》つて、博奕《ばくち》を打《う》つ。

三度目《どめ》に殿様《とのさま》がお呼《よ》びなされて、『お前《まへ》たちは、何時《いつ》も畏《かしこ》まりましたと云《い》ふけれど、口先《くちさき》ばかりで、少《すこ》しも當《あて》に成《な》らない。最《も》う迚《とて》も見込《みこみ》が無《な》いから、今日《けふ》から牢屋《らうや》の中《なか》に繋《つな》いで置《お》く。牢屋《らうや》の中《なか》で、よく考《かんが》へて見《み》るがよい、』とお言渡《いひわた》しなされる。

大臣《だいじん》の息子《むすこ》たちは、其《それ》を聞《き》いて吃驚《びつくり》して、『どうぞお赦《ゆる》し下《くだ》さい、最《も》う決《けつ》して博奕《ばくち》は致《いた》しませんから、どうぞお赦《ゆる》し下《くだ》さい、』と泣《な》いて云《い》ふ。

『最《も》う決《けつ》して爲《し》ないなら、赦《ゆる》してもよいけれど、屹度《きつと》また欺《だま》すのぢやらう。欺《だま》さない證據《しやうこ》を見《み》せなくては、赦《ゆる》すことはならぬ、』と殿様《とのさま》が仰《おほ》せられる。

『もし今度《こんど》博奕《ばくち》を打《う》ちましたら、牛《うし》に成《な》つて了《しま》ひます、』と息子《むすこ》たちが申上《まをしあ》げる

『屹度《きつと》牛《うし》に成《な》すぞ、宜《よう》しいか、』とお問《たづ》ねなされる。

『宜《よう》しう御座《ござ》います、』と息子《むすこ》たちが申《まを》しあげる。

其《それ》で漸《やつ》と赦《ゆる》されて息子《むすこ》たちは下《さが》つて、其《それ》から三日《か》ばかりは、博奕《ばくち》を止《や》めてゐたけれど、惡《わる》い癖《くせ》は中々《なかなか》直《なを》りにくいものと見《み》えて、四日目《かめ》に成《な》ると最《も》う誰《たれ》かゞ云《い》ひだして、皆《みんな》が賛成《さんせい》をして、酒屋《さかや》へ行《い》つて酒《さけ》を呑《の》んで、博奕《ばくち》をはじめる。

殿様《とのさま》から云《い》はれたことゝ、牛《うし》に成《な》ると云《い》つたことも、悉皆《すつかり》忘《わす》れて、大臣《だいじん》の息子《むすこ》たちが、夢中《むちう》に成《な》つて、博奕《ばくち》を打《う》つてゐると、役人《やくにん》どもが大勢《おほぜい》踏込《ふみこ》んで來《き》て息子《むすこ》を皆《みんな》縛《しば》つて、殿様《とのさま》の御殿《ごてん》へ引張《ひつぱ》つて行《い》つた。

『お前《まへ》たちはまた博奕《ばくち》を打《う》つたな、』と仰《おほ》せられる。

『ハイ、』と皆《みんな》が申上《まをしあ》げる。

『牛《うし》に成《な》ると云《い》つた事《こと》を、記憶《おぼ》えてゐるか、』と來《き》た。

『ハイ、』と申《まを》しあげる。

『宜《よろ》しい、牛《うし》に成《な》してやる。』と云《い》つて、其《それ》から役人《やくにん》どもの方《はう》を向《む》いて、早《はや》く此《この》牛《うし》の頸《くび》を、鎖《くさり》で縛《しば》つて引出《ひきだ》して、町《まち》の中央《まんなか》の廣《ひろ》いところに、一所《しよ》に繋《つな》いで置《お》けそして高札《たかふだ》を立《た》てゝ、一匹《ぴき》三千圓《えん》、今日《けふ》の中《うち》に買手《かひて》が無《な》かつたら、明日《あす》は殺《ころ》して、肉《にく》にして賣《う》る、と書《か》いて置《お》け。』と殿様《とのさま》がお云渡《いひわた》し成《な》された。

最《も》う泣《な》いても仕方《しかた》がない。殿様《とのさま》のお言渡《いひわた》しがあつた上《うへ》は、どうする事《こと》もできない。役人《やくにん》たちが大臣《だいじん》の息子《むすこ》を皆鎖《みんなくさり》で縛《しば》つて、町《まち》の中央《まんなか》へ引張《ひつぱ》つて行《い》つて、一緒《しよ》に縛《つな》いで、此牛《このうし》一匹《ぴき》三千圓《えん》づゝ、もし今日《けふ》の中《うち》に、買手《かひて》が無《な》いなら、明日《あす》は皆殺《みんなころ》しして肉《にく》にして賣《う》る、と書《か》いた高札《たかふだ》を立《た》てた。すると見物人《けんぶつにん》が黒山《くろやま》のやうに集《あつま》つて來《き》て、それを見《み》る。大臣《だいじん》の息子《むすこ》たちは、愧《はづか》しくて堪《たま》らなく成《な》つて、顏《かほ》を隠《かく》してゐる。明日《あす》は殺《ころ》されると思《おも》つて、泣《な》く者《もの》もあつた。

其《その》ことが町中《まちぢう》の評判《ひやうばん》に成《な》ると、親《おや》の大臣《だいじん》たちが其《それ》を聞《き》いて、各々《めいめい》三千圓出《えんだ》して、牛《うし》に成《な》つた息子《むすこ》を買《か》つて、つれて行《い》つた。

其時《そのとき》から息子《むすこ》たちは、悉皆《すつかり》博奕《ばくち》を止《や》めて了《しま》つた。そして國中《くにぢう》の若《わか》い者《もの》も、其《その》ことを聞《き》いて、だん〳〵博奕《ばくち》を打《う》たないやうに成《な》つた。誰《だれ》だつて牛《うし》に成《な》るのは餘《あま》り面白《おもしろ》くないものと見《み》える。

廿五　死《し》んだ鶏《にはとり》

田舍《ゐなか》の百姓《ひやくしやう》の家《うち》に、都《みやこ》の親類《しんるゐ》からお客《きやく》があつた。田舍《ゐなか》のことだから、此《これ》ぞと云《い》つて、別《べつ》に御馳走《ごちそう》はない。仕方《しかた》が無《な》いから、家《うち》に飼《か》つて置《お》いた鶏《にはとり》の若《わか》いのを一疋殺《ぴきころ》して、其《それ》を燒鳥《やきとり》にして、其《その》お客《きやく》に御馳走《ごちそう》をした。

お客《きやく》が其燒鳥《そのやきとり》の御馳走《ごちそう》を食《た》べやうと思《おも》つて、箸《はし》を取《と》らうとすると、椽側《えんがは》に遊《あそ》んでゐた子供《こども》が、「死《し》んだ鶏《にはとり》を、伯父《をぢ》さんは食《た》べてるよ、」と云《い》つて笑《わら》つた。お客《きやく》は其《それ》を聞《き》いて、ハッと思《おも》つて、箸《はし》を下《した》に置《お》いた。貧乏《びんぼう》な百姓《しやう》の癖《くせ》に、鶏《にはとり》の御馳走《ごちそう》とは珍《めづら》しい。馬鹿《ばか》に思切《おもひき》つたことをしたものだと思《おも》つてゐたが、聞《き》いて見《み》ると死《し》んだ鶏《にはとり》だと云《い》ふ。さうだらう、其《それ》に違《ちが》ひない。屹度病氣《きつとびやうき》をして死《し》んだ奴《やつ》を、丁度乃公《ちやうどおれ》が来《き》たものだから、肥料《こやし》溜《だめ》に棄《す》てる箸《はず》のを、炙《あぶ》つて誤魔化《ごまくわ》したのだ。道理《だうり》で少《すこ》し、色《いろ》がおかしいと思《おも》つた。アヽ、汚《きたな》い、胸《むね》が悪《わる》い、今少《いますこ》しのことで、うつかり食《た》べるところだつた。マア、善《よ》かつた。助《たす》かつた。田舎《ゐなか》へ來《き》たら、餘程用心《よほどようじん》をしないと可《い》けない。此《これ》から能《よ》く氣《き》をつけることにしやうと心《こゝろ》の裡《うち》で考《かんが》えて、焼鳥《やきとり》の御馳走《ごちそう》には少《すこ》しも箸《はし》をつけずに置《お》いた。暫《しばら》くしてから、お客《きやく》が椽側《えんがは》へ出《で》て、外《そと》の景色《けしき》を眺《なが》める。すると先刻《さつき》の子供《こども》が大《おほ》きい皿《さら》を抱《かゝ》えて、何《なに》かむしや／＼食《た》べてゐる。見《み》ると、自分《じぶん》が箸《はし》をつけずに置《お》いた焼鳥《やきとり》である。

お客《きやく》は驚《おどろ》いて、『死《し》んだ鶏《にはとり》を食《た》べる奴《やつ》があるか、』と云《い》つた。

子供《こども》は其《それ》を聞《き》いて、『死《し》んだので無《な》くて、活《い》きてゐる鶏《にはとり》が、どうして食《た》べられるものか、』と云《い》つて、美味《おいし》さうに舌皷《したづゝみ》を鳴《なら》して見《み》せた。

廿六　人《ギン》參《セン》

親孝行《おやかう〳〵》な夫婦《ふうふ》が有《あ》つた。八十に成《な》る父親《ちゝおや》が病氣《びやうき》をして、ありとあらゆる藥《くすり》を探《さが》して服《の》ませて見《み》たけれど、少《すこ》しも効驗《きゝめ》が見《み》えないので、易者《えきしや》に見《み》て貰《もら》つたところが、此病氣《このびやうき》は普通《あたりまへ》の病氣《びやうき》ではないから、迚《とて》も藥《くすり》では癒《なを》らぬ。これは是非《ぜひ》とも病人《びやうにん》の孫《まご》に當《あた》る子供《こども》の肝《きも》を取《と》つて、食《た》べさせなければ成《な》らぬ、と敎《おし》へて呉《く》れた。

其《それ》を聞《き》いて、夫婦《ふうふ》の者《もの》は吃驚《びつくり》した。病人《びやうにん》の孫《まご》に當《あた》る子供《こども》と云《い》ふのは、自分《じぶん》たちの子《こ》のことである、自分《じぶん》たち兩人《ふたり》の間《あひだ》に生《う》まれた子《こ》の他《ほか》には、お祖父《ぢい》さんの孫《まご》に當《あた》る者《もの》はない。そして自分《じぶん》たち夫婦《ふうふ》の間《あひだ》に生《う》まれた子《こ》は、天《てん》にも地《ち》にもたつた一人《ひとり》しかない。今歳《ことし》十三に成《な》る男兒《をとこのこ》で、手習《てならひ》の稽古《けいこ》をさせる爲《ため》に、此間《このあひだ》から山《やま》寺《てら》の和尚《おしやう》さんのところに預《あづ》けてある。此兒《このこ》を殺《ころ》して、その肝《きも》を取《と》つて、病人《びやうにん》に食《た》べさせたら、屹度《きつと》病氣《びやうき》が治《なを》る。もし其《それ》が能《でき》ないとしたら、病人《びやうにん》は屹度《きつと》三日《か》の中《うち》に死《し》んで了《しま》ふと、易者《えきしや》が云《い》つた。

マア、眞實《ほんと》に甚《ひど》いことを云《い》つたものだ、忌々《いま〱》しい易者《えきしや》だ、惡《にく》い奴《やつ》だ、と夫婦《ふうふ》の者《もの》は易者《えきしや》を怨《うら》んで悔《くや》しがつたけれども、また能々《よく〱》考《かんが》えて見《み》ると、もと〱此《こ》んな病氣《びやうき》に成《な》つたのが惡《わる》いので、何《なに》も易者《えきしや》に惡《わる》いことは無《な》い惡《わる》いことが無《な》いどころか、親《おや》の病氣《びやうき》を治《なを》す藥《くすり》を教《おし》へて呉《く》れた、親切《しんせつ》な易《えき》者《しや》だ、大事《だいじ》のお方《かた》だ。怨《うら》んだり、惡《わる》く思《おも》つたりしては、罰《ばち》があたる。

アヽ、困《こま》つたことに成《な》つて了《しま》つた。どうしてまた、お父《とつ》さんは、此《こ》んな惡《わる》い病氣《びやうき》にお成《な》りなさつたのだらう。たつた一人《ひとり》の孫《まご》を殺《ころ》して食《た》べるなんて、其《そ》んな恐《おそ》ろしい病氣《びやうき》があるものか。眞實《ほんと》に甚《ひど》いお父《とう》さんだ、と今度《こんど》は父親《ちゝおや》を怨《うら》んで見《み》たが、又考《またかんが》え直《なほ》して見《み》ると、矢張《やはり》父親《ちゝおや》に罪《つみ》はない。天《てん》にも地《ち》にも一人《ひとり》しか無《な》い父親《ちゝおや》のことを、少《すこ》しでも怨《うら》んだりしては、神樣《かみさま》の罰《ばつ》が當《あた》る、恐《おそ》ろしい、勿體《もつたい》ない。誰《たれ》も怨《うら》むことはない、矢張《やはり》自分《じぶん》たちが惡《わる》い。運《うん》が惡《わる》いのだ。いや、孝行《かうく》の爲《し》かたが足《た》りないから、たつた一人《ひとり》の息子《むすこ》を取《と》られることに、成《な》つて了《しま》つたのだ。仕方《しかた》がない、親《おや》の生命《いのち》には換《か》えられない。能《でき》るだけ親《おや》を大事《だいじ》にして、神樣《かみさま》のお氣《き》に入《い》るやうにさへしたら、また神樣《かみさま》が子《こ》を下《くだ》さるだらう。何《なに》よりも親《おや》が大事《だいじ》だ、と考《かんが》えて、夫婦《ふうふ》の者《もの》が山寺《やまでら》へ行《い》つて、息子《むすこ》を呼出《よびだ》して、欺《だま》して殺《ころ》した。

其《それ》からその肝《きも》を取《と》つて、其《それ》を料理《れうり》して、何《なん》とか云《い》ふ藥《くすり》だと云《い》つて、父親《ちゝおや》を欺《だま》して、其《それ》を食《た》べさせると、易者《えきしや》の云《い》つた通《とほ》りに、父親《ちゝおや》の病氣《びやうき》が治《なほ》つて了《しま》つた。
其《それ》から半年《はんとし》ばかり經《た》つと、殺《ころ》された筈《はづ》の息子《むすこ》が、山寺《やまでら》から戻《もど》つて來《き》たので、夫婦《ふうふ》の者《もの》は吃驚《びつくり》した。幽靈《ゆうれい》ではないかと思《おも》つて、種々《いろ〳〵》問《たづ》ねて見《み》ても、少《すこ》しも幽《ゆう》靈《れい》らしいところがない。半歳前《はんとしまへ》に山寺《やまでら》で遇《あ》つたことを問《と》ふて見《み》るも、其《そ》んなことは些《ちつ》とも知《し》らぬと云《い》ふ。
愈々《いよ〳〵》不思議《ふしぎ》に思《おも》つて、夫婦《ふうふ》の者《もの》が急《いそ》いで山寺《やまでら》へ行《い》つて、和尚《をしやう》さんに遇《あ》つて聞《き》いて見《み》ると、驚《おどろ》いた、息子《むすこ》は始《はじ》めて預《あづ》けられた時《とき》から、毎日《まいにち》々々《〳〵》手習《てならひ》の稽古《けいこ》をしてゐて、今日《けふ》まで唯《たゞ》の一度《ど》も山寺《やまでら》を出《で》たことがない。半年《はんとし》ばかり前《まへ》に、殺《ころ》されたことなど有《あ》る筈《はづ》がない。其《それ》は屹度《きつと》何《なに》かの間違《まちがひ》だらう、と和尚《をしやう》さんが話《はな》した
夫婦《ふうふ》の者《もの》は、其《それ》でも安心《あんしん》ができないので、父親《ちゝおや》の病氣《びやうき》のことから、易者《えきしや》のことから、何《なに》もかも殘《のこ》らず、和尚《をしやう》さんに話《はな》して聞《き》かせると、和尚《をしやう》さんも驚《おどろ》いて、其《それ》は如何《いか》にも不思議《ふしぎ》なことだ、今《い》一度《ど》その易者《えきしや》に見《み》て貰《もら》つたら可《い》いだらう、と

云《い》つて見《く》れた。

其處《そこ》でまた其易者《そのえきしや》に頼《たの》んで見《み》て貰《もら》ふと、『幽靈《ゆうれい》でも何《なん》でも無《な》いから、安心《あんしん》するがよい、」と云《い》つて、『お前《まへ》さんたちが、息子《むすこ》と思《おも》つて山寺《やまでら》からつれ出《だ》したのは、山寺《やまでら》の後方《うしろ》の山《やま》に生《は》えてゐた人蔘《ジンセン》です。お前《まへ》さんたちの親孝行《おやかう〱》なのを、山《やま》の神《かみ》様《さま》が感心《かんしん》なされて、息子《むすこ》と欺《だま》して、その人蔘《ジンセン》を下《くだ》さつたのだ。山寺《やまでら》の後方《うしろ》へ行《い》つて見《み》なさい。その人蔘《ジンセン》の生《は》えてゐた跡《あと》が、大《おほ》きい穴《あな》に成《な》つてゐる。自分《じぶん》も唯《ただ》の易者《えきしや》ではない、神様《かみさま》のお使者《つかひ》だ、」と話《はな》して、易者《えきしや》の姿《すがた》は消《き》えて了《しま》つた。

廿七　子供《こども》の智慧《ちゑ》

昔《むかし》むかし、大臣《だいじん》が田舍《ゐなか》の様子《やうす》を見《み》て來《こ》いと、殿様《とのさま》から云《い》ひつけられて、乞食《こじき》の服装《なり》をして、田舍《ゐなか》を見《み》て歩《ある》いてゐると、夏《なつ》の時分《じぶん》に村《むら》はづれの細途《ほそみち》で、老人《としより》の逃《に》げて來《く》るのに遇《あ》つた。

『助《たす》けて下《くだ》さい、殺《ころ》されて了《しま》ひます、』と老人《としより》が手《て》を合《あは》せて頼《たの》んだ。

大臣《だいじん》は其《それ》を聞《き》いて、『其處《そこ》の豆畑《まめばたけ》に隱《かく》れなさい、』と敎《をし》へた。

老人《としより》が隱《かく》れると、やがて若《わか》い男《をとこ》が三人《にん》駈《か》けて來《き》て、大臣《だいじん》を見《み》て、『今《いま》この方《はう》へ老人《としより》が一人《ひとり》逃《に》げて來《き》た筈《はづ》だが、見《み》はしなかつたか、』と問《と》ふ。

『見《み》ませんよ、』と大臣《だいじん》が云《い》ふ。

『見《み》ない、嘘《うそ》云《い》ふな。たしかに此途《このみち》を逃《に》げて來《き》た筈《はづ》だから。見《み》ないことはない。貴樣《きさま》は老人《としより》に頼《たの》まれて、嘘《うそ》を云《い》ふのだらう。生意氣《なまいき》な乞食《こじき》だ、擲《なぐ》つてやれ、』と云《い》つて、若《わか》い者《もの》が三人《にん》で大臣《だいじん》を擲《なぐ》りだした。

『御免《ごめん》なさい、御免《ごめん》なさい、』と大臣《だいじん》が云《い》ふ。

『御免《ごめん》なさいも糞《くそ》もあるものか。白狀《はくじやう》しろ、』と云《い》つて三人《にん》が擲《なぐ》る。

大臣《だいじん》は最《も》う痛《いた》くて、痛《いた》くて堪《たま》らなく成《な》つて、『白狀《はくじやう》します、白狀《はくじやう》します、』と云《い》つて、豆畑《まめばたけ》の方《はう》を指《ゆび》さして見《み》せた。

若《わか》い者《もの》は直《す》ぐに其豆畑《そのまめばたけ》へ飛込《とびこ》んで、隠《かく》れてゐた老人《としより》を引出《ひきだ》して、三人《にん》で撲《なぐ》つて、撲《なぐ》つて、到頭《たう〱》その老人《としより》を撲殺《なぐりごろ》して了《しま》つた。

田舎《ゐなか》から帰《かへ》つて来《き》てから、大臣《だいじん》は友人《ともだち》に此話《このはなし》をして、『あの時《とき》ばかりは、全《まつた》く閉口《へいこう》した。若《わか》い者《もの》に撲《なぐ》られて、痛《いた》い目《め》に遇《あ》つた上《うへ》に、到頭《たう〱》白状《はくじやう》させられて、老《とし》人《より》を一人《ひとり》殺《ころ》して了《しま》つた。真實《ほんと》に残念《ざんねん》だつたけれど、別《べつ》に何《なん》とも仕方《しかた》が無《な》いので、』と云《い》つてゐると、七歳《なゝつ》に成《な》る子供《こども》が其《それ》を聞《き》いて、大層笑《たいそうわら》つた。

『何《なに》を笑《わら》つてゐるか、』と大臣《だいじん》が問《と》ふ。

『餘《あま》り可笑《をか》しいから。お父《とつ》さんは、其《そ》んなに智慧《ちゑ》が無《な》くて、どうして大臣《だいじん》にして貰《もら》つたのだらう、』と子供《こども》が云《い》ふ。

『其《それ》ぢやどうしたら老人《としより》を助《たす》けられると云《い》ふのか、』と問《と》ふ。

『何《なん》でも無《な》い。盲目《めくら》の真似《まね》をしてゐたらいゝ、』と子供《こども》が云《い》つた。

廿八　盗賊《どろばう》と番頭《ばんとう》

番頭《ばんとう》が市《いち》の帰路《かへり》に、淋《さび》しい山《やま》の中《なか》を急《いそ》いで歩《ある》いてゐると、盗賊《どろばう》に出《で》あつた。盗賊《どろばう》はピストルを番頭《ばんとう》の鼻先《はなさき》へつきつけて、『生命《いのち》が惜《を》しけりや、金《かね》を出《だ》せ、』と脅迫《おどか》して、番頭《ばんとう》が持《も》つてゐた金《かね》を、悉皆《すつかり》出《だ》させて、取上《とりあ》げて了《しま》つた。

盗賊《どろばう》が其金《そのかね》を残《のこ》らず懐中《ふところ》へ納《しま》つて、去《い》かうとすると、番頭《ばんとう》は盗賊《どろばう》の袖《そで》を引張《ひつぱ》つて『お前《まへ》さんの仰《おつ》しやる通《とほ》りに、温順《おとな》しくお金《かね》を出《だ》したから、後生《ごしやう》だから、今度《こんど》は私《わたし》の頼《たの》むことを一《ひと》つだけ、是非《ぜひ》聞《き》いて下《くだ》さい、』と云《い》つた。

『貴様《きさま》の頼《たの》みと云《い》ふのは何《なん》だ、』と盗賊《どろばう》が問《と》ふ。

番頭《ばんとう》は自分《じぶん》の羽織《はおり》を脱《ぬ》いで、盗賊《どろばう》の前《まへ》にさし出《だ》して、『お前《まへ》さんのピストルで此羽織《このはおり》に穴《あな》を明《あ》けて下《くだ》さい、』と頼《たの》む。

『穴《あな》を明《あ》けてどうするのだ、』と問《と》ふ。

『眞實《ほんと》にお前《まへ》さんも察知が惡《わる》いぢやありませんか、』と番頭《ばんとう》が云《い》つて、『私《わたし》は呉服《ごふく》屋《や》の番頭《ばんとう》で、今日《けふ》旦那《だんな》に言付《いひつ》かつて、反物《たんもの》を市《いち》へ持《も》つて行《い》つて、其《それ》を賣《う》つたお金《あし》を、今《いま》お前《まへ》さんに取《と》られて了《しま》つたのでせう。家《うち》に歸《かへ》つて旦那《だんな》に問《と》はれたら、何《なん》と云《い》つたら可《い》いでせう。盜賊《どろぼう》に遇《あ》つたと云《い》つたばかりぢや、旦那《だんな》が眞實《ほんと》にして呉《く》れません、何《なに》も證據《しやうこ》が無《な》いですからな。だから此羽織《このはおり》に穴《あな》を明《あ》けて貰《もら》つて旦那《だんな》に其《それ》を見《み》せて、話《はなし》をするのです。さうでもしないと、旦那《だんな》が私《わたし》を疑《うたが》つて、どんな目《め》に遇《あ》はせるかも知《し》れません、』と話《はな》す。

盜賊《どろぼう》は其《それ》を聞《き》いて、『成程《なるほど》、貴樣《きさま》は賢《かしこ》い、うまいことを知《し》つてゐる。よし〳〵穴《あな》を明《あ》けてやらう、』と云《い》つて、ピストルを鳴《な》らした。

ズドンと音《おと》がして、パッと火《ひ》が見《み》えた。けれども羽織《はおり》には、少《すこ》しも疵《きず》がつかない。

『今《い》一《ひと》つ明《あ》けて下《くだ》さい、』と番頭《ばんとう》が頼《たの》む。

盗賊《どろばう》がまた彈機《ひきがね》を引《ひ》く。今度《こんど》はたゞカチンと音《おと》がしたばかりで、火《ひ》も見《み》えない。見《み》える筈《はず》がない、ピストルには彈丸《たま》が込《こ》めてない。盗賊《どろばう》は唯《たゞ》おどかしに、ピストルを持《も》つてゐたのであつた。

すると番頭《ばんとう》は、不意《だしぬけ》に其羽織《そのはおり》を盗賊《どろばう》の頭《あたま》から蔽冠《おつかぶ》せて、頸《くび》を強《つよ》くしめて、『サア、今度《こんど》は此方《こつち》の番《ばん》だ。生命《いのち》が惜《を》しけりや、金《かね》を出《だ》せ、』と云《い》つて、取《と》られた金《かね》を悉皆取返《すつかりとりかへ》して、其《それ》から盗賊《どろばう》を甚《ひど》く撲《なぐ》つて、脚《あし》も腰《こし》も立《た》たないやうにして了《しま》つて、土手《どて》の下《した》へ轉《ころ》がし落《おと》して置《お》いて、さつさと急《いそ》いで山《やま》の中《なか》を逃出《にげだ》して來《き》た。

盗賊《どろばう》にも矢張《やはり》智慧《ちゑ》が要《い》る。

廿九　和尚《おしやう》と小僧《こぞう》

慾張《よくば》つた和尚《おしやう》が有《あ》つた。

『和尚《おしやう》さん、今裏《いまうら》の桃樹《もゝのき》に雀《すゞめ》が一疋《ひき》來《き》て、銀《ぎん》の鎖《くさり》を枝《えだ》に懸《か》けて行《ゆ》きました、』と小僧《こぞう》が好加減《いいかげん》な嘘《うそ》を吐《つ》くと、慾張《よくばり》の和尚《をしやう》は銀《ぎん》の鎖《くさり》と聞《き》いて、直《す》ぐに裏《うら》へ出《で》て、桃樹《もものき》へ登《のぼ》つた。

和尚《をしやう》が高《たか》く登《のぼ》るのを待《ま》つてゐて、小僧《こぞう》は不意《だしぬけ》に大《おほ》きな聲《こゑ》を出《だ》して「和尚《をしやう》さんが樹《き》に登《のぼ》つて、雀《すゞめ》の巣《す》を探《さが》してゐる」と怒鳴《どな》りたてる。和尚《をしやう》は吃驚《びつくり》して、若《も》し誰《たれ》かに見《み》られたら大變《たいへん》だ、と思《おも》つて、周章《あわて》て下《お》りやうとすると、脚《あし》が滑《す》べつて、脛《すね》の皮《かは》を七寸《しちすん》ばかり擦剝《すりむ》いた。

和尚《をしやう》は怒《おこ》つて、小僧《こぞう》の腕《うで》をねぢあげて、頭《あたま》を七つ毆《なぐ》つた。

小僧《こぞう》は默《だま》つて我慢《がまん》をしてゐたけれど、心《こゝろ》の裡《うち》では、憎《にく》らしい和尚《をしやう》の糞入道《くそにふだう》だ自分《じぶん》が慾張《よくば》つてゐるから、欺《だま》されて怪我《けが》をしたのに、乃公《おれ》を惡《わる》くばかり思《おも》つて脛《すね》の皮《かは》一寸《すん》に一個《ひとつ》づゝ乃公《おれ》の頭《あたま》を叩《たゝ》いた。木魚《もくぎよ》ぢやあるまいし、無暗《むやみ》に叩《たゝ》かれて堪《たま》るものか。よし、今夜敵《こんやかたき》を取《と》つてやるぞ、取《と》らずにおくものか、と考《かんが》えて夜《よる》に成《な》つてから、和尚《をしやう》の出入《ではいり》する戸《と》のところに、大《おほ》きな木魚《もくぎよ》をぶらさげて置《お》いた。
和尚《をしやう》が眠《ねむ》るのを待《ま》つてゐて、『火事《くわじ》だ、火事《くわじ》だ、』と小僧《こぞう》が怒鳴《どな》つた。

和尚《をしやう》は吃驚《びつくり》して、床《とこ》の中《なか》から飛出《とびだ》して外《そと》へ出《で》やうとすると、ぶら下《さが》つてゐた木魚《もくぎよ》で、火《ひ》の出《で》るやうに頭《あたま》を打《う》つた。『痛《いた》い痛《いた》い、』と云《い》つて、外《そと》へ出《で》て見《み》ると、何處《どこ》にも火事《くわじ》が無《な》い。

怒《おこ》つて小僧《こぞう》を呼《よ》んで、『火事《くわじ》は無《な》いぢやないか、』と叱《しか》る。

『遠《とほ》くの山《やま》に火《ひ》が見《み》えたから、怒鳴《どな》つたのです、』と小僧《こぞう》が云《い》ふ。

和尚《をしやう》は其《それ》を聞《き》いて、『此《これ》から近《ちか》い火事《くわじ》だけ怒鳴《どな》れ、遠《とほ》いのは默《だま》つてゐてもよい、』と云《い》つた。

卅　借金取《しやくきんとり》

貧乏人《びんぼうにん》のところへ、借金取《しやくきんとり》が來《き》た。

『都合《つがふ》が惡《わる》いから、今少《いますこ》し待《ま》つて下《くだ》さい、』と貧乏人《びんぼうにん》が云《い》ふ。

『今《いま》すこし、今《いま》すこしと、何時《いつ》まで待《ま》たせる氣《き》だ。最《も》う疾《と》つくに約束《やくそく》の日《ひ》が來《き》てゐるから、今日《けふ》はどうでも貰《もら》つてゆく、』と借金取《しやくきんとり》が云《い》ふ。

『ハテナ、甚《ひど》く催促《さいそく》をするものだ。お前《まへ》さんも、誰《だれ》かに借金《かり》が有《あ》るのですかい、』と貧乏人《びんぼうにん》が問《と》ふ。

『私《わし》は借金《かり》なんか無《な》い、』と借金取《しやくきんとり》が答《こた》へる。

『借金《かり》が無《な》けりや、別《べつ》にお金《かね》の要《い》る筈《はづ》はない。其《そ》んなに八釜《やかま》しく云《い》はなくても可《い》いぢやありませんか。今《いま》にぼつ〳〵拂《はら》ひますから、今少《いますこ》し待《ま》つて下《くだ》さい、』と貧乏人《びんぼうにん》が云《い》ふ。

仕方《しかた》が無《な》いから、借金取《しやくきんとり》は歸《かへ》つて了《しま》ふ。

其《それ》から一月《ひとつき》ばかり經《た》つと、借金取《しやくきんとり》がまた來《き》て責《せ》める。

『都合《つがふ》が惡《わる》いから、今少《いますこ》し待《ま》つて下《くだ》さい、』と貧乏人《びんぼうにん》が云《い》ふ。

『今《いま》すこし、今《いま》すこしと、何時《いつ》まで待《ま》たせる氣《き》だ。最《も》う約束《やくそく》の日《ひ》が疾《とつ》くに過《す》ぎてゐるから、待《ま》つてとはできない。今日《けふ》はどうでも貰《もら》つてゆく。サア、幾《いく》らでも出《だ》しなさい、』と責《せ》める。

『だつて無《な》いものは、幾《いく》ら責《せ》めても、仕方《しかた》が無《な》い、』と貧乏人《びんぼうにん》が云《い》ふ。

『其《そ》んなことを云《い》つてゐた日《ひ》には、際限《さいげん》が無《な》い。今日《けふ》はどうでも貰《もら》つて行《ゆ》かなくちや、此方《こつち》が困《こま》つて了《しま》ふ、』と借金取《しやくきんとり》が云《い》ふ。

『ハテナ、豪《えら》く責《せ》めるものだ。お前《まへ》さんも、矢張《やはり》誰《だれ》かに借金《かね》があるのですかい、』

と貧乏人《びんぼうにん》が問《と》ふ。

借金取《しやくきんとり》は其《それ》を聞《き》いて、ソラ、來《き》た。うまいことを云《い》つてゐるな。此前《このまへ》の時《とき》は借金《かり》は無《な》い、と云《い》つたら、其《それ》ぢや金《かね》の要《い》る筈《はず》が無《な》いと來《き》た。最《も》う其手《そのて》は喰《く》はない。其《そ》んなに幾度《いくど》もやられて堪《たま》るものか、と心《こころ》の裏《うち》で考《かんが》へて『あるとも、あるとも。無《な》くてどうするものか、』と云《い》ふ。

『何故《なぜ》その借金《かり》を拂《はら》はないですか、』と來《き》た。

『金《かね》が無《な》いのに、どうして拂《はら》へるものか、』と借金取《しやくきんとり》が云《い》ふ。

『さうでせう。金《かね》が無《な》いから、どうしても拂《はら》へない。お前《まへ》さんでさへ、金《かね》が無《な》けりや、借金《かり》が有《あ》つても、拂《はら》へないでせう。私《わたし》も矢張《やはり》丁度《ちやうど》お前《まへ》さんと同《おんな》じことです。矢張《やはり》その金《かね》が無《な》いから、拂《はら》へないので、決《けつ》して拂《はら》はない積《つもり》ぢやないのだから、マア、待《ま》つて下《くだ》さい、』と貧乏人《びんぼうにん》が云《い》ふ。

借金取《しやくきんとり》は今度《こんど》もまた閉口《へいこう》して、默《だま》つて歸《かへ》つて了《しま》つた。

卅一　和尚《をしやう》の敵討《かたきうち》

お寺《てら》の和尚《をしやう》が隣家《となり》の隠居《いんきよ》のところへ行《い》つて、「御隠居《ごいんきよ》さん、御迷惑《ごめいわく》でせうけれども、此間《このあひだ》の本《ほん》を二三日《にさんち》貸《か》して下《くだ》さいませんか。讀《よ》んで了《しま》つたら、直《す》ぐにお返《かへ》し致《いた》しますから、どうか暫《しばら》くお貸《か》しを願《ねが》ひたい。」と頼《たの》んだ。

隠居《いんきよ》は其《それ》を聞《き》いて、「サア、サア、どうぞ御遠慮《ごゑんりよ》なくお讀《よ》み下《くだ》さい。併《しか》し、和尚《しやう》さん、どうか私《わし》の家《うち》でお讀《よ》み下《くだ》さい。私《わし》のところでは、家《うち》の品物《しなもの》は、一切外《いつさいそと》へは出《だ》さぬことに極《き》めてありますから。」と云《い》ふ。

仕方《しかた》がないから、和尚《をしやう》は本《ほん》を借《か》らずに歸《かへ》つた。

忌々《いまいま》しい隠居《いんきよ》だ。今《いま》に敵《かたき》を取《と》つてやらう、と和尚《をしやう》が思《おも》つてゐると、二三日經《にさんちた》つてから、今度《こんど》は隠居《いんきよ》の方《はう》から、お寺《てら》へやつて來《き》て、「和尚《をしやう》さん、御迷惑《ごめいわく》でせうけれども、庭《には》の植木《うゑき》に水《みづ》を呉《く》れたい、と思《おも》ひますから、如露《じようろ》を一寸《ちよつと》お貸《か》し下《くだ》さいませんか。使《つか》つて了《しま》つたら、直《す》ぐにお返《かへ》し致《いた》しますから、どうか暫《しばら》くお貸《か》しを願《ねが》ひたい、』と頼《たの》んだ。

和尚《をしやう》は其《それ》を聞《き》いて、『サア、サア、どうぞ御遠慮《ごゑんりよ》なくお使《つか》ひ下《くだ》さい、庭《には》の泉水《せんすゐ》の傍《わき》の石《いし》の上《うへ》にあります、』と云《い》ふ。

『ハイ、ハイ、判《わか》りました。此《これ》はどうも有難《ありがた》う。其《それ》では一寸《ちよいと》、』と云《い》つて、隱居《ゐんきよ》が如露《じようろ》を持《も》つて行《ゆ》かうとすると、和尚《をしやう》が呼止《よびと》める。

隱居《ゐんきよ》が立止《たちどま》ると、和尚《をしやう》が椽先《ゑんさき》まで出《で》て來《き》て、『御隱居《ごゐんきよ》さん、一寸《ちよつと》お待《ま》ち下《くだ》さい其如露《そのじようろ》をお使《つか》ひなさるなら、どうか私《わし》の寺《てら》の庭《には》でお使《つか》ひ下《くだ》さい。私《わし》の寺《てら》では、どんな品物《しなもの》でも、一切外《せつそと》へは出《だ》さぬことに、極《き》めてありますから、どうか其泉《そのせん》水《すゐ》の傍《わき》の植木《うゑき》にでも、水《みづ》を呉《く》れてやつて、お使《つか》ひ下《くだ》さい、』と云《い》つた。

卅二　馬鹿婿《ばかむこ》

田舎《ゐなか》の者《もの》が一人娘《ひとりむすめ》を持《も》つてゐた。此娘《このむすめ》が年頃《としごろ》になつたから、町《まち》の方《はう》から婿《むこ》を取《と》つた。世《よ》の中《なか》に馬鹿《ばか》もあれば有《あ》つたもので、此婿《このむこ》さん年《とし》は二十《はたち》に成《な》るけれど

何一《なにひと》つ知《し》つてゐることが無《な》くて、雪《ゆき》は白《しろ》いもの、墨《すみ》は黒《くろ》いもの、と云《い》ふことも未《ま》だ知《し》らない。何《なに》か見《み》ると、直《す》ぐに何《なに》か、何《なに》か、と云《い》つて、嫁《よめ》さんに問《たづ》ねる。嫁《よめ》さんは最《も》う困《こま》つて了《しま》つて、『人《ひと》の見《み》てゐるところで、色《いろ》んなことを問《と》ふのはお止《よ》しなさい。皆《みんな》に笑《わら》はれるから、』と云《い》つて聞《き》かせるけれども、婿《むこ》さんは直《す》ぐに忘《わす》れて了《しま》ふ。

婚禮《こんれい》の次《つぎ》の日《ひ》にお團子《だんご》の御馳走《ごちさう》があつた

『此《これ》は何《なん》と云《い》ふものですか、』と婿《むこ》さんが直《す》ぐに問《と》ふ。

『お止《よ》しなさい、』と嫁《よめ》さんが云《い》ふ。

婿《むこ》さんは其《それ》を聞《き》いて、成程《なるほど》、『お止《よ》しなさい』と云《い》ふものだな、と思《おも》つて、其《その》お團子《だんご》を食《た》べると、中《なか》に南京豆《なんきんまめ》が入《はい》つてゐた。すると婿《むこ》さんは、その南京豆《なんきんまめ》を摘出《つまみだ》して、嫁《よめ》さんに見《み》せて『此《これ》は、』とまた問《と》ふ。

『最《も》う嫌《いや》だ、此人《このひと》は、』と云《い》つて、嫁《よめ》さんが婿《むこ》さんの脚《あし》をつめつた。

其《それ》から三日《か》ばかりして、婿《むこ》さんが嫁《よめ》さんと一緒《しよ》に、町《まち》の方《はう》の自分《じぶん》の家《うち》へ歸《かへ》つた。すると親《おや》たちが、彼方《あちら》ではどんな御馳走《ごちそう》が有《あ》つたのか、と聞《き》いた。婿《むこ》さんはお團子《だんご》のことを思出《おもひだ》して、『お止《よ》しなさいの御馳走《ごちそう》があつた。食《た》べて見《み》たら、最《も》う嫌《いや》だが中《なか》に入《はい》つてゐた、』と云《い》つた。

其《それ》から三日《か》ばかりして、婿《むこ》さんと嫁《よめ》さんと、また田舎《ゐなか》の方《はう》へ戻《もど》つて來《く》ると、嫁《よめ》さんの親爺《おやぢ》さんが親類《しんるゐ》と相談《さうだん》をして、折角婿《せつかくむこ》を貰《もら》つたけれど、餘《あま》り馬鹿《ばか》だから、早《はや》く今《いま》の中《うち》に追出《おひだ》して了《しま》はうぢやないか、と話《はなし》をしてゐる。嫁《よめ》さんは其《それ》を聞《き》いて、ひどく心配《しんぱい》をする。

其日《そのひ》に嫁《よめ》さんの家《うち》では、樽《たる》を一個《ひとつ》買《か》つた。すると親爺《おやぢ》さんが、『明日《あす》婿《むこ》に此樽《このたる》を見《み》せて、もし知《し》つてゐたら、追出《おひだ》さずに我慢《がまん》をしてもよい、』と云《い》つた。

嫁《よめ》さんは其話《そのはなし》を聞《き》いて、其晩寝《そのばんね》てから、婿《むこ》さんに其《その》ことを話《はな》して、『よく教《おし》へてあげるから、記憶《おぼ》えておいでなさい。あれは酒《さけ》を入《い》れる樽《たる》で、酒《さけ》が三斗《ど》ばかり入《はい》るのです。明日《あす》聞《き》かれたら、マア、大《おほ》きい酒樽《さかだる》だ。三斗《ど》ぐらゐは酒《さけ》が入《はい》るでせう、とお云《い》ひなさい、』と云《い》つて聞《き》かせて、夜《よ》の明《あ》けるまで、何遍《なんべん》も何遍《なんべん》もおんなじことを繰返《くりかへ》して教《おし》へた。

其次《そのつぎ》の日《ひ》に、親爺《おやぢ》さんが婿《むこ》さんを呼《よ》んで、昨日《きのふ》の樽《たる》を見《み》せる。婿《むこ》さんは其《それ》を見《み》て、『マア、大《おほ》きい酒樽《さかだる》だ。三斗《ど》ぐらゐは酒《さけ》が入《はい》るでせう、』と云《い》ふ。

其《それ》を聞《き》いて、親爺《おやぢ》さんが大層《たいそう》よろこんだ。

其次《そのつぎ》の日《ひ》に、米櫃《こめびつ》をこしらへた。

婿《むこ》さんは其《それ》を見《み》て、『マア、大《おほ》きい酒樽《さかだる》の米櫃《こめびつ》だ。三斗《と》ぐらゐは酒《さけ》が入《はい》るでせう、』と云《い》つて、其米櫃《そのこめびつ》を叩《たゝ》いた。

暫《しばら》くすると、親爺《おやぢ》の腰《こし》に腫物《はれもの》が出來《でき》て、痛《いた》い痛《いた》い、と云《い》つて、親爺《おやぢ》さんが臥《ね》てゐると、婿《むこ》さんが親爺《おやぢ》さんの室《へや》へ見舞《みまひ》に來た。

『よく問《たづ》ねて呉《く》れた。此通《このとほ》り腫物《はれもの》が出來《でき》て、痛《いた》くて、痛《いた》くて、しやうがない、』と云《い》つて、親爺《おやぢ》さんが蒲團《ふとん》をまくつて、腰《こし》の腫物《はれもの》を見《み》せた。

すると婿《むこ》さんは『マア、大《おほ》きい酒樽《さかだる》の腫物《はれもの》だ。三斗《と》ぐらゐは酒《さけ》が入《はい》るでせう、』と云《い》つて、右《みぎ》の手《て》に力《ちから》を入《い》れて、其腫物《そのはれもの》を叩《たゝ》いた。

卅三　成金術《なりきんじゆつ》

貧乏人《びんぼうにん》が有《あ》つた。どうにかして、金満家《かねもち》に成《な》りたいと思《おも》つて、種々《いろ/\》に苦心《くしん》をして見《み》たが、どうも善《よ》い智慧《ちゑ》が出《で》ない。何《なん》でも此《これ》は、自分《じぶん》で發明《はつめい》するよりも、他人《ひと》に聞《き》いて敎《をし》へて貰《もら》つた方《はう》が早《はや》い、と云《い》ふことに氣《き》が附《つ》いて、町内《ちやうない》で一番《ばん》だと云《い》はれてゐる、名《な》高《だか》い金滿家《かねもち》のところへ、訪《たづ》ねて行《い》つた。

『今日《こんにち》は、旦那《だんな》、少々《せう〳〵》お尋《たづ》ね申《まを》したいことが有《あ》つて、參《まゐ》りましたのですが、若《も》し差支無《さしつかへな》かつたら、少《すこ》し敎《をし》へてやつて下《くだ》さい、』と貧乏人《びんぼうにん》が手《て》をついて賴《たの》んだ。

『誰《だれ》かと思《おも》つたら、金《きん》さんか。マア、大層困《たいそうこま》つたやうな顏貌《かほつき》をして、何《なに》か心配《しんぱい》なことでも、持上《もちあが》つたのかい。私《わし》に能《でき》ることなら、何《なん》でも敎《をし》へて進《あ》げる。サア遠慮《ゑんりよ》なしに、云《い》つて見《み》るがよい、』と金滿家《かねもち》の旦那《だんな》が云《い》つて吳《く》れた。

『有難《ありがた》うございます。其《それ》ぢや遠慮《ゑんりよ》なしに、申上《まをしあ》げますから、萬望《どうぞ》遠慮《ゑんりよ》なしに敎《をし》へてやつて下《くだ》さい。旦那《だんな》は大層《たいそう》お金《かね》がおありなさるのですが、一體《たい》金滿家《かねもち》に成《な》るのには、どうすれば可《い》いのですか、其《それ》を伺《うかゞ》ひたいと思《おも》つて、實《じつ》はその、態々《わざ〳〵》伺《うかゞ》つた譯《わけ》です。どうか、助《たす》けると思《おも》つて、遠慮《ゑんりよ》なしに仰《おつ》しやつて下《くだ》さい、』と話《はな》した。

旦那《だんな》は其《それ》を聞《き》いて、『ハヽヽヽ』と高笑《たかわらひ》をして、『何《なに》かと思《おも》つたら、其《そ》んなとかい。其《それ》なら最初《はじめ》から、さう云《い》つて呉《く》れゝば可《い》いのに、何事《なにごと》かと思《おも》つて、馬鹿《ばか》に心配《しんぱい》をした。金満家《かねもち》に成《な》りたい、金満家《かねもち》に成《な》る術《じゆつ》を知《し》りたい、と云《い》ふのだらう。宜《よろ》しい、早速《さつそく》敎《をし》へて上《あ》げやう。サア、私《わし》と一緒《しよ》に附《つ》いてお出《い》でなさい、』と云《い》つて、貧乏人《びんぼうにん》を伴《つ》れて出懸《でか》けた。

貧乏人《びんぼうにん》は默《だま》つて、旦那《だんな》の後《しり》に附《つ》いて行《ゆ》くと、旦那《だんな》は門《もん》を出《で》て、裏《うら》の畑《はたけ》の間《あひだ》を抜《ぬ》けて、山《やま》の方《はう》へ登《のぼ》つてゆく。二三町《ちやう》ばかりゆくと、坂《さか》の下《した》に廣《ひろ》い、平《ひらた》い野原《のはら》見《み》たやうなところがあつた。其原《そのはら》の中央《まんなか》に、古《ふる》い松樹《まつのき》が一本《ぽん》あつた。

旦那《だんな》はその松樹《まつのき》の下《した》へ、貧乏人《びんぼうにん》を伴《つ》れて行《い》つて、『サア、金満家《かねもち》になる成金術《なりきんじゆつ》と云《い》ふのを、此處《こゝ》で敎《をし》へて進《あ》げるから、此松樹《このまつのき》へ登《のぼ》りなさい、』と云《い》つた。

貧乏人《びんぼうにん》ば、此木《このき》へ登《のぼ》りさへすれば、金満家《かねもち》に成《な》れることだと思《おも》つて、手《て》に唾《つばき》をつけて、登《のぼ》りかけた。幹《みき》が大《おほ》きいので、中々《なかなか》登《のぼ》りにくい。やつとのことで、一番低《ばんひく》い枝《えだ》まで登《のぼ》りつくと、最《も》う疲勞《くたび》れて、身體《からだ》中汗《ちうあせ》だらけに成《な》つた。

『最《も》つと、もつと、』と旦那《だんな》が聲《こゑ》をかける。

貧乏人《びんばふにん》がまた一枝《えだ》のぼる。

『もつと、』と又聲《またこゑ》が懸《か》かる。

また一枝《えだ》のぼる。

『最《も》つと、もつと、もつと、』と何時《いつ》までも聲《こゑ》をかけられる。

又一枝《またひとえだ》、一枝《ひとえだ》と、だん〳〵登《のぼ》つてゆくと、最《も》う危險《あぶな》くて、登《のぼ》れなく成《な》つた。如何《いか》ほど金滿家《かねもち》に成《な》りたくても、生命《いのち》は惜《を》しい、死《し》にたくはない。脚《あし》がふるえて、手《て》がびく〳〵して、下《した》の方《はう》を見《み》ると、眼《め》が廻《まは》りさうで、恐《こは》くて、恐《こは》くて仕《し》やうが無《な》い。

『旦那《だんな》、もう登《のぼ》れません、』と泣《な》きさうな聲《こゑ》を出《だ》した。

『宜《よろ》しい、其處《そこ》までゝ可《い》い。今度《こんど》は其枝《そのえだ》を兩手《りやうて》で摑《つか》んで、宙《ちう》にぶら下《さが》るのだ、』と旦那《だんな》が聲《こゑ》をかける。

仕方《しかた》が無《な》い、金《かね》には換《か》えられないと思《おも》つて、貧乏人が旦那《だんな》の云《い》つた通《とほ》りに、ぶら下《さが》つた。

『左《ひだり》の手《て》を放《はな》しなさい、』と云附《いひつ》けられる。

云《い》ふことを聞《き》いて、左《ひだり》の手《て》を放《はな》す。

『右《みぎ》の手《て》も放《はな》しなさい、』と來《き》た。

其《それ》を聞《き》いて、貧乏人《びんぼうにん》は全《まつた》く驚《おどろ》いて了《しま》つた。冗談《じやうだん》ぢや無《な》い、眞實《ほんと》に人《ひと》を馬鹿《ばか》にしてゐる。何《なん》ぼ乃公《おれ》が貧乏人《びんぼうにん》だつて、山猿《やまざる》や猫《ねこ》の子《こ》ぢやあるまいし、巧《うま》く欺《だま》して、遠《とほ》いところへ引張出《ひつぱりだ》して、輕業師《かるわざし》の藝當《げいたう》をやらせて、見物《けんぶつ》をした上《うへ》に、兩《りやう》手《て》を放《はな》させて墜落《おつこと》さうと云《い》ふのは、餘《あんま》り人《ひと》が惡《わる》い。猫《ねこ》だつて、此《こ》んな高《たか》いところから墜《お》ちたら、死《し》んで了《しま》ふ。其《そ》んなことが能《でき》るものかと考《かんが》えて、『駄目《だめ》です、駄目《だめ》です。迚《とて》も放《はな》せません、」と怒鳴《どな》ると、旦那《だんな》は下《した》の方《はう》から、『どうしても、放《はな》せないかえ、」と馬鹿《ばか》にしたやうに云《い》ふ。

『死《し》んでも放《はな》せません、」と貧乏人《びんばうにん》が云《い》ふ。

『ハヽヽヽ、」と旦那《だんな》は笑《わら》つて、『さうだらう、其《それ》が本當《ほんたう》だ。宜《よろ》しい、サア、最《も》う可《い》いから、下《お》りて來《き》なさい、」と云《い》つて呉《く》れた。

貧乏人《びんばうにん》は何《なん》のことやら薩張解《さつぱりわか》らず、全然狐《まるできつね》にでも誑《だま》されたやうな心持《こゝろもち》に成《な》つて、下《お》りて來《く》ると、旦那《だんな》が貧乏人《びんばうにん》の肩《かた》を叩《たゝ》いて、『あの時《とき》の心持《こゝろもち》さへ忘《わす》れずにゐたら、屹度金滿家《きつとかねもち》に成《な》れる、」と云《い》つた。

『へえ、」と貧乏人《びんばうにん》は妙《めう》な顏《かほ》つきをした。

『死《し》んでも、右《みぎ》の手《て》は放《はな》せません、と云《い》つただらう。その心持《こゝろもち》だ。一錢《せん》でも、五厘《りん》でも、一度《ど》手《て》に入《はい》つたら、どんな事《こと》があつても、決《けつ》して放《はな》すのぢやない。死《し》んでも放《はな》さない積《つもり》でゐたら、屹度金滿家《きつとかねもち》に成《な》れる、と云《い》ふことさ、」と敎《をし》へて呉《く》れた。

卅四　新松山鏡《しんまつやまかゞみ》

昔《むかし》むかし、田舎者《ゐなかもの》が都見物《みやこけんぶつ》を思立《おもひた》つた。都見物《みやこけんぶつ》をしたら、歸《かへ》る時《とき》には、屹度《きつと》何《なに》か土産《みやげ》を買《か》つて來《く》るのが、昔《むかし》からの極《きま》りである。何處《どこ》の國《くに》へ往《い》つても、此《この》ことばかりは變《かは》りはない。其處《そこ》で此田舎者《このゐなかもの》が、愈々《いよ〳〵》出《で》かけると云《い》ふ日《ひ》に成《な》つて、『何《なに》を土産《みやげ》に買《か》つて來《き》てやらうか、』と其女《そのによう》房《ぼう》に問《と》ふた。

女房《にようぼう》は種々《いろ〳〵》考《かんが》えて見《み》て、『月梳《くし》を一枚《まい》買《か》つて來《き》て下《くだ》さい、』と云《い》つた。

男《をとこ》は其《それ》を聞《き》いて、『ア丶、月梳《くし》か、よし〳〵、』と云《い》ふ。

『お前《まへ》さん、忘《わす》れちや可《い》けませんよ、』と女房《にようぼう》が云《い》ふ。

『忘《わす》れるもんか、熊手《くまで》見《み》たやうなものだらう、』と男《をとこ》が云《い》ふ。

『冗談《じやうだん》ぢやありませんよ。眞實《ほんと》にお前《まへ》さんは、忘《わす》れつぽいから困《こま》る。紙《かみ》にでも書《か》いて置《お》くと可《い》いけれど、字《じ》は讀《よ》めないし、困《こま》つたな。さう〳〵、アレ、御覽《ごらん》なさい。あのお月様《つきさま》と丁度《ちやうど》おんなじでせう。若《も》しか途中《とちう》で忘《わす》れたら、あのお月《つき》様《さま》を見《み》て、思《おも》ひだして下《くだ》さい、』と女房《にようぼ》が敎《をし》へて呉《く》れる。

男《をとこ》は空《そら》の方《はう》を仰向《あをむ》いて見《み》ると、圓《まる》い餅《もち》を半分《はんぶん》に切《き》つたやうなお月様《つきさま》が見《み》えたので、『よし〳〵、大丈夫《だいじやうぶ》だ、忘《わす》れることは無《な》い、』と云《い》つて、元氣《げんき》よく出懸《でか》けて行《い》つた。

其《それ》から愈々《いよ〳〵》都《みやこ》へ行《い》つて、毎日見物《まいにちけんぶつ》をした。餘《あま》り面白《おもしろ》いので、頼《たの》まれた月《つき》梳《くし》のことは、悉皆《すつかり》忘《わす》れてゐた。其《それ》でも女房《にようぼ》は大事《だいじ》なものだ、と云《い》ふことは、能《よ》く知《し》つてゐたと見《み》えて、歸《かへ》る前《まへ》の晩《ばん》に成《な》つて、頼《たの》まれた土產《みやげ》のことを思出《おもひだ》した。其《それ》までは思出《おもひだ》したけれど、其品物《そのしなもの》が何《なん》であつたのやら、何時《いつ》の間《ま》にか忘《わす》れて了《しま》つてゐた。熊手《くまで》でもなし、鍬《くわ》でもなし、鋤《すき》でもなし、庖丁《はうちやう》でも、鍋蓋《なべぶた》でも無《な》かつたらしい。ハテ、困《こま》つた、何《なん》だらう、何《なん》だつたらう、と種々《いろ〳〵》に考《かんが》えて見《み》たが、どうしても思出《おもひだ》せない。思《おも》はず、『アヽ、困《こま》つた、』と大《おほ》きい聲《こゑ》をして上《うへ》の方《はう》を見《み》ると、晴《は》れた空《そら》に、眞圓《まんまる》いお月樣《つきさま》が懸《かゝ》つてゐた。其《その》お月樣《つきさま》を見《み》ると、直《す》ぐに思《おも》ひ出《だ》した。

『さうだ、思出《おもひだ》した。若《も》しか忘《わす》れたら、お月樣《つきさま》を見《み》て思出《おもひだ》して下《くだ》さい、と嬶々《かゝあ》の奴《やつ》が云《い》つた。若《も》しかお月樣《つきさま》を忘《わす》れたら、何《なに》を見《み》てお月樣《つきさま》を思出《おもひだ》したら可《い》いか其《それ》も序《ついで》に敎《おし》へて置《お》いて吳《く》れると善《よ》かつたのに、乃公《おれ》の嬶々《かゝあ》も、豪《えら》さうなことを云《い》ふ癖《くせ》に、案外拔《あんぐわいぬ》けてゐるぞ。乃公《おれ》のことを、忘《わす》れつぽいと云《い》ふけれど、乃公《おれ》は何《なに》も見《み》ずに、お月樣《つきさま》を思出《おもひだ》したから、中々豪《なか〳〵えら》いぞ。マア、思出《おもひだ》して善《よ》かつたサア、一つ此《これ》から出懸《でか》けて、忘《わす》れない中《うち》に、買《か》つて置《お》かう、』と獨語《ひとりごと》を云《い》つて出《で》懸《か》けた。

其《それ》から急《いそ》いで、小間物屋《こまものや》へ行《い》つて、きよろ〳〵見廻《みまは》してゐると、番頭《ばんとう》が其樣《そのやう》子《す》を見《み》て、『御土産《おみやげ》に成《な》るのですか、何《なに》でも御座《ござ》います、』と云《い》つて、種々《いろ〳〵》出《だ》して見《み》せる。

『能《よ》く御土産《おみやげ》を當《あ》てたもんだ、』と男《をとこ》は感心《かんしん》をする。

『何《なに》に成《な》さいますか、』と番頭《ばんとう》が問《たづ》ねる。

『忘《わす》れて了《しま》つた。序《ついで》に其品物《そのしなもの》まで當《あ》てゝ呉《く》れないか。何《なん》でも、あのお月様《つきさま》とおんなじやうな物《もの》だ、』と男《をとこ》が話《はな》す。

番頭《ばんとう》は直《す》ぐに合點《がてん》をして、『お月様《つきさま》とおんなじ、へイ〳〵、解《わか》りました。圓《まる》くて光《ひか》るもの、成程《なるほど》、嫁御《よめご》さんの御注文《ごちうもん》ですな。へイ、此《これ》で御座《ござ》います、』と云《い》つて、圓《まる》い鏡《かゞみ》を一枚《まい》出《だ》して呉《く》れる。

男《をとこ》は何《なに》もかも悉皆《すつかり》當《あ》てられたと思《おも》つて、都《みやこ》の番頭《ばんとう》は豪《えら》いものだ、と驚《おどろ》いて、其鏡《そのかゞみ》を買《か》つて、持《も》つて歸《かへ》つた。昔《むかし》のことだから、田舍《ゐなか》の者《もの》は、まだ鏡《かゞみ》と云《い》ふものを見《み》たこともなければ、名《な》を聞《き》いたこともない。男《をとこ》はたゞ番頭《ばんとう》の云《い》ふまゝに成《な》つて、何《なん》だか知《し》らずに、大事《だいじ》にして持《も》つて歸《かへ》つたのであつた。

家《うち》に歸《かへ》ると、女房《にようばう》が一番《ばん》に、土産《みやげ》の月梳《くし》を買《か》つて來《き》たのかと聞《き》く。男《をとこ》は風呂敷包《ふろしきづゝみ》を解《と》いて、『ア丶、お月樣《つきさま》だらう。忘《わす》れるもんか、』と云《い》つて、鏡《かゞみ》を出《だ》してやる。

女房《にようばう》は手《て》に取《と》つて見《み》ると、賴《たの》んだ月梳《くし》ではなくて、圓《まる》い重《おも》い物《もの》のやうだから不思議《ふしぎ》に思《おも》つて紙《かみ》の包《つゝみ》を除《の》けて見《み》ると、自分《じぶん》の顏《かほ》が映《うつ》つたから驚《おどろ》いた。自分《じぶん》の顏《かほ》と云《い》ふことには氣《き》がつかない、知《し》らない若《わか》い女《をんな》がゐるとばかり思《おも》つて、『マア眞實《ほんと》にあきれて了《しま》つた。何《なに》かと思《おも》つたら、女《をんな》が一人《ひとり》入《はい》つてゐる。屹度都《きつとみやこ》で女《をんな》を買《か》つて、此中《このなか》に入《い》れて來《き》たのだ、』と云《い》つて、泣《な》きだした。

母親《おふくろ》が其《それ》を見《み》て、『ドレ、私《わたし》が能《よ》く見《み》て上《あ》げやう、』と云《い》つて、鏡《かゞみ》を取《と》つて見《み》ると、年取《としと》つた女《をんな》の顏《かほ》が見《み》えたので、『マア、お前《まへ》は何《なに》を云《い》ふのです。能《よ》く見《み》るがよい、都《みやこ》の女《をんな》ぢやない、私《わたし》の里《さと》の姉《ねえ》さんぢやないか、』と云《い》つて笑《わら》つた。

其處《そこ》へ親爺《おやぢ》が出《で》て來《き》て、其鏡《そのかゞみ》を見《み》ると、自分《じぶん》の顏《かほ》が映《うつ》つたので、死《し》んだ親《おや》だと思《おも》つて、吃驚《びつくり》して了《しま》つて、『何《なに》をおぬしたちは云《い》つてゐるのか。死《し》んだお父《とつ》さんぢや無《な》いか。』と云《い》つた。

此《こ》んなに各々勝手《めい／＼かつて》なことを云《い》つて、騷《さわ》いでゐると、村《むら》の庄屋《しやうや》が其騷動《そのさわぎ》を聞《き》きつけて、飛《と》んで來《き》て見《み》ると、庄屋《しやうや》の衣服《きもの》を着《き》た男《をとこ》の姿《すがた》が映《うつ》つてゐたので、吃驚《びつくり》して腹《はら》を立《た》てゝ、『お前《まへ》たちは、親爺《おやぢ》だの、姉御《あねご》だの、女《をんな》だの、と呑氣《のんき》なことを云《い》つてふざけでゐるけれど、冗談《じやうだん》ぢやない、私《わし》の外《ほか》に、庄屋《しやうや》が一人《ひとり》乘込《のりこ》んで來《き》てゐるわい。早《はや》く叩出《たゝきだ》して了《しま》はないと、大變《たいへん》な目《め》に遇《あ》はされる。』と云《い》つて、直《す》ぐに大勢《おほぜい》の人《ひと》をつれて來《き》て、其鏡《そのかゞみ》を引摺出《ひきずりだ》して、石《いし》で叩《たゝ》くやら、鐵《てつ》の棒《ぼう》で叩《たゝ》くやらして、到頭滅茶々々《たうとうめちや／＼》にたゝきつぶして了《しま》つた。

卅五　三年坂《さんねんざか》

慶尚道《けいしやうだう》に三年坂《さんねんざか》と云《い》ふ名《な》のついた坂《さか》がある、山《やま》と山《やま》との間《あひだ》の峠見《たうげみ》たやうなところである。此坂《このさか》で一度《ど》轉《ころ》んだら、どんな人《ひと》でも、三年目《さんねんめ》には屹度《きつと》死《し》ぬと、昔《むかし》から云《い》つてある。

其《それ》だから、山越《やまごし》する者《もの》が此坂《このさか》へかゝると、兩方《りやうはう》に杖《つゑ》をついて、一足《ひとあし》づゝ用心《ようじん》をして、身體《からだ》を運《はこ》ぶ。臆病《おくびやう》な者《もの》は、恐《こわ》がつて態々《わざ〱》廻路《まわりみち》をする。用事《ようじ》が遲《おそ》くなつても、仕方《しかた》がない、生命《いのち》には換《か》えられない。

此坂《このさか》の下《した》に棲《す》んでゐた老人《としより》が、何《なに》かの用《よう》で、山《やま》の向《むか》うまで行《ゆ》かなければ成《な》らぬことがあつた。急《いそ》ぐから、今日《けふ》は三年坂《ねんざか》を越《こ》さうと思《おも》つてゐると、近所《きんじよ》の人《ひと》たちが其《それ》を聞《き》いて、危《あぶ》ないから止《よ》した方《はう》が可《い》い、と云《い》つて、しきりに止《と》める。家《うち》の者《もの》も一緒《しよ》に成《な》つて、若《も》しものことが有《あ》ると大變《たいへん》だから、あの坂《さか》を越《こ》えることだけは、是非《ぜひ》止《よ》して下《くだ》さいと止《と》めたけれども、老人《としより》が中々《なか〱》聞《き》かない。

『私《わし》は若《わか》い時分《じぶん》から、あの坂《さか》を幾度《いくど》も越《こ》えたけれども、たゞの一度《ど》も、まだ轉《ころ》んだことがない。轉《ころ》ぶのは、大抵《たいてい》若《わか》い者《もの》に極《きま》つてゐる。若《わか》い者《もの》は粗忽《そゝつか》しいから其《そ》んな過失《まちがひ》があるのだ。私《わし》は年《とし》を取《と》つて、氣《き》がおちついてゐるから、轉《ころ》ぶやうなことはない。よしまた轉《ころ》んだところで、何《なに》も損《そん》をすることはない。最《も》う老人《としより》で、今日《けふ》死《し》ぬか、明日《あす》死《し》ぬかも分《わか》らない身體《からだ》だ。急《いそ》ぐ用《よう》だから、迂路《まわりみち》をしては居《を》られぬ。何《なに》も心配《しんぱい》することは、一寸《ちよつと》もない、』と云《い》つて、老人《としより》は到到《たう〳〵》出懸《でか》けて行《い》つた。

無事《ぶじ》に其坂《そのさか》を越《こ》して、用《よう》を濟《す》ませて、歸路《かへりみち》にもまた其坂《そのさか》を通《とほ》ると、下《くだ》るのは上《のぼ》るのより骨《ほね》が折《を》れる。餘程用心《よほどようじん》をしてゐたけれど、今《も》一息《ひといき》と云《い》ふところに成《な》つて、どうした機《はづみ》か、足許《あしもと》が狂《くる》つて、横仆《よこたふ》しに仆《たふ》れた。ハッと思《おも》つて、起《お》きたが、最《も》う間《ま》に合《あ》はない。一度《ど》轉《ころ》んだからには、最《も》う取返《とりかへ》しがつかない。

サア、大變《たいへん》なことに成《な》つて了《しま》つた。三年目《ねんめ》には、どうしても死《し》ぬことに極《きま》つた。出懸《でか》ける時《とき》までは、何時《いつ》死《し》んでも可《い》い、轉《ころ》んだところで、何《なに》も損《そん》をすることはないなどゝ、大《おほ》きなことを云《い》つてゐた老人《としより》も、愈々《いよ〳〵》死《し》ぬことに極《きま》つて見《み》ると、急《きふ》に生命《いのち》が惜《をし》く成《な》つて來《き》たと見《み》えて、白髪頭《しらがあたま》を抱《かゝ》えて、赤兒《あかんぼ》のやうに泣出《なきだ》した。幾《いく》ら泣《な》いても仕《し》やうがないから、自分《じぶん》の家《うち》までは、杖《つゑ》をついて戻《もど》つて來《き》たけれど、戸口《とぐち》を入《はい》ると、直《す》ぐに仆《たふ》れて了《しま》つた。家《うち》の者《もの》が大騒《おほさわぎ》をして、抱起《かゝえおこ》して、床《とこ》の中《なか》へつれて行《い》つて、寢《ね》かしてやると、唯《たゞ》わう〳〵と泣《な》いてゐる。

『お父《とつ》さん、どう成《な》さつたのです、』と息子《むすこ》が心配《しんぱい》をして聞《き》く。

『お祖父《ぢい》さん、何故《なぜ》泣《な》いてゐますか、』と孫《まご》が驚《おどろ》いて見《み》る。

『轉《ころ》んだ、わう〳〵、轉《ころ》んだ、わう〳〵。三年目《ねんめ》に死《し》ぬのだ、わう〳〵、』と云《い》つて、泣《な》いて、泣《な》いて、仕《し》やうがない。

三年《ねん》どころか、三日《か》も持《も》てさうにない。

其《その》ことが評判《ひやうばん》に成《な》ると、其次《そのつぎ》の日《ひ》に、村《むら》の御醫者《おいしや》が訪《たづ》ねて來《き》て、『御隱居《ごゐんきよ》さん氣《き》を確乎《しつかり》なさい。其《それ》には良《い》いお咒法《まじなひ》が有《あ》ります、』と云《い》つた。

老人《としより》は其《それ》を聞《き》くと、直《す》ぐに起上《おきあが》つて、『何《なん》です、良《い》いお呪法《まじなひ》があると仰《おつ》しやるのですか。サア、早《はや》く其《それ》を教《をし》へて下《くだ》さい、』と云《い》つて、お金《かね》を澤山紙《どつさりかみ》に包《つゝ》んで差《さし》出《だ》した。

御醫者《おいしや》は其包《そのつゝみ》を懐中《ふところ》にしまつて、『此《これ》は難有《ありがた》う、遠慮《えんりよ》なしに頂戴致《ちやうだいいた》します。其《その》お呪法《まじなひ》と云《い》ふのは、他《ほか》のことぢやありません、其坂《そのさか》へ行《い》つて、今《も》一度《ど》轉《ころ》ぶのです、』と云《い》つて聞《き》かせた。

老人《としより》は其《それ》を聞《き》くと、火《ひ》のやうに怒《おこ》つて、『何《なん》だ、此藪醫者奴《このやぶいしやめ》、人《ひと》を巧《うま》く欺《だま》して金《かね》を盗《ぬす》みあがつた。一度《ど》轉《ころ》んでも、三年目《ねんめ》には死《し》ぬと云《い》ふぢや無《な》いか。又行《またい》つて轉《ころ》べ、と云《い》ふのは、何《なん》のことだ、』と怒鳴《どな》つて、枕《まくら》を掴《つか》んで、叩《たゝ》きつけやうとする。

御醫者《おいしや》はおちついて、『だから轉《ころ》んだら可《い》い、と云《い》ふのです。其《そ》んなに怒《おこ》つても仕様《しやう》がない、マア、私《わたし》の云《い》ふことを、能《よ》くお聞《き》きなさい。いゝですか、あの坂《さか》で一度《ど》轉《ころ》んだら、三年目《ねんめ》には屹度《きつと》死《し》ぬと云《い》ふのでせう。三年目《ねんめ》に死《し》ぬと云《い》ふのは、三年《ねん》だけは生《い》きてゐる、と云《い》ふことでせう。だから一度《ど》轉《ころ》んでから、三年經《ねんた》たない中《うち》に、今《も》一度《ど》轉《ころ》んだら、また三年《ねん》だけ、生命《いのち》が延《の》びる。なんと、御《ご》隱居《いんきよ》さん、うまい御呪法《おまじなひ》ぢやありませんか、』と話《はな》して聞《き》かせた。

すると老人《としより》は、成程《なるほど》、うまい御呪法《おまじなひ》だと、氣《き》がついて、喜《よろこ》んだの、喜《よろこ》ばないのぢやない。御醫者《おいしや》に百遍《ひやつぺん》ばかり御禮《おれい》を云《い》つて、御馳走《ごちそう》をして、其《それ》からまた其《その》坂《さか》へ出懸《でか》けて行《い》つて、轉《ころ》んだも、轉《ころ》んだも、腰《こし》が痛《いた》く成《な》つて、脚《あし》が硬《かた》くなるまで轉《ころ》んだ。

餘《あま》り轉《ころ》んだので、身體《からだ》が動《うご》けなく成《な》つた。

吊臺《つりだい》に載《の》せられて、歸《かへ》ることは歸《かへ》つて來《き》たけれど、餘《あま》り轉《ころ》んで疲勞《くたび》れた所爲《せい》か、其《それ》ともまた、御呪法《おまじなひ》で安心《あんしん》して、氣《き》が抜《ぬ》けて了《しま》つた所爲《せい》か、其《その》ときから失《ぼん》神《やり》して了《しま》つて、眠《ねむ》つたやうにしてゐたが、三日《か》目《め》に到頭《たう〳〵》死《し》んで了《しま》つた。

卅六　獨脚伊

　都《みやこ》の大通路《おほどほり》に、立派《りつぱ》な門構《もんがまへ》の大名屋敷《だいみやうやしき》があつた。此屋敷《このやしき》には、どう云《い》ふものだか、獨脚伊《トッカビー》と云《い》ふ化物《ばけもの》が、澤山《たくさん》棲《す》んでゐて、人《ひと》をおどかすと云《い》ふので、誰《だれ》も住《す》む者《もの》が無《な》くて、何時《いつ》の間《ま》にか全然《まるで》空家《あきや》のやうに成《な》つて了《しま》つてゐた。

　町内《ちやうない》の者《もの》は、此屋敷《このやしき》を化物屋敷《ばけものやしき》と呼《よ》んでゐた。或日《あるひ》のこと、この町内《ちやうない》の若《わか》い者《もの》が五六人《にん》寄《よ》つて、酒屋《さかや》で酒《さけ》を飲《の》んで騒《さわ》いだ。其《その》ときにも、化物屋敷《ばけものやしき》の話《はなし》が出《で》た。すると其中《そのうち》の一人《ひとり》が、『あの屋敷《やしき》へ唯一人《たつたひとり》で往《い》つて、一晩泊《ひとばんとま》つて來《き》た者《もの》が有《あ》つたら、何《なん》でも奢《おご》らう、』と云《い》ひだした。

『さうだ。若《も》し其《それ》が能《でき》たら、皆《みんな》で金錢《かね》を出《だ》し合《あは》せて、御馳走《ごちさう》をして、死《し》ぬまで樂《らく》をさせて遣《や》つても可《い》い。衣服《きもの》から食物《くひもの》から、何《なに》から何《なに》まで、少《すこ》しも困《こま》らないやうにして、萬事世話《ばんじせわ》をして遣《や》らう、』と今一人《いまひとり》の男《をとこ》が云《い》つた。

他《ほか》の者《もの》が皆賛成《みんなさんせい》をする。

すると其中《そのうち》の金《きん》と云《い》ふ男《をとこ》が、『よし、乃公《おれ》が往《い》つて泊《とま》らう。貴公《きこう》たちは、屹度《きつと》今云《いまい》つたやうに爲《し》て呉《く》れるか、』と念《ねん》を押《を》した。

『爲《す》るとも、するとも、貴公《きこう》が無事《ぶじ》に歸《かへ》つて來《き》たら、屹度約束通《きつとやくそくどほ》りにする。併《しか》し、若《も》し貴公《きこう》が能《でき》なかつたら、其時《そのとき》はどうして呉《く》れる、』と他《ほか》の者《もの》が云《い》ふ。

『その時《とき》は、乃公《おれ》の方《はう》で一遍奢《ぺんおご》ることに爲《し》やう、』と金《きん》が云《い》ふ。

宜《よろ》しい、賭《かけ》をしやう、』と他《ほか》の者《もの》が云《い》ふ。

賭《かけ》の約束《やくそく》が極《きま》つたので、金《きん》は其日《そのひ》の暮《く》れるのを待《ま》つてゐて、唯一人《たつたひとり》その化物《ばけもの》屋敷《やしき》へ出掛《でか》けて、門《もん》を潜《くゞ》つて中《なか》へ入《はい》つて見《み》ると、廣《ひろ》い家《いへ》の中《うち》は眞暗《まつくら》で、餘《あま》り好《いゝ》心持《こゝろもち》もしない。座敷《ざしき》へ通《とほ》つて、中央《まんなか》に坐《すわ》つて見《み》たが、何《なん》だか淋《さび》しくて氣持《きもち》が惡《わる》い。ぼんやり考込《かんがえこ》んでゐると、だん／＼恐《こわ》くなる。恐《こわ》いと思《おも》ふと、堪《たま》らなく成《な》る。ナニ恐《こわ》いことが有《あ》るものか、夜《よ》の明《あ》けるまでの我慢《がまん》だ。明日《あす》から樂《らく》をする身《み》だ、少《すこ》しぐらゐの事《こと》は、我慢《がまん》をしても可《い》い譯《わけ》だ、男《をとこ》ぢやないか、と獨言《ひとりごと》を云《い》つて、ウンと元氣《げんき》を出《だ》して、力《りき》んでゐると、何時《いつ》の間《ま》にか、ふら〳〵として眠《ねむ》つて了《しま》つた。幾時間《いくじかん》寢《ね》たか知《し》らないけれど、恐《こわ》い夢《ゆめ》を見《み》たので、吃驚《びつくり》して眼《め》を

覺《さ》まして、様子《やうす》を見《み》ると夜半《よなか》らしい。附近《あたり》は森《しん》としてゐる。凝《じつ》と息《いき》を殺《ころ》してゐると、やがて後方《うしろ》の壁《かべ》から、スーと音《おと》をさせて、男《をとこ》が一人《ひとり》現《あらは》れた。現《あらは》れた男《をとこ》は、金《きん》の前《まへ》に立《た》つて、『拙者《せつしや》は此《この》うしろの大臣《だいじん》の御邸《おやしき》から、唯今《たゞいま》貴公《こう》を迎《むか》ひに參《まゐ》つた。大臣《だいじん》が一寸《ちよいと》貴公《こう》に會《あ》ひたいから、一緒《しよ》に伴《つ》れて來《く》るやうに、と仰《おつ》しやつた。サア、御案内《ごあんない》を致《いた》すから、一緒《しよ》に御出《おいで》なされ、』と云《い》ふ。

金《きん》は夢《ゆめ》を見《み》るやうな心持《こゝろもち》で、其男《そのをとこ》に伴《つ》れられて、大臣《だいじん》の邸《やしき》と云《い》ふのへ往《ゆ》くと大臣《だいじん》は金《きん》を近《ちか》く呼《よ》んで、『貴公《きこう》を呼《よ》んだのは、他《ほか》ではない。實《じつ》は吾輩《わがはい》のところに女子《むすめ》が一人《ひとり》ある。その女子《むすめ》を貴公《きこう》の嫁《よめ》に貰《もら》つてもらひたい、と云《い》ふ相談《さうだん》ぢやが貴公《きこう》の考《かんが》えはどうぢや。吾輩《わがはい》の賴《たの》みを聞《き》いて呉《く》れるぢやらうな、』と思《おも》ひもよらぬ相談《さうだん》である。

『畏《かしこ》まりました、』と金《きん》は答《こた》へた。全然《まるで》天《てん》から牡丹餅《ぼたもち》で墜《お》ちて、口《くち》へ飛込《とびこ》んだやうな、旨《うま》い話《はなし》である。餘《あま》り嬉《うれ》しいので、金《きん》は茫乎《ぼんやり》して了《しま》つて、口《くち》も利《き》けなくて、唯頭《たゞあたま》ばかりひよこ／＼下《さ》げてゐると、直《す》ぐに其場《そのば》で、平安道《へいあんだう》の郡長《ぐんちやう》にしてやる、との大臣《だいじん》の言葉《ことば》である。

其《それ》から直《す》ぐに、金《きん》は部下《ぶか》を大勢《おほぜい》引率《ひきつ》れて、平安道《へいあんだう》の郡役所《ぐんやくしよ》のあるところへ、威勢《ゐせい》よく乗込《のりこ》むと、郡役所《ぐんやくしよ》の方《はう》では、新《あたら》しい郡長様《ぐんちやうさま》がお出《い》でなされる、と云《い》ふので、役人《やくにん》どもが殘《のこ》らず出迎《でむか》ひをして、其《それ》から直《す》ぐに歡迎會《くわんげいくわい》を開《ひら》いて、金《きん》に御《と》馳走《ちそう》をする。金《きん》は上座《じやうざ》について、どんな御馳走《ごちそう》があるのかと思《おも》つて、列《なら》べてある御膳《おぜん》の上《うへ》を見渡《みわた》すと、澤山何《たくさんなに》やかや有《あ》る中《なか》に、自分《じぶん》の一番好《ばんす》きな串柿《くしがき》が一皿《さら》ある。此《これ》は結構《けつこう》だ、早速頂戴《さつそくちやうだい》してやらうと云《い》つて、指《ゆび》でつまんで口《くち》へ入《い》れて、ピチャ／＼やつてゐると、不意《だしぬけ》に後方《うしろ》が騒《さわ》がしく成《な》つて、『狂人《きちがひ》だ、きちがひだ、』と怒鳴《どな》つて、笑《わら》ふ聲《こゑ》が聲《きこ》えた。

金《きん》は吃驚《びつくり》して、振返《ふりかへ》つて見《み》ると、昨日《きのふ》の夕方《ゆふがた》一緒《しよ》に酒《さけ》を呑《の》んだ友人《ともだち》であつた。金《きん》が化物屋敷《ばけものやしき》へ出掛《でか》けて行《い》つたきり、夜《よ》が明《あ》けても、お晝《ひる》に成《な》つても歸《かへ》つて來《こ》ないので、友人《ともだち》どもは甚《ひど》く心配《しんぱい》をして、屹度《きつと》獨脚伊《トツカビー》に殺《ころ》されたのだらうと思《おも》つて、誘合《さそひあ》つて一緒《しよ》に尋《たづ》ねて來《き》た。そして門《もん》を潜《くゞ》つて、家《いへ》の中《うち》へ入《はい》つて見《み》ると、驚《おどろ》いた、金《きん》の奴《やつ》が無我夢中《むがむちう》に成《な》つて、馬《うま》の糞《くそ》をしやぶつてゐる。『オイ／＼、』と聲《こゑ》をかけて見《み》たが、金《きん》は一向平氣《かうへいき》でゐるので、『狂人《きちがひ》だ、きちがひだ、』と怒鳴《どな》つた。其《それ》でも金《きん》は、まだ氣《き》がつかない。

氣短《きみじか》い男《をとこ》が、最《も》う堪《たま》らなく成《な》つて、『馬《うま》の糞《くそ》なんぞ食《く》ふ奴《やつ》があるか、』と怒鳴《どな》つて、金《きん》を蹴飛《けとば》して、金《きん》が手《て》に摑《つか》んでゐる馬《うま》の糞《くそ》を叩《たゝ》きおとした。

『何《なに》を失敬《しつけい》な、』と金《きん》は怒《おこ》つて、『郡長樣《ぐんちやうさま》に無禮《ぶれい》をすると、承知《しやうち》しないぞ、』と云《い》つた。

『何《なに》を云《い》つてるのだ、』と友達《ともだち》が笑《わら》ふ。

『吾輩《わがはい》は平安道《へいあんだう》の郡長《ぐんちやう》に成《な》つて、今日此處《けふこゝ》で歡迎會《くわんげいくわい》に招《よ》ばれて、今御馳走《いまごちそう》を食《た》べてゐるところだ。貴公《きこう》たちは、此處《こゝ》へ何《なに》をしに來《き》た。串柿《くしがき》を馬《うま》の糞《くそ》だなんて失敬《しつけい》なことを云《い》ふと、幾《いく》ら友人《ともだち》でも、其《その》まゝぢや置《お》かないぞ、』と叱《しか》るやうに金《きん》が云《い》つた。

其《それ》を聞《き》いて友人《ともだち》どもは、可笑《おかし》くもあり氣《き》の毒《どく》でもあり、『マア、起《お》きて見《み》ろ、』と云《い》つて、金《きん》を引張起《ひつぱりおこ》して、『コレ、金公《きんこう》、氣《き》をつけなくちや可《い》けない。貴公《きこう》は郡長樣《ぐんちやうさま》ぢやないか。郡長樣《ぐんちやうさま》とも云《い》はれる者《もの》が、馬《うま》の糞《くそ》を食《く》つたりなんぞ、見《み》つともない、』と云《い》つて聞《き》かせて、無理《むり》に門《もん》の外《そと》まで引摺出《ひきずりだ》した。

金《きん》は門《もん》の柱《はしら》で頭《あたま》を打《う》つて、其處《そこ》ではじめて氣《き》がついて、友人《ともだち》と賭《かけ》をして、化《ばけ》物屋敷《ものやしき》へ泊《とま》りに行《い》つたことから、夜中《よなか》に變《へん》な奴《やつ》に出《で》られて化《ばか》されたことまで、悉皆《すつかり》思出《おもひだ》して了《しま》つた。何《なん》だか夢《ゆめ》から覺《さ》めたやうな心持《こゝろもち》がして、耻《はづか》しくて、極《きま》りが惡《わる》くて、下《した》を向《む》いて歩《ある》いてゐると、友人《ともだち》の口《くち》の惡《わる》い奴《やつ》が、金《きん》の肩《かた》を叩《たゝ》いて、『イヨー、平安道《へいあんだう》の郡長《ぐんちやう》どん、』『イヨー、獨脚伊《トツカビー》の郡長《ぐんちやう》どん、』とざん〱冷笑《ひやか》した。

卅七　狐《きつね》の裁判《さいばん》

餘《あま》り自分《じぶん》の力《ちから》を自慢《じまん》して、他人《ひと》を馬鹿《ばか》にしてゐると、決《けつ》して善《よ》いとはない。身體《からだ》ばかり大《おほ》きくて、力《ちから》が強《つよ》くても、智慧《ちゑ》が足《た》りないと、小《ちい》さい弱《よわ》い者《もの》に負《まか》される。狐《きつね》の裁判《さいばん》と云《い》ふ昔噺《むかしばなし》を聞《き》いて見《み》ると、そのことが能《よ》くわかる。

横着《わうちやく》な虎《とら》があつた。山《やま》の中《なか》で自分《じぶん》より豪《えら》い者《もの》は無《な》い、と云《い》つて、威張《ゐば》つて駈《かけ》廻《まわ》つて、見《み》つかり次《し》第地《だいはか》の動物《けだもの》を噛殺《かみころ》してゐると、到頭《たう〱》人間《にんげん》のこしらえて置《お》いた陥穽《おとしあな》の中《なか》へ、陥込《おちこ》つて了《しま》つた。サア、困《こま》つた。いくら虎《とら》でも、穴《あな》の底《そこ》にゐては、どうすることも能《でき》ぬ。虎《とら》を捕《と》るやうに、ちやんと巧《うま》く考《かんが》えて、人間《にんげん》がこしらえた陥穽《おとしあな》だから、どんなに虎《とら》が藻掻《もが》いたところで、駄《だ》の字《じ》に目《め》の字《じ》で、迚《とて》も出《で》ることは六《む》つかしい。

虎《とら》は愈々《いよ〱》困《こま》つて了《しま》つて、誰《だれ》かに頼《たの》んで出《だ》して貰《もら》はうと思《おも》つて、待《ま》つてゐると三日目《みつかめ》に樵夫《きこり》が通《とほ》りかゝつた。

『お父《とつ》さん、お父《とつ》さん、』と虎《とら》が呼《よ》んだ。

樵夫《きこり》は其《それ》を聞《き》いて、穴《あな》を覗《のぞ》いて見《み》ると、大《おほ》きな虎《とら》が眼《め》を光《ひか》らしてゐたので、吃驚《びつくり》して逃《に》げやうとする。

『吃驚《びつくり》しなくてもいゝ、何《なに》も恐《こわ》いことはない、』と云《い》つて、虎《とら》は樵夫《きこり》を呼止《よびと》めて

『お父《とつ》さん、お父《とつ》さん。どうぞ助《たす》けると思《おも》つて、私《わたし》を引出《ひきだ》して下《くだ》さい。運《うん》が惡《わる》くて、此穴《このあな》へ陷込《おちこ》んで、最《も》う三日《みつか》ばかり、何《なん》にも食《た》べずにゐるので、死《し》にかゝつてゐる虎《とら》です。後生《ごしやう》だから、助《たす》けて下《くだ》さい、』と泣《な》くやうに賴《たの》む。

『飛《と》んだことを云《い》ふぢやないか。虎《とら》を殺《ころ》すと云《い》ふことはあるけれども、助《たす》けると云《い》ふことは、まだ聞《き》いたことがない。助《たす》けてやるは容易《やす》い事《こと》だが、貴様《きさま》を助《たす》けると、乃公《おれ》の生命《いのち》が危險《あぶな》い。マア、止《よ》さう、』と樵夫《きこり》が云《い》つて、助《たす》けやうとしない。

『其《そ》んなことを云《い》はずに、引出《ひきだ》して下《くだ》さい。屹度《きつと》御《ご》恩《おん》は忘《わす》れません、決《けつ》して惡《わる》いことは致《いた》しません。助《たす》けて下《くだ》さる方《かた》は、私《わたし》の生命《いのち》の親《おや》です。どうして嚙附《かみつ》いたり、殺《ころ》したり能《で》きるものですか。可哀相《かあいさう》だと思《おも》つて、助《たす》けてやつて下《くだ》さい、』と云《い》つて、虎《とら》が手《て》を合《あは》せて拜《をが》む。

樵夫《きこり》は其《それ》を聞《き》いて、眞實《ほんと》に可哀相《かあいさう》だと思《おも》つて、『見殺《みごろ》しにするのも可哀相《かあいさう》だから、助《たす》けてやつてもいゝが、屹度《きつと》乃公《おれ》を食《く》はないか、』と問《と》ふ。

『屹度《きつと》其《そ》んなことは致《いた》しません、』と虎《とら》が云《い》ふ。

『宜《よろ》しい、助《たす》けてやらう、』と云《い》つて、樵夫《きこり》が虎《とら》を助《たす》けて出《だ》した。

すると虎《とら》は、直《すぐ》に樵夫《きこり》の前《まへ》に立塞《たちふさ》がつて、樵夫《きこり》を食《く》はうとする。

樵夫《きこり》は吃驚《びつくり》して、『貴様《きさま》は今何《いまなん》と云《い》つた。屹度《きつと》乃公《おれ》を食《く》ふやうなことはしないと云《い》つたぢやないか、』と云《い》ふ。

『冗談《じやうだん》云《い》つちや可《い》けない。眼《め》の前《まへ》に人間《にんげん》がゐるのを見《み》て、食《く》はずに置《お》く馬鹿《ばか》があるものか。最《も》う三日《みつか》も何《なに》も食《く》はずにゐたから、お腹《なか》が空《す》いて堪《たま》らない。折角《せつかく》助《たす》けて貰《もら》つても、お前《まへ》さんを食《く》はなくちや、矢張《やはり》死《し》んで了《しま》ふ、』と虎《とら》が云《い》ふ。

『貴様《きさま》は恩《おん》を知《し》らないか、』と樵夫《きこり》が云《い》ふ。

『恩《おん》を忘《わす》れるのは、世《よ》の中《なか》の道《みち》だ。お前《まへ》さんは、まだ其《それ》を知《し》らないのか、』と虎《とら》が反對《あべこべ》に問《と》ふ。

樵夫《きこり》は最《も》う困《こま》つて了《しま》つて、『其《それ》ぢや虎《とら》さん、誰《たれ》かに賴《たの》んで裁判《さいばん》をして貰《もら》はう。そして若《も》しお前《まへ》さんが勝《か》つたら、其時《そのとき》は私《わし》を食《た》べてもよい。お前《まへ》さんを助《たす》けてやつた代《かは》りに、どうぞ此《これ》だけ聞《き》いて下《くだ》さい、』と賴《たの》む。

虎《とら》は成程《なるほど》と思《おも》つて、『宜《よろ》しい、裁判《さいばん》をして貰《もら》はう、』と云《い》ふ。

其處《そこ》で樵夫《きこり》が、松木《まつのき》に裁判《さいばん》を賴《たの》んだ。

松木《まつのき》は虎《とら》と樵夫《きこり》の云《い》ふことを聞《き》いて、『其《それ》は無論《むろん》虎《とら》さんの勝《かち》だ、』と云《い》つて、『世《よ》の中《なか》で、何《なに》が一番恩《ばんおん》を知《し》らないかと云《い》ふと、人間《にんげん》が一番《ばん》だ。自分《じぶん》は此《これ》まで、暑《あつ》い日《ひ》に蔭《かげ》をこしらえて、やつたり、枯葉《かれは》を落《おと》してやつたり、どの位人間《くらゐにんげん》の爲《ため》に成《な》つたか知《し》れない。それだのに、今度《こんど》橋《はし》を懸《かけ》るとか云《い》つて、此下《このした》の村《むら》の者《もの》は、自《じ》分《ぶん》を切倒《きりたを》す相談《さうだん》をしてゐる。此喧嘩《このけんくわ》はどうしても虎《とら》さんが勝《かち》だ、』と裁判《さいばん》した。

虎《とら》は其《それ》を聞《き》いて、『どうだ、見《み》ろ、』と云《い》つて、樵夫《きこり》を食《く》はうとすると、樵夫《きこり》は其《それ》を止《と》めて、『虎《とら》さん、序《ついで》に今一度《ど》裁判《さいばん》させて下《くだ》さい。一遍《ぺん》だけでは安心《あんしん》が能《でき》ぬから、』と云《い》ふ。

『宜《よろ》しい、』と虎《とら》が承知《しやうち》をする。

樵夫《きこり》は其時《そのとき》そこを通《とほ》りかゝつた牛《うし》を呼止《よびと》めて、牛《うし》は屹度《きつと》人間《にんげん》の肩《かた》を持《も》つて呉《く》れるだらう、と思《おも》つて、裁判《さいばん》を頼《たの》むと、牛《うし》は虎《とら》と樵夫《きこり》の云《い》ふことを聞《き》いて、『其《それ》は虎《とら》さんの勝《かち》でせう。私《わたし》は久《ひさ》しく人間《にんげん》に使《つか》はれて、随分人間《ずゐぶんにんげん》の爲《ため》に働《はたら》いてやりました。其《それ》だのに、私《わたし》が年《とし》を取《と》つて、最《も》う若《わか》い時分《じぶん》のやうに役《やく》に立《た》たぬものだから、殺《ころ》して了《しま》はうとするのです。餘《あま》り悔《くや》しいから、今逃出《いまにげだ》して來《き》たところです、』と話《はな》して聞《きか》せた。

『ソレ、見《み》ろ、どうだ、』と虎《とら》が云《い》ふ。

『二度《ど》のことは三度《ど》、と云《い》ふことがあるから、今《も》一度《ど》だけ、是非《ぜひ》待《ま》つてやつて下《くだ》さい、』と樵夫《きこり》が云《い》つて、『其代《そのかは》りに、今度《こんど》もし負《ま》けたら、最《も》う何《なん》にも云《い》ひません、温順《をとなし》く食《く》はれますから、』と頼《たの》む。

『宜《よろ》しい、今《も》一度《ど》だけ待《ま》つてやらう、』と虎《とら》が云《い》ふ。

すると狐《きつね》が通《とほ》りかゝつた。

樵夫《きこり》と虎《とら》と裁判《さいばん》を頼《たの》む。狐《きつね》は暫《しばら》く考《かんが》えて、『實《じつ》にむつかしい裁判《さいばん》だ。今《いま》まで此《こ》んな裁判《さいばん》を、頼《たの》まれたことがない。虎《とら》さんの云《い》ふことにも道理《だうり》が有《あ》る、小父《をぢ》さんの方《はう》にも理屈《りくつ》が有《あ》る。此《これ》はどうしても、自分《じぶん》でよく見《み》なくては、裁判《さいばん》が能《でき》ない。虎《とら》さん、今《も》一度《ど》其穴《そのあな》へ入《い》つて見《み》て下《くだ》さい。そして小父《をぢ》さん、虎《とら》さんを引出《ひきだ》すところを、能《よ》く見《み》せて下《くだ》さい、』と云《い》ふ。

虎《とら》は成程《なるほど》と思《おも》つて、狐《きつね》の云《い》ふことを聞《き》いて、また元《もと》の陥穽《おとしあな》へ入《はい》る。樵夫《きこり》は其《その》穴《あな》の縁《ふち》に立《た》つて、中《なか》の方《はう》を見《み》て、『貴様《きさま》は何《なん》と云《い》つて、頼《たの》んだ。今《も》一度《ど》云《い》つて見《み》ろ、』と怒鳴《どな》る。

虎《とら》が穴《あな》の底《そこ》から、『サア、何方《どつち》が勝《かち》だ、』と問《と》ふ。

狐《きつね》は其《それ》を聞《き》いて、『乃公《おれ》には、此《こ》んな裁判《さいばん》は能《でき》ないから、喧嘩《けんくわ》に成《な》らぬやうに元《もと》の通《とほ》りにして置《お》かう。引張出《ひつぱりだ》したりなんぞ、餘計《よけい》なことをするから、喧嘩《けんくわ》に成《な》るのだ、』と云《い》つて、虎《とら》を打棄《うつちや》つて、樵夫《きこり》と一緒《しよ》に逃《に》げて了《しま》つた。

卅八　婚禮《こんれい》の夜《よる》

餘《あま》り智慧《ちゑ》の多《おほ》くない男《をとこ》が、婿入《むこいり》をした。

その婚禮《こんれい》の晩《ばん》に、家《うち》の者《もの》が寢靜《ねしづま》つた後《あと》で、嫁《よめ》さんが婿《むこ》さんの耳《みゝ》に口《くち》をあて、『此邊《このへん》では、婚禮《こんれい》のあつた次《つぎ》の日《ひ》には、近所《きんじよ》の方々《かたがた》を招《よ》んで、酒《さけ》を出《だ》して御馳走《ごちそう》をします、そのときには、お婿《むこ》さんは謠曲《うたひ》を一番《ばん》うたふことに、昔《むかし》から極《きま》つてゐます。明日《あす》は屹度《きつと》、皆《みんな》が貴郎《あなた》に謠曲《うたひ》を所望《しよまう》しますから、どうぞ上手《じやうず》にうたつて下《くだ》さい。』と話した。

婿《むこ》さんは其《それ》を聞《き》いて、『謠曲《うたひ》と云《い》ふのは、一體《たい》どんなことをするのですか。私《わし》はまだ謠曲《うたひ》と云《い》ふものを、一度《ど》も聞《き》いたことがない。』と云《い》ふ。

『眞實《ほんと》に、』と嫁《よめ》さんが吃驚《びつくり》する。

『眞實《ほんと》に知《し》らない。どうしたら可《い》いだらう、』と婿《むこ》さんが云《い》ふ。

『困《こま》りましたな。仕方《しかた》がありません、私《わたし》が敎《おし》へて上《あ》げませう。はじめの方《はう》を、少《すこ》しばかりでも記憶《おぼ》えてゐて、うたつて下《くだ》さい。今夜《こんや》一晩稽古《ひとばんけいこ》をしたら、節《ふし》だけぐらゐは、能《でき》ませう。宜《よ》う御座《ござ》いますか、私《わたし》がうたひますから、私《わたし》の云《い》ふ通《とほ》りに、眞似《まね》をしてください。』と云つて、嫁《よめ》さんが小《ちひ》さい奇麗《きれい》な聲《こゑ》を出《だ》して、

『松《まつ》の葉《は》靑《あを》きイ、』

とうたひはじめる。

すると婿《むこ》さんは、直《す》ぐに大《おほ》きい怒鳴聲《どなりごゑ》を出《だ》いて、

『松《まつ》の葉《は》靑《あを》きイ、』

とうたふ。

嫁《よめ》さんは吃驚《びつくり》して、あわてゝ婿《むこ》さんの手《て》を押《おさ》へて、『何故《なぜ》そんな大《おほ》きい聲《こゑ》をな

さるのですか、お靜《しづ》かになさい、』と云《い》つて叱《しか》る。

婿《むこ》さんは其眞似《そのまね》をして、嫁《よめ》さんの手《て》を押《おさ》へて、『何故《なぜ》そんな豪《えら》い聲《こゑ》を出《だ》すのですか、靜《しづ》かになさい、』と怒鳴《どな》りつけるやうに云《い》ふ。

『マア、呆《あき》れて了《しま》つた、』と云《い》ふ。

『マア、呆《あき》れて了《しま》つた、』と眞似《まね》をする。

『奥《おく》へ聞《きこ》えるぢやありませんか、』と云《い》ふ。

『奥《おく》へ聞《きこ》えるぢやありませんか、』と眞似《まね》をする。

其處《そこ》で嫁《よめ》さんは眞實《ほんと》に呆《あき》れて了《しま》つて、『馬鹿《ばか》々〱しい、』と怒《おこ》つたやうに云《い》ふと婿《むこ》さんは平氣《へいき》でまた、『馬鹿《ばか》々〱しい、』と眞似《まね》をする。餘《あま》り馬鹿《ばか》々〱しいので、嫁《よめ》さんは最《も》う堪《たま》らなく成《な》つて、婿《むこ》さんの口《くち》を押《おさ》へて、最《も》う澤山《たくさん》です、お止《よ》しなさい、』と云《い》ふ。

婿《むこ》さんは其《それ》を聞《き》いて、小《ちい》さい聲《こゑ》に成《な》つて、『最《も》う此位《このくらゐ》で澤山《たくさん》ですか、可《か》なり能《でき》ましたか、』と眞面目《まじめ》に問《と》ひかけた。

嫁《よめ》さんは默《だま》つて起《お》きて行《い》つて了《しま》つた。屹度《きつと》嫌《いや》に成《な》つて、婿《むこ》さんを追出《おひだ》す相談《さうだん》をしに行《い》つたのだらう、と思《おも》ふけれど、一緒《しよ》に附《つ》いて行《い》つて見《み》なかつたから、能《よ》くは判《わか》らない。けれども其次《そのつぎ》の日《ひ》には、婿《むこ》さんは最《も》う見《み》えなかつた。近所《きんじよ》からの御客《おきやく》も、到頭《たう〳〵》見《み》えなかつた。

卅九　書生《しよせい》の惡戯《いたづら》

町中《まちぢう》の盲目《めくら》が、毎月《まいつき》二度《ど》づゝ、お寺《てら》に集《あつま》つて、御經《おきやう》を讀《よ》むことがあつた。其《その》日《ひ》に限《かぎ》つて、他《ほか》の者《もの》は誰《たれ》も此《この》お寺《てら》へ入《はい》ることが能《でき》ない。盲目《めくら》の小僧《こぞう》が門番《もんばん》をして、門《もん》を閉《し》めて衞《まも》つてゐる。

惡戯書生《いたづらしよせい》が其《その》ことを聞《き》いて、一度《ど》其日《そのひ》にお寺《てら》の中《なか》へ忍込《しのびこ》んで、盲目《めくら》のすることを、能《よ》く見《み》てやらうと思《おも》つて、門《もん》の傍《わき》の屛《へい》を乘越《のりこ》えて、お寺《てら》の庭《には》へ下《お》りて、其《それ》からお寺《てら》の本堂《ほんだう》へ行《い》つて見《み》ると、盲目《めくら》が五十人《にん》ばかり集《あつま》つて、行儀《ぎやうぎ》よく列《なら》んで、御經《おきやう》を讀《よ》んでゐる。高《たか》いところに、鐘《かね》が一個《ひとつ》吊《つる》してあつて、盲目《めくら》の鐘敲坊主《かねうちばうず》が高《たか》い段《だん》の上《うへ》に坐《すわ》つてゐて、時々《ときどき》その鐘《かね》を叩《たた》く。

書生《しよせい》は其《それ》を見《み》て、一《ひと》つ惡戯《いたづら》をしてやらうと思《おも》つて、そつと柱《はしら》を傳《つた》つて、梁《はり》の上《うへ》まで登《のぼ》つて行《い》つて、鐘敲坊主《かねうちばうず》が鐘《かね》を打《う》たうとするときに、ひよいと其鐘《そのかね》を引張《ひつぱ》つた。坊主《ばうず》は手《て》が狂《くる》つて、うちそてなつたのだ、と思《おも》つて、今一度《ど》よく狙《ねら》つて打《う》つて見《み》たが、矢張《やはり》あたらない。ハテナと思《おも》つて、手《て》を延《のば》して探《さぐ》つて見《み》ると書生《しよせい》が鐘《かね》を放《はな》したから、鐘《かね》はちやんと元《もと》のところにある。今度《こんど》は大丈夫《だいぢやうぶ》だらうと思《おも》つて、また叩《たた》くと、書生《しよせい》がまた鐘《かね》を引張《ひつぱ》つたから、また宙《ちう》を打《う》つた。手《て》で探《さぐ》つて見《み》ると、鐘《かね》は何時《いつ》も元《もと》のところにあるけれども、叩《たた》いて見《み》ると何時《いつ》も中《あた》らない。愈々此《いよいよこれ》は不思議《ふしぎ》だと思《おも》つて、『何《なん》だか變《へん》だ。』と云《い》ひだした。

『どうしたのだ、』と他《ほか》の盲目《めくら》が問《と》ふ。

「鐘《かね》が無《な》くなつた、」と云《い》つて、鐘敲坊主《かねうちばうず》が今《いま》までのことを話《はな》す。

『其《それ》ぢや蝙蝠《かうもり》に成《な》つて、壁《かべ》に附《つ》いてゐるかも知《し》れない、』と一人《ひとり》が云出《いひだ》すと、皆《みんな》が其《それ》を聞《き》いて、「さうかも知《し》れない、」と云《い》ふ。

其《それ》では探《さが》して見《み》やう、と云《い》ふので盲目《めくら》が一人《ひとり》残《のこ》らず立《た》つて、兩手《りやうて》をのばして、壁《かべ》を撫《な》でゝ見《み》るけれども、何處《どこ》にもゐない。

『ひよつとしたら、鷄《にはとり》に化《な》つて、梁《はり》の上《うへ》に止《とま》つてゐるかも知《し》れない、』と一人《ひとり》が云出《いひだ》すと、皆《みんな》が其《それ》を聞《き》いて、「屹度《きつと》さうだらう。棒《ぼう》を持《も》つて來《き》て、探《さぐ》つて見《み》やう、」と云《い》ふ。

其《それ》から大勢《おほぜい》の盲目《めくら》が、各々《めい〱》棒《ぼう》を持《も》つて來《き》て、梁《はり》の上《うへ》を探《さぐ》ると、何《なに》か棒《ぼう》に障《さわ》るものがある。『ゐたぞ、ゐたぞ。サア、叩《たゝ》け、突《つゝ》け、』と云《い》つて、盲目《めくら》が叩《たゝ》いたり突《つゝ》いたりする。書生《しよせい》は餘《よ》程《ほど》辛抱《しんばう》してゐたけれど、無暗《むやみ》に叩《たゝ》かれて、到頭《たう〱》我慢《がまん》しきれなくなつて、梁《はり》の上《うへ》から墜《お》ちた。大《おほ》きい音《おと》がしたので、盲目《めくら》が吃驚《びつくり》して、押着《おしつ》けて見《み》ると、脚《あし》は二本《ほん》だけれど、手《て》もあれば、頭《あたま》もあつて、衣服《きもの》を着《き》た人《にん》間《げん》であつたから、『此野郎《このやらう》、甚《ひど》い惡戲《いたづら》をしあがつた、』と云《い》つて、大勢《おほぜい》で撲《なぐ》つたり蹴飛《けとば》したりして、門《もん》の外《そと》へ追出《おひだ》して了《しま》つた。

書生《しよせい》は散々《さん〲》な目《め》に遇《あ》つて、悔《くや》しくて堪《たま》らぬから、今度《こんど》は盲目《めくら》をおどかしてやらう、と思《おも》つて、麻繩《あさなわ》の細《ほそ》いのを持《も》つて、また其《その》お寺《てら》へ忍込《しのびこ》んで、便所《はゞかり》の中《なか》の下《した》の方《はう》に隱《かく》れてゐた。暫《しばら》く待《ま》つてゐると、老人《としより》の盲目《めくら》が、入《はい》つて來《き》た。書生《しよせい》は持《も》つて來《き》た麻繩《あさなわ》で輪《わ》をこしらへて、不意《だしぬけ》に盲目《めくら》の睾丸《きんたま》を縛《しば》つて引張《ひつぱ》つた。盲目《めくら》は膽《きも》を潰《つぶ》して、『助《たす》けて、助《たす》けて、助《たす》けてくれ、』と怒鳴《どな》る。他《ほか》の盲目《めくら》が其《それ》を聞《き》いて、飛《と》んで來《く》る。

何《なん》でも鬼《おに》が出《で》たのに相違《ちがひ》ない、と思《おも》つて、鐘《かね》を叩《たゝ》いたり、太鼓《たいこ》を鳴《なら》したり、御念佛《おねんぶつ》を唱《とな》へたり、御呪咀《おまじなひ》をしたり、お寺《てら》の中《なか》は引《ひつ》くりかへるやうな騒動《おほさわぎ》になつた。

四〇　新舌切雀《しんしたきりすゞめ》

昔《むかし》むかし、其《その》むかし、兄《あに》と弟《おとうと》と隣《となり》あつて棲《す》んでゐた。兄《あに》の方《はう》は金滿家《かねもち》の癖《くせ》に評判《ひやうばん》の吝嗇坊《けちんばう》で、誰《だれ》も相手《あひて》にして呉《く》れる者《もの》がない。弟《おとうと》の方《はう》は評判《ひやうばん》の正直者《しやうぢきもの》で、人情《なさけ》深《ぶか》くて、信心者《しんじんもの》で、人《ひと》に賞《ほ》められ、可愛《かあい》がられてゐたけれど、福《ふく》の神樣《かみさま》に見放《みはな》されでもしたものか、働《はたら》いても、働《はたら》いても、困《こま》るばかりで、何時《いつ》も貧乏《びんばふ》をして、其日《そのひ》の食《た》べるものさへ無《な》いことが時々《ときどき》ある。其《そ》んな時《とき》には、隣家《となり》の兄《あに》のところへ行《い》つて、お米《こめ》を少《すこ》しばかりでも可《い》いから、明日《あす》まで貸《か》して呉《く》れ、と賴《たの》んで見《み》るけれども、吝嗇坊《けちんばう》の兄《あに》は嫌《いや》な顔《かほ》をして、たゞの一遍《べん》でも、貸《か》して呉《く》れたことがない。仕方《しかた》が無《な》いと諦《あき》らめて、食《た》べずに我慢《がまん》をする。決《けつ》して兄《あに》を怨《うら》むやうなことはない、珍《めづら》しい正直《しやうぢき》な男《をとこ》であつた。

此《こ》んな貧乏者《びんぼうもの》でも、鳥《とり》の眼《め》には金満家《かねもち》にでも見《み》えたのか、燕《つばめ》が一疋《ぴき》飛込《とびこ》んで來《き》て、軒《のき》の下《した》に巣《す》をこしらへた。暫《しばら》くすると、巣《す》の中《なか》の卵《たまご》から可愛《かあい》い雛《ひな》が五六疋《ぴき》飛出《とびだ》した。親《おや》が毎日《まいにち》餌《ゑ》を探《さが》して來《き》て、雛《ひな》に食《た》べさせる。雛《ひな》はだん／＼大《おほ》きく成《な》つたけれど、小《ちい》さい巣《す》の中《なか》に、餘《あま》り大勢《おほぜい》ゐて時々《ときどき》喧嘩《けんくわ》をするものだから、危《あぶ》なくて仕様《しやう》がない。到頭《たうとう》一疋《ぴき》溢《こぼ》れて、地面《ぢめん》に墜《お》ちて、脚《あし》を折《を》つて了《しま》つた。

弟《おとうと》は其《それ》を見《み》て、可哀相《かあいさう》だと思《おも》つて、其墜《そのお》ちた雛《ひな》の脚《あし》の折《を》れたところに、藥《くすり》をつけてやつて、其《それ》から其上《そのうへ》を糸屑《いとくず》で縛《しば》つて、また元《もと》の巣《す》へ返《かへ》してやつた。そして又《また》其《そ》んなことが有《あ》つては、可哀相《かあいさう》だと云《い》つて、巣《す》から雛《ひな》が溢《こぼ》れても、地《ち》に墜《お》ちるやうなことの無《な》いやうに、其巣《そのす》の下《した》に棚《たな》をこしらえて置《お》いた。其時《そのとき》から雛《ひな》は最《も》う墜《お》ちないで、皆大《みんなおほ》きく成《な》つて、怪我《けが》をした雛《ひな》の脚《あし》も、奇麗《きれい》に治《なを》つて、秋《あき》に成《な》つてから、皆揃《みんなそろ》つて暖《あたゝ》かい國《くに》の方《はう》へ飛《と》んで行《い》つて了《しま》つた。

其次《そのつぎ》の年《とし》に、燕《つばめ》がまた一疋飛込《ぴきとびこ》んで來《き》て、軒《のき》の下《した》でバタ〳〵騷《さわ》ぐ。弟《おとうと》が出《で》て見《み》ると、その燕《つばめ》が口《くち》に銜《くは》えてゐた物《もの》を落《おと》して、飛《と》んで行《い》つて了《しま》つた。拾《ひろ》つて見《み》ると、瓢《ひさご》の種子《たね》であつた。

弟《おとうと》は其《それ》を見《み》て『珍《めづら》しい奇麗《きれい》な種子《たね》だ。ハヽア、乃公《おれ》が去年脚《きよねんあし》を療治《れうぢ》してやつたから、其御禮《そのおれい》の積《つもり》で、此種子《このたね》を持《も》つて來《き》て呉《く》れたのだな。成程《なるほど》さうだ、判《わか》つた。鳥《とり》だつて、矢張恩《やはりおん》と云《い》ふことを、知《し》つてゐて、去年《きよねん》のことを忘《わす》れないで、訪《たづ》ねて來《き》てくれた。可愛《かあい》らしいものだ。何《なん》だか知《し》らないけれど、マア、試《ため》しに植《う》えて見《み》やう。』と云《い》つて、其種子《そのたね》を畑《はたけ》の隅《すみ》に植《う》えた。

すると其種子《そのたね》から、瓢《ひさご》が芽《め》を出《だ》して、蔓《つる》がだん〳〵延《の》びて、やがて見事《みごと》な瓢《ひさ》簞《ご》が生《な》つた。素晴《すば》らしい大《おほ》きい瓢簞《ひさご》で、一個《ひとつ》採《と》ると家《うち》の者《もの》ばかりでは、とても食《た》べきれない。他人《ひと》に配《わ》けてやつたり、町《まち》へ持《も》つて行《い》つて賣《う》つたりした。秋《あき》に成《な》つてから、乾《かは》かして種子《たね》を取《と》らうと思《おも》つて、一個《ひとつ》採《と》つて割《わ》つて見《み》ると驚《おどろ》いた、中《なか》から種々《いろ〳〵》のものが飛出《とびだ》した。

弟《おとうと》は吃驚《びつくり》して、飛退《とびの》いて眺《なが》めてゐると、其瓢簞《そのひようたん》の中《なか》から、出《で》るとも、出《で》るとも、黄金《きん》の小判《こばん》が飛出《とびだ》す、衣類《きもの》が飛出《とびだ》す、御馳走《ごちそう》が飛出《とびだ》す、おしまひには、大《だい》工《く》が飛出《とびだ》して、見《み》てゐる中《うち》に、殿様《とのさま》のお屋敷《やしき》見たやうな、奇麗《きれい》な家《うち》をこしらへて呉《く》れた。

隣家《となり》の兄《あに》は、其《それ》を見《み》て膽《きも》を潰《つぶ》して、弟《おとうと》のところへ飛《と》んで來《き》て、理由《わけ》を問《たづ》ねると、弟《おとうと》が少《すこ》しも隱《かく》さずに、何《なに》もかも話《はな》した。

兄《あに》は其《それ》を聞《き》いて『知《し》らなかつた、全《まつた》く知《し》らなかつた。其《そ》んなことを知《し》つてゐたら、乃公《おれ》も燕《つばめ》に宿《やど》を貸《か》してやるだつた。毎年々々《まいとし〳〵》燕《つばめ》が來《く》るけれども、糞《くそ》を落《おと》されるのが嫌《いや》だから、何時《いつ》も追拂《おつぱら》つてゐた。眞實《ほんと》に惜《をし》いことをした、殘念《ざんねん》だ、』

と云《い》つて、歸《かへ》つて行《い》つた。

其次《そのつぎ》の年《とし》に、燕《つばめ》の來《く》る頃《ころ》に成《な》ると、兄《あに》は自分《じぶん》で巣《す》をこしらえて、燕《つばめ》の入《はい》るのを毎日待《まいにちま》つてゐるけれども、一疋《ぴき》も近寄《ちかよ》つて來《こ》ない。棒《ぼう》を持《も》つて追廻《おひまわ》して見《み》ても、皆逃《みんなに》げて了《しま》ふ。仕方《しかた》が無《な》いから、網《あみ》を高《たか》く張《は》つて、燕《つばめ》を一疋捕《ぴきと》つて、故意《わざ》と石《いし》に叩《たゝ》きつけで、片脚《かたあし》を打折《ぶちを》つた。燕《つばめ》が痛《いた》くて啼《な》くのを見《み》て、『アヽ、痛《いた》いだらう、可哀相《かあいさう》だ。お待《ま》ちなさい、直《す》ぐに藥《くすり》をつけて、直《なを》してあげるから、能《よ》く記憶《おぼ》えて置《お》いて、來年《らいねん》に成《な》つたら、瓢《ひさご》の種子《たね》を持《も》つて來《き》てくれよ、』と云《い》つて聞《き》かせて、藥《くすり》を塗《ぬ》つてやつて、糸屑《いとくず》で縛《しば》つて、巣《す》の中《なか》へ入《い》れて、毎日食物《まいにちたべもの》をやつてゐると、四五日《にち》經《た》つ中《うち》に、脚《あし》が治《なを》つて、燕《つばめ》は何處《どこ》かへ飛《と》んで行《い》つて了《しま》つた。其《それ》から其次《そのつぎ》の年《とし》に成《な》ると、今度《こんど》は燕《つばめ》の方《はう》から飛込《とびこ》んで來《き》て、瓢《ひさご》の種子《たね》を落《おと》して行《い》つた。

植《う》えると、矢張瓢簞《やはりひさご》が生《な》つた。

兄《あに》は其《それ》を見《み》て、喜《よろこ》んだの、喜《よろこ》ばないのぢやない。天《てん》へでも登《のぼ》つたやうな心持《こゝろもち》に成《な》つて、一個《ひとつ》採《と》つて食《た》べて見《み》ると、驚《おどろ》いた、苦《にが》くて、苦《にが》くて、食《た》べた後《あと》三日《みつか》ばかりも苦《にが》かつた。

秋《あき》に成《な》つてから、また一個《ひとつ》採《と》つて割《わ》つて見《み》ると、吃驚《びつくり》した、豪《えら》いものが飛出《とびだ》した。蛇《へび》が出《で》る、百足蟲《むかで》が出《で》る、蚯蚓《みゝず》が出《で》る、芋蟲《いもむし》が出《で》る、乞食《こじき》が出《で》る、坊主《ばうず》が出《で》る、その次《つぎ》には大入道《おほにふだう》が飛出《とびだ》して、兄《あに》を毆《なぐ》つて、毆《なぐ》つて、毆《なぐ》りすえて、脚《あし》も腰《こし》も立《た》たなくして了《しま》ふ。慾張《よくばり》の兄《あに》は、其《それ》でも一番《ばん》おしまひには、屹度《きつと》黄金《きん》の小判《こばん》が出《で》るだらうと思《おも》つて、我慢《がまん》をしてゐると、今度《こんど》は黄色《きいろ》い臭《くさ》いものが、瓢《ひさ》簞《ど》の口《くち》からどんどんと瀧《たき》のやうに流《なが》れだして、見《み》てゐる中《うち》に、兄《あに》の家《うち》は糞《くそ》だらけに成《な》つて了《しま》つた。

『まだ欲《ほ》しいか、』と大入道《おほにふだう》が怒鳴《どな》りつける。

慾張《よくばり》の兄《あに》も愈々《いよいよ》降參《かうさん》して了《しま》つて、『御免《ごめん》なさい、御免《ごめん》なさい、助《たす》けて下《くだ》さい、赦《ゆる》して下《くだ》さい、』と云《い》つて謝罪《あやま》つた。

すると大入道《おほにふだう》も何《なに》もかも、悉皆《すつかり》消えて了《しま》つた。生命《いのち》だけは助《たす》かつたけれども其時《そのとき》から兄《あに》はだん〳〵貧乏《びんぼふ》に成《な》つた。やがて病氣《びやうき》をして死《し》んで了《しま》つた。

四一　嘘《うそ》百圓《ひやくゑん》

昔《むかし》むかし、どんなことが有《あ》つても、他人《ひと》に欺《だま》されたことがない、と云《い》つて、何時《いつ》も威張《ゐば》つてゐる、智慧自慢《ちゑじまん》の大臣《だいじん》があつた。

『誰《だれ》でも嘘《うそ》の話《はなし》をして、うまく乃公《おれ》を欺《だま》せる者《もの》があつたら、褒美《はうび》に百圓《ひやくゑん》やらう、』と此大臣《このだいじん》が云《い》つたのを聞《き》いて、彼方《あち》からも、此方《こち》からも、色《いろ》んな人《ひと》が來《き》て、色《いろ》んな話《はなし》をして見《み》るけれども、大臣《だいじん》がどうしても欺《だま》されない。來《く》る者《もの》も、來《く》る者《もの》も、骨折損《ほねをりぞん》の疲勞儲《くたびれまうけ》をして、失望《がつかり》して歸《かへ》る。

此大臣《このだいじん》の門番《もんばん》の男《をとこ》が其《それ》を聞《き》いて、『マア、あきれ返《かへ》つて了《しま》つた。來《く》る奴《やつ》も、來《く》る奴《やつ》も、皆《みんな》やり損《そこな》つて、一人《ひとり》も百圓《ひやくゑん》の褒美《はうび》が貰《もら》へないと云《い》ふのは何《なん》のことだ、眞實《ほんと》に情《なさけ》ない奴《やつ》ばかりだ、どうして此《こ》んなに馬鹿者《ばかもの》ばかりか、世《よ》の中《なか》に揃《そろ》つてゐるだらう。』と云《い》つた。

玄關番《げんくわんばん》が其《それ》を聞《き》いて、『何《なん》だ、門番《もんばん》の癖《くせ》に、生意氣《なまいき》なことを云《い》ふな。口先《くちさき》ばかり、豪《えら》いことを云《い》つても、貴樣《きさま》に大臣《だいじん》が欺《だま》せるか。』と云《い》つて、笑《わら》つた。

『欺《だま》せるとも、大臣《だいじん》ぐらゐ欺《だま》せなくて、此門番《このもんばん》の役目《やくめ》が勤《つと》まるものか。貴樣見《きさまみ》たやうな、間抜《まぬけ》の玄關番《げんくわんばん》とは違《ちが》ふ。』と門番《もんばん》が威張《ゐば》つた。

『ぢや賭《かけ》をしやう。負《ま》けたものが、頭《あたま》を三《みつ》つ叩《たゝ》かれるとしやう。』と玄關番《げんくわんばん》が云《いひ》出《だ》した。

『宜《よろ》しい。』と云《い》つて、門番《もんばん》が大臣《だいじん》のところへ往《い》つて、『私《わたくし》のやうな者《もの》にでも、矢張百圓下《やはりひやくゑんくだ》さるので御座《ござ》いませうか。』と問《と》ふた。

『ア、、やるとも、欺《だま》せたら屹度《きつと》やる。併《しか》し、貴様《きさま》に其《そ》んなうまい話《はなし》ができるか、』と云《い》つて、大臣《だいじん》が馬鹿《ばか》にしてゐる。

『マア、お聞《き》き下《くだ》さい、』と門番《もんばん》が云《い》つて、『昨日《きのふ》私《わたくし》が大勢《おほぜい》の友達《ともだち》と一緒《しよ》に、稽古場《けいこば》で弓《ゆみ》の稽《けい》古《こ》を致《いた》してをりますと、空《そら》の方《はう》に高《たか》く、雁《かり》が一羽《は》飛《と》んで行《ゆ》くのが見《み》えました。あの雁《かり》を一《ひと》矢《や》で射落《いおと》した者《もの》があつたら、皆《みんな》で奢《おご》らうぢやないか、と誰《たれ》かが云出《いひだ》すと、皆《みんな》が賛成《さんせい》を致《いた》します。其處《そこ》で私《わたくし》が其雁《そのかり》をねらつて、矢《や》を放《はな》ちますと、どうで御座《ござ》いませう、雁《かり》が頸《くび》を射貫《いぬき》されて、落《お》ちて參《まゐ》りました。そこで約束通《やくそくどほ》りに、友人《ともだち》どもが奢《おご》つて呉《く》れましたが、櫻桃《ゆすら》が一番美味《ばんおいし》う御座《ござ》いました。その大《おほ》

きさが、茶碗《ちやわん》ぐらゐ御座《ござ》いまして、』と話《はな》して、大臣《だいじん》の顔《かほ》を見《み》る。

『嘘《うそ》を申《まを》すな、こりや、如何《いか》に大《おほ》きいと云《い》つても、茶碗《ちやわん》のやうな櫻桃《ゆすら》があるものか、』と大臣《だいじん》が咎《とが》める。

『其《それ》はちと申《まを》しすぎましたけれども、酒盃程《さかづきほど》で御座《ござ》いました、』と門番《もんばん》が云《い》ふ。

『それも嘘《うそ》ぢや、』と大臣《だいじん》が云《い》ふ。

『樫《かし》の實《み》ぐらゐ、』と門番《もんばん》が云直《いひなを》す。

『さうぢやらう。其《それ》が眞實《ほんと》ぢや。そして、その櫻桃《ゆすら》がどうぢや。とんと欺《だま》されさうにもないぞ、』と大臣《だいじん》が威張《ゐば》る。

『ところが、最《も》う欺《だま》されてゐらつしやいます、』と門番《もんばん》が云《い》ふ。

『何《なん》ぢや、』と大臣《だいじん》が吃驚《びつくり》する。

『能《よ》くお考《かんが》えなさいませ。雁《かり》は秋渡《あきわた》る鳥《とり》、櫻桃《ゆすら》は夏熟《なつじゆく》するものでは御座《ござ》いませんか、』と門番《もんばん》が云《い》ふ。

其《それ》を聞《き》いて、大臣《だいじん》は膝《ひざ》を叩《たゝ》いて、『失敗《しま》つた、うまくやられた、』と云《い》つて、百《ひやく》圓渡《ゑんわた》して呉《く》れた。其處《そこ》で門番《もんばん》は、百圓《ひやくゑん》の褒美《はうび》を貰《もら》つた上《うへ》に、玄關番《げんくわんばん》の頭《あたま》を三《みつ》つ撲《なぐ》つた。

四二　打出小槌《うちでのこづち》

昔《むかし》むかし其《その》むかし、ずつと昔《むかし》の其《その》むかしに、金《きん》と云《い》つて兄《あに》と弟《おとうと》が有《あ》つた。弟《おとうと》の方《はう》は、大層金滿家《たいそうかねもち》で、藏《くら》が二十も三十も、屋敷《やしき》の周圍《まわり》にずらりと並《なら》んで、何《なに》一《ひと》つ不足《ふそく》の無《な》い身分《みぶん》でありながら、性來《うまれつき》の吝嗇坊《けちんばう》で、朝《あさ》から晩《ばん》まで、お金《かね》を溜《た》めることばかり考《かんが》えて、唯《たゞ》の一度《ど》も神樣《かみさま》に御參詣《おまゐり》をしたことも無《な》い。神樣《かみさま》に御《お》參詣《まゐり》をしない位《くらゐ》だから、他人《ひと》に物《もの》を惠《めぐ》むやうなとは、話《はなし》に聞《き》くのも嫌《いや》である。兄《あに》はまた珍《めづら》しい正直者《しやうぢきもの》の、賞《ほ》められ者《もの》であつたけれど、どうしたものか、貧之《びんばう》ばかりしてゐて、年《ねん》が年中《ねんぢう》、樂《らく》をしたことがない。弟《おとうと》の隣《となり》に、他人《ひと》の畑《はたけ》の隅《すみ》を少《すこ》しばかり貸《か》して貰《もら》つて、其處《そこ》に見《み》すぼらしい藁小屋《わらごや》を建《た》てゝ、小屋《こや》の周圍《まわり》に桑樹《くはのき》を二三本《ぼんう》植えて、春《はる》は蠶《かひこ》を飼《か》ふ、秋《あき》は木《き》を拾《ひろ》ひに行《ゆ》く、仕事《しごと》の無《な》いときは他人《ひと》に雇《やと》はれて、賃錢《ちんせん》を貰《もら》つて暮《くら》してゐた。其《それ》でも困《こま》る時《とき》は、弟《おとうと》の家《うち》へお金《かね》を借《か》りにゆく。けれども吝嗇坊《けちんぼう》の弟《おとうと》だから、中々《なか〳〵》貸《か》して吳《く》れない。お終《しまひ》には兄《あに》が來《く》ると、何處《どこ》かへ逃《に》げて隱《かく》れて了《しま》ふやうに成《な》つた。

兄《あに》は愈々《いよ〳〵》貧乏《びんぼう》して了《しま》つで、最《も》う蠶《かひこ》の種《たね》を買《か》ふことも、能《でき》ぬやうに成《な》つた。仕《し》方《かた》が無《な》いから、弟《おとうと》の家《うち》へ行《い》つて、蠶《かひこ》の種《たね》を少《すこ》し分《わ》けて吳《く》れ、と賴《たの》んで見《み》た。

弟《おとうと》は大層《たいそう》困《こま》つた。お金《かね》を借《か》りに來《き》たのなら、今丁度《いまちやうど》持合《もちあは》せがないとか、少《すこ》し都合《つがふ》が惡《わる》いとか、何《なん》とか云《い》つて、巧《うま》く謝絕《ことわ》るのだけれど、蠶種《かひこだね》を少《すこ》し分《わ》けて吳《く》れ、後《あと》で倍《ばい》にして返《かへ》すから、幾程《いくら》でも可《い》いから分《わ》けて吳《く》れ、と賴《たの》んで來《き》たのだから、分《わ》けてやらぬと云《い》ふ譯《わけ》に行《ゆ》かぬ。澤山《たくさん》あるのだから、無《な》いと云《い》つて、嘘《うそ》を吐《つ》くことも能《で》きぬ。分《わ》けてやりたくはなし、謝絕《ことわ》るにも謝絕《ことわ》りきれず、ハテ困《こま》つたことが出來《でき》た。どうしたら、可《い》いだらう、と種々《いろ〱》に考《かんが》えて見《み》たが、どうも善《よ》い智慧《ちゑ》が出《で》ない。今夜《こんや》一晩《ひとばん》眠《ねむ》らずに考《かんが》えたら、屹度《きつと》考《かんが》えだすだらう、と思《おも》つて、『宜《よろ》しい、分《わ》けてあげやう。今日《けふ》は急《いそ》がしいから、明日《あす》また來《き》て下《くだ》さい、』と云《い》つて、兄《あに》を歸《かへ》した。

兄《あに》が歸《かへ》つた後《あと》で、弟《おとうと》は氣分《きぶん》が惡《わる》いと云《い》つて、直《ぢき》に床《とこ》の中《なか》へ潜込《もぐりこ》んで、寢《ね》て了《しま》つた。眠《ねむ》たく成《な》つたから、寢《ね》たのではない。兄《あに》を欺《だま》す工夫《くふう》を考《かんが》える爲《ため》に、寢《ね》たので、寢《ね》てゐて一度《ど》でも御飯《ごはん》を食《た》べずに濟《す》ませば、其方《そのはう》が得《とく》だと考《かんが》えた。何《なに》しろ大變《たいへん》なことに、成《な》つて了《しま》つた。眞實《ほんと》に嫌《いや》な兄《あに》だ。やつと金《かね》を借《か》りに來《こ》なく成《な》つたと思《おも》つて、安心《あんしん》してゐたら、今度《こんど》は蠶種《かひこだね》を貰《もら》ひに來《き》た。貧乏神《びんぼうがみ》に取《とり》つかれてゐる奴《やつ》のことだから、分《わ》けてやつたら、最《も》う返《かへ》して呉《く》れる氣遣《きづかひ》はない。一度《ど》だけなら、少《すこ》し位《くらゐ》分《わ》けてやつても、可《い》いけれど、一度《ど》分《わ》けてやると、其《それ》が癖《くせ》に成《な》つて、來年《らいねん》もまた來《く》るに極《きま》つてゐる。此《これ》は是非《ぜひ》とも、何《なん》とかして謝絶《ことわ》らなくては成《な》らぬ。若《も》し謝絶《ことわ》ることが能《でき》ないとしたら、此次《このつぎ》から最《も》う來《こ》ないやうに、仕懸《しか》けてやらねば成《な》らぬ。ハテ、困《こま》つて了《しま》つた。眞實《ほんと》に弱《よわ》つた。どうしたら、可《い》いだらうと、御飯《ごはん》も食《た》べずに、床《とこ》の中《なか》で考《かんが》えた。そして考《かんが》えて、考《かんが》えて、夜《よ》中頃《なかごろ》に成《な》つて、到頭巧《たうくうま》いことを考《かんが》えだした。

『さうだ、蒸《む》すのだ。蒸《む》して、蒸《む》して、蠶種《かひこだね》を悉皆《すつかり》蒸殺《むしころ》して、一疋《ぴき》ずつ生《うま》れないやうに爲《し》て了《しま》つて、兄《あに》に渡《わた》してやらう。兄《あに》の奴《やつ》も屹度《きつと》懲々《こりごり》して、最《も》う此《これ》から貰《もら》ひに來《こ》ぬやうに成《な》る。さうだ、成程《なるほど》、此《これ》は巧《うま》い工夫《くふう》だ、此《これ》に越《こ》したことはない、』と獨言《ひとりごと》を云《い》つて、弟《おとうと》は其《それ》から直《すぐ》に飛起《とびお》きて、湯《ゆ》を沸《わか》して、蠶種《かひこだね》を蒸《む》して、蒸《む》して、悉皆《すつかり》蒸殺《むしころ》して了《しま》つて、其《それ》から其《それ》を乾《かは》かして、夜《よ》の明《あく》るまでに、悉皆《すつかり》乾《かは》かして了《しま》つて、兄《あに》の來《く》るのを待《ま》つてゐると、やがて兄《あに》がやつて來《き》た。

『濟《す》まないが、少《すこ》しでも可《い》いから、分《わ》けて呉《く》れ、』と兄《あに》が云《い》ふ。

『ア、、宜《い》いとも。今日《けふ》は兄《にい》さんが來《き》なさるだらうと思《おも》つて、今善《いまい》いのを選《よ》つてゐた。サア、此《これ》をお持《も》ちなさい。ナニ、遠慮《ゑんりよ》することはない。蠶種《かひこだね》ぐらゐなら、何時《いつ》でも分《わ》けてあげる。返《かへ》して呉《く》れなくても可《い》い』と云《い》つて、弟《おとうと》は何喰《なにく》はぬ顔《かほ》をして、蒸殺《むしころ》した蠶種《かひこだね》を出《だ》してやつた。

兄《あに》は其《それ》を聞《き》いて、全《まつた》く驚《おどろ》いた。何時《いつ》も嫌《いや》な顔《かほ》ばかりして見《み》せる吝嗇坊《けちんばう》の奴《やつ》が今日《けふ》は大層御世辭《たいそうおせじ》がよくて、少《すこ》しで可《い》いと云《い》ふのに、澤山分《たくさんわ》けて呉《く》れた。實《じつ》に不思議《ふしぎ》なことだ、と思《おも》つたけれど、蒸殺《むしころ》してあると云《い》ふことは、少《すこ》しも知《し》らないから、眞實《ほんと》の蠶種《かひこだね》だと思《おも》つて、大層御禮《たいそうおれい》を云《い》つて、喜《よろこ》んで持《も》つて歸《かへ》つた。其《それ》から其蠶種《そのかひこだね》を大事《だいじ》にして吊《つる》して置《お》くと、暫《しばら》くしてから蠶《かひこ》が生《うま》れた。

ところが不思議《ふしぎ》なことには、たつた一疋生《ぴきうま》れたきりで、後《あと》は何《なん》にも出《で》ない。そして其《その》一疋生《ぴきうま》れたのが、普通《あたりまへ》の蠶《かひこ》ではない。馬鹿《ばか》に大《おほ》きい、見《み》てゐる中《うち》にずん〳〵大《おほ》きく成《な》る。桑《くわ》を食《く》はせて飼《か》つておくと、十日《とうか》ばかりの中《うち》に牛《うし》のやうに大《おほ》きく成《な》つて、屋敷《やしき》の桑樹《くわのき》を悉皆食《すつかりた》べて了《しま》つた。兄《あに》は愈々《いよ〳〵》驚《おどろ》いて了《しま》つた。村《むら》の物識《ものしり》に聞《き》いて見《み》ると、此《これ》は蠶《かひこ》の王樣《わうさま》と云《い》ふものださうで、此蟲《このむし》一疋《ぴき》飼《か》はうものなら、一生樂《しやうらく》が能《でき》ると。昔《むかし》から云《い》つてある。大事《だいじ》にして飼《か》ふがよい、と云《い》つて聞《き》かせた。

兄《あに》は此蟲《このむし》を大事《だいじ》にして飼《か》つてゐると、やがて奇麗《きれい》な繭《まゆ》に成《な》つて、其繭《そのまゆ》からやがて奇麗《きれい》な蝶々《てふ〳〵》が出《で》た。兄《あに》は大層喜《たいそうよろこ》んで、番《ばん》をしてゐると、此蝶々《このてふ〳〵》がひら〳〵と飛出《とびだ》した。サア、大變《たいへん》だ。此《これ》まで骨折《ほねを》つて飼《か》つたものを、今《いま》に成《な》つて逃《に》げられて堪《たま》るものか、と思《おも》つて、兄《あに》は一生懸命《しやうけんめい》その跡《あと》を追《を》ふて行《ゆ》く。蝶々《てふ〳〵》はひらひらひらと、何處《どこ》までも何處《どこ》までも、山《やま》の奧《おく》へ飛《と》んでゆく。到頭日《たう〳〵ひ》が暮《く》れて、蝶《てふ》々に逃《に》げられて了《しま》つた。

兄《あに》は失望《がつかり》して了《しま》つた。無暗《むやみ》に蝶々《てふ〳〵》の後《あと》ばかり追《を》ふで來《き》たのだから、全然方角《まるではうがく》が分《わか》らない。歸《かへ》らうと思《おも》つて、彼方此方《あちこち》彷徨《うろつ》いてゐる中《うち》に、廣《ひろ》い野《の》へ出《で》た。最《も》うお腹《なか》が空《す》いて、脚《あし》が棒《ぼう》のやうに成《な》つて、歩《ある》くことが能《でき》ない。仕方《しかた》が無《な》いから此處《こゝ》に泊《とま》つて、明日《あす》歸《かへ》ることにしやうと思《おも》つて、大《おほ》きい岩《いは》の陰《かげ》の草《くさ》の上《うへ》に横《よこ》に成《な》つて、夜《よ》の明《あ》けるのを待《ま》つてゐた。すると疲勞《くたび》れてゐるので、何時《いつ》の間《ま》にか寢込《ねこ》んで了《しま》つた。

何《なん》だか騷《さわ》がしいので、吃驚《びつくり》して眼《め》を覺《さ》まして見《み》ると、自分《じぶん》の臥《ね》てゐる後方《うしろ》の岩《いは》の上《うへ》で、誰《だれ》か大勢來《おほぜいき》て、大騷《おほさわぎ》をしてゐる。大分《だいぶ》夜《よ》が更《ふ》けたと見《み》えて、柳《やなぎ》の葉《は》見《み》たやうな月《つき》が、東《ひがし》の空《そら》に出《で》てゐる。そつと頭《あたま》を擡上《もちあ》げて、覗《のぞ》いて見《み》ると驚《おどろ》いた。虎《とら》の皮《かは》の褌《ふんどし》をした鬼《おに》が大勢《おほぜい》で、岩《いは》の上《うへ》で踊《をど》つてゐるのであつた。青鬼《あをおに》もゐれば、赤鬼《あかおに》もゐる。其中《そのうち》に、小《ちい》さな槌《つち》を手《て》に持《も》つてゐる鬼《おに》が一疋《ぴき》ゐる。

『サア、御馳走《ごちさう》にしやうぢやないか、』と大將《たいしやう》らしい鬼《おに》が云《い》ふ。皆《みんな》が踊《をどり》を止《や》めて、圓《まる》く環《わ》に成《な》つて坐《すわ》る。槌《つち》を持《も》つてゐる鬼《おに》が、中央《まんなか》に立《た》つて

『サア、望《のぞ》んだ、望《のぞ》んだ、』と怒鳴《どな》る。

『酒《さけ》だ、酒《さけ》だ、』と青鬼《あをおに》が望《のぞ》む。

『乃公《おれ》は餅《もち》だ、』と赤鬼《あかおに》が望《のぞ》む。

『よし來《き》た、』と云《い》つて、槌《つち》を持《も》つた鬼《おに》が、其槌《そのつち》を振上《ふりあ》げて、『酒出《さけで》ろ、酒出《さけで》ろ、酒出《あけで》ろ、』と怒鳴《どな》つて、打出《うちだ》す眞似《まね》をすると、酒《さけ》の樽《たる》が幾個《いくつ》も、幾個《いくつ》も出《で》る。今《こん》度《ど》はまた、『餅出《もちで》ろ、』と三度《ど》怒鳴《どな》つて、打出《うちだ》す眞似《まね》をすると、餅《もち》の皿《さら》が幾個《いくつ》も、幾個《いくつ》も飛出《とびだ》した。

兄《あに》は其《それ》を眺《なが》めて、成程《なるほど》これが話《はなし》で聞《き》いてゐた、打出小槌《うちでのこづち》と云《い》ふものだらう。眞實《ほんと》に便利《べんり》な、調法《てうはふ》な、都合《つがふ》のいゝ、面白《おもしろ》いものだ。此《こ》んなものを一個《ひとつ》持《も》つてさへゐたら、貧乏《びんばう》をせずに濟《す》む。どうにかして、貰《もら》へないのか知《し》ら、と慾張《よくば》つたことを考《かんが》えて、そつと眺《なが》めてゐると、鬼《おに》どもが各々《めい〱》勝手《かつて》に酒《さけ》を飲《の》んだり、餅《もち》を食《く》つたりして騷ぐ。

暫《しばら》くすると、夜《よ》が明《あ》けさうに成《な》つて來《き》た。

『サア、夜《よ》が明《あ》けかゝつた。愚圖《ぐづ》々々《ぐ》してゐると、大變《たいへん》だ。早《はや》く、はやく、』と大將《たいしやう》らしい鬼《おに》が聲《こゑ》をかけると、他《ほか》の鬼《おに》が皆《みんな》一緒《しよ》に立上《たちあが》つて、急《いそ》いで何處《どこ》かへ去《い》つて了《しま》つた。

兄《あに》はお腹《なか》が空《す》いて仕《し》やうが無《な》いから、鬼《おに》の食殘《たべのこ》した餅《もち》でも、拾《ひろ》つて食《た》べやうと思《おも》つて、岩《いは》の上《うへ》へ登《のぼ》つて見《み》ると、岩《いは》の上《うへ》は苔《こけ》ばかりで、餅《もち》を食《く》つたやうな痕《あと》も無《な》い。よく見《み》ると、岩《いは》の中央《まんなか》に穴《あな》があつて、其穴《そのあな》の中《なか》に小槌《こづち》が置《お》いてある。此槌《このつち》があの面白《おもしろ》い槌《つち》だつたか知《し》ら、と思《おも》つて、『餅出《もちで》ろ、餅出《もちで》ろ、餅出《もちで》ろ、』と三度《どど》怒鳴《どな》つて、打出《うちだ》す眞似《まね》をして見《み》ると、驚《おどろ》いた、眞實《ほんと》に餅《もち》が出《で》た。食《た》べて見《み》ると、馬鹿《ばか》に美味《おいし》い。お腹《なか》が好工合《いゝあひ》に成《な》つて、脚《あし》に力《ちから》が附《つ》いた。

兄《あに》は此槌《このつち》を持《も》つて歸《かへ》つて、何《なん》でも欲《ほ》しい物《もの》を打出《うちだ》して、一寸《ちよつと》の間《ま》に、豪《えら》い金《かね》滿家《もち》に成《な》つた。慾張《よくばり》の弟《おとうと》は其《それ》を見《み》て、毎日《まいにち》〳〵兄《あに》の家《うち》へ來《き》て、色《いろ》んな物《もの》を打出《うちだ》して貰《もら》ふ。兄《あに》は弟《おとうと》の云《い》ふ通《とほ》りに、何《なん》でも打出《うちだ》してやる。其《それ》でも弟《おとうと》はまだ氣《き》が濟《す》まないで、自分《じぶん》も其打出小槌《そのうちでのこづち》を拾《ひろ》ひたく成《な》つた。そして兄《あに》から話《はなし》を聞《き》いて、兄《あに》の眞似《まね》をして見《み》たいから、蠶種《かひこだね》を蒸殺《むしころ》して呉《く》れと云出《いひだ》した。

『そんな馬鹿《ばか》なことをして見《み》たつて、拾《ひろ》へるもんぢや無《な》い。欲《ほ》しいものは、何《なん》でも乃公《おれ》が打出《うちだ》してやるから、其《そ》んなに慾張《よくば》らなくても、可《い》いぢやないか。餘《あま》り慾張《よくば》つてゐると、碌《ろく》なことはない、』と兄《あに》が云《い》つて聞《き》かせる。

『何《なん》でもいゝから、蠶種《かひこだね》を蒸殺《むしころ》して下《くだ》さい、』と云《い》つて、弟《おとうと》がどうしても聞《き》かない。

仕方《しかた》が無《な》いから、兄《あに》が蠶種《かひこだね》を蒸殺《むしころ》してやる。弟《おとうと》が其《それ》を吊《つる》して置《お》くと、やがて蠶《かひこ》が生《うま》れた。矢張《やはり》たつた一疋《ぴき》生《うま》れたのだけれど、普通《あたりまへ》の蟲《むし》で、少《すこ》しも大《おほ》きく無《な》い。暫《しばら》くすると、繭《まゆ》に成《な》つて、其繭《そのまゆ》から蝶々《てふてふ》が出《で》た。弟《おとうと》が番《ばん》をしてゐると、其《その》蝶々《てふてふ》が飛出《とびだ》した。ひら／＼と飛《と》んで、山《やま》の方《はう》へ飛《と》んでゆく。

『しめた、大丈夫《だいぢやうぶ》だ、巧《うま》いぞ、』と云《い》つて、弟《おとうと》が其後《そのあと》について行《ゆ》くと、山《やま》の奥《おく》で日《ひ》が暮《く》れて、蝶々《てふてふ》が見《み》えなく成《な》つた。其《それ》から彼方此方《あちこち》彷徨《うろつ》いて、野《の》の中《なか》へ出《で》て岩《いは》の下《した》まで來《く》ると、最《も》う悉皆疲勞《すつかりくたび》れて寢《ね》て了《しま》つた。暫《しばら》くすると、附近《あたり》が騷《さわ》がしくなる。眼《め》を覺《さ》まして見《み》ると、驚《おどろ》いた、赤鬼《あかおに》と青鬼《あをおに》と自分《じぶん》を取卷《とりま》いてゐる。

『此野郎《このやらう》に違《ちが》ひない、』と大將《たいしやう》らしい鬼《おに》が云《い》ふ。

『太《ふて》え野郎《やらう》だ。能《よ》くも小槌《こづち》を盜《ぬす》んだな。サア、返《かへ》せ。返《かへ》さぬなら、引裂《ひきさ》いて了《しま》ふぞ、』と家來《けらい》の鬼《おに》が怒鳴《どな》る。

『御免《ごめん》なさい、御免《ごめん》なさい。盜《ぬす》んだのぢやありません。盜《ぬす》んだ者《もの》の話《はなし》を聞《き》いて拾《ひろ》はうと思《おも》つて、來《き》たばかりです、』と弟《おとうと》が謝罪《あやま》る。

大將《たいしやう》らしい鬼《おに》が其《それ》を聞《き》いて、『何《なん》だ、拾《ひろ》はうと思《おも》つて來《き》た。眞實《ほんと》に貴樣《きさま》は、太《ふて》え野郎《やらう》だ。オイ／＼、此《こ》んな奴《やつ》を赦《ゆる》してやると、また來《く》るかも知《し》れないから、懲々《こり／＼》するやうに、此野郎《このやらう》の鼻《はな》を引張《ひつぱ》つてやれ、』と家來《けらい》に云《い》ひつけた。

家來《けらい》の鬼《おに》が、弟《おとうと》の鼻《はな》を摘《つま》んで引張《ひつぱ》ると、飴《あめ》のやうにずん／＼延《の》びて、見《み》てゐる中《うち》に、三間《げん》ばかりの長《なが》さに成《な》つた。他《ほか》の鬼《おに》が其《それ》を見《み》て、皆《みんな》で手《て》を叩《たゝ》いて笑《わら》つた。

弟《おとうと》は長《なが》い鼻《はな》をぶら下《さ》げて、戻《もど》つて來《き》たけれど、他人《ひと》に見《み》られるのが愧《はづ》かしくて、到頭病氣《たう〱びやうき》に成《な》つて、死《し》んで了《しま》つた。

兄《あに》の家《うち》は唯《たゞ》もう金《かね》が殖《ふ》えるばかりであつたけれと、兄《あに》が死《し》んで、兄《あに》の子《こ》が死んで、其子《そのこ》の子《こ》が大馬鹿者《おほばかもの》で、打出小槌《うちでのこづち》を粗末《そまつ》にして、犬《いぬ》の糞《くそ》を打出《うちだ》したり、猫《ねこ》の糞《くそ》を打出《うちだ》したりしたので、其時《そのとき》から何《なに》も出《で》ないやうに成《な》つて了《しま》つた。今《いま》では何處《どこ》にどう成《な》つてゐるやら、其小槌《そのこづち》の在《あ》るところも分《わか》らない。

四三　乞食《こじき》の大將《たいしやう》

昔《むかし》むかし兄弟兩人《きやうだいふたり》の童子《こども》があつた。兄《あに》が十歳《さい》で、弟《おとうと》か八歳《さい》であつた。或日《あるひ》のこと、親爺《おやぢ》が此兩人《このふたり》に留守居《るすゐ》をさせて、用《よう》たしに出《で》て、歸《かへ》つて來《き》て見《み》ると、棚《たな》の上《うへ》の高《たか》いところに、先刻《さつき》まで有《あ》つた壺《つぼ》の中《なか》の飴《あめ》が、大層少《たいそうすくな》く成《な》つてゐる。吃《きつ》度《と》鼠《ねづみ》にでも盜《ぬす》まれたのだらうと思《おも》つて、最初《はじめ》のうちは、氣《き》にかけなかつたが、此《こ》んなことが幾度《いくど》もあつたので、親爺《おやぢ》も後《あと》では、ひよつとしたら子供《こども》の仕事《しごと》ではあるまいか、と氣《き》がついた。其《それ》にしても、高《たか》い處《ところ》に在《あ》るものを、どうして甜《な》めるだらう。壺《つぼ》は少《すこ》しも動《うご》いてゐないのに、中《なか》の飴《あめ》だけ減《へ》るのは不思議《ふしぎ》だ。一《ひと》つ試《ため》して見《み》やう、と思《おも》つて、また或日《あるひ》のこと、他所《よそ》行《ゆき》の衣服《きもの》に着更《きか》へて、子供《こども》兩人《ふたり》に留守居《るすゐ》を賴《たの》んで、外《そと》へ出《で》る風《ふう》をして見《み》せて、生垣《いけがき》の後方《うしろ》に隱《かく》れて、そつと家《うち》の樣子《やうす》を覗《のぞ》いてゐた。

暫《しばら》くすると、『アヽ、空腹《ひもじ》く成《な》つた。飴《あめ》でも甜《な》めやうか。』と兄《あに》が云出《いひだ》す。弟《おとうと》が贊成《さんせい》をする。親爺《おやぢ》は其《それ》を見《み》て、成程《なるほど》、矢張《やはり》さうだつた。併《しか》し、どうして飴《あめ》を取《と》るだらうと思《おも》つて、氣息《いき》を殺《ころ》して見《み》てゐると、兩人《ふたり》が帶《おび》を解《と》いて、繋《つな》ぎ合《あは》せて其帶《そのおび》の端《はし》に火箸《ひばし》を縛《しば》りつけて、棚《たな》の上《うへ》へ投《な》げる。うまい工合《ぐあひ》に、火箸《ひばし》が壺《つぼ》の中《なか》へ入《はい》る。其《それ》から帶《をび》を引張《ひつぱ》ると、飴《あめ》が火箸《ひばし》に着《つ》いて落《お》ちてくる。兩人《ふたり》が其《それ》をなめる。また火箸《ひばし》を投《な》げる、帯《おび》を引張《ひつぱ》る、飴《あめ》が着《つ》いてくる、兩人《ふたり》がなめる。親爺《おやぢ》は堪《たま》らなく成《な》つて、其處《そこ》へ飛込《とびこ》んできて、兩人《ふたり》を撲《なぐ》つて、とう〳〵追出《おひだ》して了《しま》つた。

追出《おひだ》された子供《こども》は、仕方《しかた》が無《な》いので、乞食《こじき》の仲間《なかま》へ入《はい》つた。兩人《ふたり》とも智慧《ちゑ》が多《おほ》くて、物《もの》を盗《ぬす》むことが上手《じやうず》であつたから、半年《はんとし》も經《た》たないうちに、乞食《こじき》の大《たい》將《しやう》に成《な》つた。

子供《こども》が乞食《こじき》の大將《たいしやう》に成《な》つてゐる、と云《い》ふことが、國中《くにぢう》の大評判《おほひやうばん》に成《な》ると、大《だい》臣《じん》が其《その》ことを聞《き》いて、兄《あに》の方《はう》を呼《よ》んだ。

『貴様《きさま》の名《な》は何《なん》と云《い》ふか、』と問《たづ》ねられる。

『一枝梅《しばい》と申《まを》します、』と答《こた》へる。

『コレ、一枝梅《しばい》、貴様《きさま》たちは兄弟《きやうだい》で乞食仲間《こじきなかま》へ入《はい》つて、大將《たいしやう》をしてゐると聞《き》いたが、さうに違《ちが》ひないか、』と大臣《だいじん》が問《たづ》ねる。

『違《ちが》ひ御座《ござ》いません、』と一枚梅《しばい》が答《こた》へる。

『貴様《きさま》は立派《りつぱ》な人間《にんげん》のやうに見《み》えるが、どうして乞食《こじき》の大將《たいしやう》に成《な》つて、他人《ひと》の物《もの》を盗《ぬす》むやうなことを致《いた》すか、』と大臣《だいじん》が問《たづ》ねる。

『家《うち》を追出《おひだ》されましたので、仕方《しかた》がありません、』と一枚梅《しばい》が云《い》ふ。

『貴様《きさま》は物《もの》を盗《ぬす》むことが、大層《たいそう》うまいと云《い》ふ評判《ひやうばん》ぢやが、どの位《くらゐ》うまいか、話《はな》せ、』と問《たづ》ねられる。

『どの位《くらゐ》と云《い》ふことは、一寸申《ちよいとまを》されません。併《しか》し、世《よ》の中《なか》に有《あ》る物《もの》でさへあれば、どんな物《もの》でも、どんな處《ところ》に在《あ》つても、私《わたくし》に盗《ぬす》めないことはありません、』と一枚梅《しばい》が話《はな》す。

大臣《だいじん》は其《それ》を聞《き》いて、驚《おどろ》いて了《しま》つて、『貴様《きさま》は豪《えら》い盗賊《どろぼう》ぢやな、怪《け》しからん奴《やつ》ぢや。貴様《きさま》のやうな奴《やつ》を活《いか》して置《お》いたら、どんな事《こと》を爲《す》るか知《し》れたもんぢやない併《しか》し、貴様《きさま》が眞實《ほんと》に盗賊《どろぼう》が巧《うま》いなら、一《ひと》つ試《ため》して見《み》てやらう。乃公《おれ》の腰《こし》に下《さ》げてゐる、この銀粧《ぎんづくり》の刀《かたな》を、乃公《おれ》の知《し》らぬやうに、うまく盗《ぬす》んで見《み》よ。若《も》し其《それ》が能《でき》たら、此《これ》までのことは許《ゆる》してやる、其上《そのうへ》に褒美《はうび》をやらう。そんな名人《めいじん》を殺《ころ》すのは、惜《をし》いことぢや。若《も》し其《それ》が能《でき》なかつたら、殺《ころ》して了《しま》ふから、屹度《きつと》さう思《おも》へ、』と大臣《だいじん》か云渡《いひわた》した。

『宜《よろ》しう御座《ござ》います、心得《こゝろえ》ました。其《それ》では屹度《きつと》盗《ぬす》んで見《み》せますから、日《ひ》を限《かぎ》つて下《くだ》さい。』と一枝梅《しばい》が願《ねが》つた。

『七日《なぬか》までと致《いた》して置《お》く。』と大臣《だいじん》が云《い》つて、一枝梅《しばい》を歸《かへ》した。

其《それ》からと云《い》ふものは、大臣《だいじん》は寢《ね》ても起《お》きても、刀《かたな》を放《はな》さないやうにしてゐる一日《にち》經《た》ち、二日《ふつか》經《た》ち、三日《みつか》四日《よつか》五日《いつか》六日《むいか》と經《た》つて、七日目《なぬかめ》の朝《あさ》に成《な》つたけれども、何《なん》のことはない。大臣《だいじん》は最《も》う安心《あんしん》して了《しま》つた。あの一枝梅《しばい》と云《い》ふ奴《やつ》は、口《くち》先でばかり豪《えら》さうなことを云《い》つたけれど、とんと駄目《だめ》な奴《やつ》ぢや。乃公《おれ》が此《こ》んなに氣《き》をつけて、一寸《ちよつと》も刀《かたな》を放《はな》さぬから、愈々《いよ／＼》閉口《へいこう》して了《しま》つて、思切《おもひき》つたと見《み》える。乞食《こじき》なんぞに、碌《ろく》な奴《やつ》はゐない。よし〱、今《いま》に取捕《とつつか》まへて、打殺《ぶちころ》してやる、と獨言《ひとりごと》を云《い》つてゐる。

乞食《こじき》の大將《たいしやう》の一枝梅《しばい》は、大臣《だいじん》が愈々《いよ〱》安心《あんしん》して、油斷《ゆだん》をして、今日《けふ》は役所《やくしよ》から歩《ある》いて歸《かへ》るだらうと思《おも》つて、奇麗《きれい》な着物《きもの》に着換《きか》へて、顔《かほ》の半分《はんぶん》に墨《すみ》を薄《うす》く塗《ぬ》つて、老人《としより》の乞食《こじき》を一人《ひとり》伴《つ》れて、大臣《だいじん》の歸《かへ》つて來《く》るのを待《ま》つてゐる。

夕方《ゆふがた》に成《な》つて、大臣《だいじん》が道《みち》の中央《まんなか》を歩《ある》いて歸《かへ》つて來《く》ると、道《みち》の曲角《まがりかど》のところで、奇麗《きれい》な衣服《きもの》を着《き》た小供《こども》と、襤褸《ぼろ》を着《き》た老人《としより》の乞食《じき》と、しきりに怒鳴《どな》り合《あ》つて、喧嘩《けんくわ》をしてゐる。何《なに》か物《もの》の奪合《とりあひ》をしてゐるらしい。見《み》てゐる中《うち》に、小供《こども》の方《はう》が負《ま》ける。乞食《こじき》は汚《きたな》い手《て》で、小供《こども》の横面《よこつら》を撲《なぐ》る。小供《こども》が泣《な》いて逃《に》げるのを、乞食《こじき》が杖《つゑ》を振上《ふりあ》げて追駈《おつか》ける。小供《こども》は大臣《だいじん》の方《はう》へ駈《かけ》て來《き》て、大臣《だいじん》に抱《だ》きつく。大臣《だいじん》は可哀相《かあいさう》だと思《おも》つて、子供《こども》を片腕《かたうで》で抱《だ》いて、片《かた》手《て》を伸《のば》して、乞食《こじき》を抑《おさ》へる。乞食《こじき》はブツ／＼云《い》つて、行《い》つて了《しま》ふ。小供《こども》も啜泣《すゝりなき》しながら、異《ちが》つた方《はう》へ駈《か》けて行《ゆ》く。

大臣《だいじん》は家《うち》に歸《かへ》つて、刀《かたな》を藏《しま》はうと思《おも》つて、腰《こし》のところを探《さぐ》つて見《み》ると、吊《つる》してゐたと思《おも》つた刀《かたな》がない。先刻《さつき》一枝梅《しばい》が泣《な》く小供《こども》の眞似《まね》をして、大臣《だいじん》に抱付《だきつ》いた時《とき》、盜《ぬす》んで了《しま》つたのだから、有《あ》る筈《はず》がない。其《そ》んなことには氣《き》がつかないから、大臣《だいじん》は屹度《きつと》役所《やくしよ》に忘《わす》れて置《お》いて來《き》たのだらうと思《おも》つて、直《す》ぐに役所《やくしよ》へ使者《つかひ》を遣《や》つて、探《さが》させて見《み》たが、矢張《やはり》無《な》い。仕方《しかた》が無《な》い、明日《あす》役所《やくしよ》へ出《で》てから、能《よ》く探《さが》すことにしやうと思《おも》つて、安心《あんしん》して其晩《そのばん》よく眠《ねむ》つて、翌朝早《よくあさはや》く眼《め》を覺《さま》すと誰《だれ》か門《もん》を敲《たゝ》く者《もの》がある。やがて門《もん》の開《あ》く音《おと》がすると、取次《とりつぎ》の者《もの》が來《き》て、「一枝梅《しばい》とか申《まを》します乞食《こじき》が參《まゐ》りまして、大臣《だいじん》に差上《さしあ》げて下《くだ》さい、』と申《まを》しまして、此《これ》を差出《さしだ》しました、』と云《い》つて、絹《きぬ》の風呂敷《ふろしき》に包《つゝ》んだものを、大臣《だいじん》の前《まへ》に差出《さしだ》した。

大臣《だいじん》は其《それ》を見《み》て、ハテナと思《おも》つて、急《いそ》いで開《あ》けて見《み》ると、失《な》くなつた銀粧《ぎんづくり》の刀《かたな》であつた。其《それ》で全《まつた》く降參《かうさん》して了《しま》つて、一枝梅《しばい》を赦《ゆる》してやつた上《うへ》に、約束《やくそく》の褒美《はうび》を渡《わた》した。

四四　虎《とら》と喇叭手《らつぱしゆ》

喇叭手《らつぱしゆ》の若《わか》い男《をとこ》が、酒《さけ》を飲《の》み過《す》ぎて、醉拂《よつぱら》つて、樹《き》の下《した》に仆《たふ》れて、いゝ心持《こゝろもち》に成《な》つて、睡《ねむ》つてゐるところへ、虎《とら》が來《き》た。

虎《とら》は此男《このをとこ》の寢《ね》てゐるのを見《み》て、久《ひさ》しぶりに御馳走《ごちそう》を食《た》べる、此《こ》んな嬉《うれ》しいことはない、と思《おも》つて、そつと近寄《ちかよ》つて、嗅《か》いで見《み》ると驚《おどろ》いた、酒《さけ》の香氣《にほひ》がぷん〳〵して、鼻《はな》が痛《いた》いやうな心持《こゝろもち》がした。

虎《とら》と云《い》ふものは、人間《にんげん》を食《た》べるのは大好《だいす》きであるけれども、醉拂《よつぱら》ひの睡《ねむ》つてゐるのは嫌《きら》ひである。其處《そこ》で、どうにかして此男《このをとこ》の眼《め》を覺《さ》ましてやらうと思《おも》つて、虎《とら》は近《ちか》くの河《かは》へ行《い》つて、尾《しつぽ》を水《みづ》へ突込《つきこ》んで、また元《もと》のところへ戻《もど》つて來《き》て濡《ぬ》れた尾《しつぽ》の尖《さき》で、睡《ねむ》つてゐる男《をとこ》の顏《かほ》を撫《な》でた。

喇叭手《らつぱしゆ》は顏《かほ》を撫《な》でられて、好心持《いゝこゝろもち》で鼾《いびき》をかく。

虎《とら》はまた河《かは》へ行《い》つて、尾《しつぽ》を濡《ぬ》らして來《き》て、今《も》一度《ど》その男《をとこ》の顏《かほ》を撫《な》でると、男《をとこ》が夕立《ゆふだち》に遇《あ》つた夢《ゆめ》を見《み》て、眼《め》を覺《さま》した。眼《め》を覺《さま》して見《み》ると、吃驚《びつくり》した。夕立《ゆふだち》どころぢやない、大變《たいへん》な御客樣《おきやくさま》が來《き》て、自分《じぶん》を食《た》べやうと思《おも》つて、起《おこ》して下《くだ》さつたのであつた。サア、大變《たいへん》だ。逃《に》げたところで、迚《とて》も逃延《にげのび》ることは能《でき》ない。喧《けん》嘩《くわ》をするにしても、鐵砲《てつぱう》もなければ、刀《かたな》も槍《やり》も棍棒《こんぼう》もない。喇叭《らつぱ》一個《ひとつ》ではどうすることも能《でき》ないので、今《も》一度《ど》睡《ねむ》つた風《ふう》をして、虎《とら》を欺《だま》して置《お》いて、何《なに》か巧《うま》いことを考《かんが》へ出《だ》さうと思《おも》つて、また鼾《いびき》をかいて、睡《ねむ》つた風《ふう》をして見《み》せた。

虎《とら》はまた河《かは》へ行《い》つた。

虎《とら》が行《い》つた後《あと》で、男《をとこ》は種々《いろ〳〵》に考《かんが》えて、ひよいと巧《うま》いことを考《かんが》えついて、喇叭《らつぱ》を手《て》に握《にぎ》つて、虎《とら》の來《く》るのを待《ま》つてゐる。

虎《とら》は其《そ》んなことゝは、少《すこ》しも知《し》らないから、今度《こんど》はどうでも、男《をとこ》を起《おこ》してやらうと思《おも》つて、尾《しつぽ》の尖《さき》で男《をとこ》の顔《かほ》を撫《な》でゝ、其《それ》から頸《くび》のあたりまで撫廻《なでまは》すと、男《をとこ》が喇叭《らつぱ》を取上《とりあ》げて、不意《だしぬけ》に喇叭《らつぱ》の口《くち》を、虎《とら》の尻《しり》に深《ふか》く突込《つきこ》んだ。

虎《とら》は吃驚《びつくり》して飛上《とびあが》つて、駈出《かけだ》した。

駈出《かけだ》して強《つよ》く息《いき》をすると、尻《しり》の喇叭《らつぱ》がブー〳〵と鳴《な》る。驚《おどろ》いて愈々《いよ〳〵》はげしく駈出《かけだ》すと、愈々《いよ〳〵》強《つよ》く息《いき》をするので、尻《しり》の喇叭《らつぱ》がまた愈々《いよ〳〵》強《つよ》くブー〳〵と鳴《な》る。右《みぎ》の方《はう》へ駈《か》けても、ブーブー、左《ひだり》の方《はう》へ駈《か》けても、ブーブー、何處《どこ》まで駈《か》けても、ブーブー、ブーブー、と何時《いつ》までも、何時《いつ》までも鳴《な》るので、虎《とら》は最《も》う氣狂《きちがひ》のやうに成《な》つて、山《やま》を越《こ》え、野《の》を越《こ》え、谷《たに》を越《こ》へ、林《はやし》を越《こ》えて、盲目滅法《めくらめつはふ》に駈《か》けてゆく中《うち》に、だん／＼身體《からだ》が疲《つか》れて、力量《ちから》が失《な》くつて、到頭《たう／＼》仆《たふ》れて死《し》んで了《しま》つた。

喇叭手《らつぱしゆ》は大事《だいじ》の喇叭《らつぱ》を虎《とら》に取《と》られて、惜《を》しかつたけれども、死《し》ぬところを助《たす》かつたから、仕方《しかた》が無《な》いと思《おも》つて、我慢《がまん》をした。それに、虎《とら》の喇叭《らつぱ》を唯《たゞ》で聞《き》かせて貰《もら》つたから、結局《けつきよく》得《とく》をした、と云《い》つて、喜《よろこ》んでゐた。醉《よ》つて眠《ねむ》つてゐると思《おも》つて、餘《あま》り人《ひと》を馬鹿《ばか》にしてゐると、此虎《このとら》のやうな目《め》に遇《ゐ》ふことがあるから、此昔噺《このむかしばなし》を聞《き》いた者《もの》は、氣《き》をつけるがよい。

四五　尼《あま》の踊《をどり》

昔《むかし》むかし、王樣《わうさま》が人民《じんみん》の樣子《やうす》を探《さぐ》らうと思《おも》つて、書生《しよせい》のやうな姿《すがた》に成《な》つて、田舍《ゐなか》を廻《まわ》つてお歩《ある》きなされた時《とき》に、路傍《みちばた》の破《やぶ》れ小屋《こや》の中《なか》から、泣《な》くやうな、歌《うた》ふやうな、妙《めう》な聲《こゑ》が聞《きこ》えた。

王様《わうさま》は其《それ》をお聞《き》きなされて、ハテ、不思議《ふしぎ》なことが有《ゐ》るものだ、一體何物《たいなにもの》が此見《このみ》すぼらしい荒破屋《あばらや》の中《なか》に棲《す》んで、泣《な》いたり、歌《うた》つたりするだらう。何《なに》か訖《きつ》度《と》理由《わけ》があるに相違《ちがひ》ない、序《ついで》に能《よ》く探《さぐ》つて見《み》やう、と思《おも》つて、近寄《ちかよ》つて、壁《かべ》の穴《あな》からそつと覗《のぞ》いて御覧《ごらん》なされると、驚《おどろ》いた、火《ひ》の氣《け》も無《な》さゝうな爐《ろ》の傍《わき》に、頭髪《かみ》の眞白《まつしろ》い老人《としより》が一人《ひとり》坐《すわ》つて、兩手《りやうて》を顔《かほ》にあてゝ、赤兒《あかんぼ》のやうに啜泣《すゝりなき》をしてゐる。其老人《そのとしより》の傍《わき》には、四十許《ばかり》の男《をとこ》が、手《て》を叩《たゝ》いて、面白《おもしろ》さうに歌《うた》をうたつてゐる。そして身體《からだ》には、黒《くろ》い弔喪《おともらひ》の衣服《きもの》をきてゐる。すると爐《ろ》の向《むか》うには、年《とし》の若《わか》い美《うつく》しい女《をんな》が、男《をとこ》の歌《うた》の節《ふし》につれて、踊《をど》つてゐる。破《やぶ》れた衣服《きもの》をきて、頭《あたま》には髪《かみ》の毛《け》一本《ぽん》も無《な》い。

何《なに》しろ不思議《ふしぎ》なことである。老人《としより》が泣《な》いて、親爺《おやぢ》が歌《うた》つて、美《うつく》しい若《わか》い尼《あま》が踊《をど》る。昔《むかし》から見《み》たことも無《な》ければ、話《はなし》にも聞《き》いたことも無《な》い。全然《まる》で化物屋敷《ばけものやしき》のやうである。肝玉《きもだま》の小《ちい》さい者《もの》が、こんなところを見《み》せられやうものなら、一目《め》見《み》たばかりで最《も》う、吃驚《びつくり》して腰《こし》を拔《ぬ》かすか、縮《ちゞ》みあがつて逃出《にげだ》すかに極《きま》つてゐるが、王様《わうさま》は中々《なか／＼》度胸《どきやう》の据《すわ》つた、確乎《しつかり》した豪《えら》い御《お》方《かた》であつたから、沈着《おちつ》いて能《よ》く御覽《ごらん》なされて、どうも不思議《ふしぎ》なことが有《あ》つたものだ。怪物屋敷《ばけものやしき》でもなければ、狂人《きちがひ》のやうでもない。何《なに》か此《これ》には深《ふか》い理由《わけ》が有《あ》るに相違《ちがひ》ない、是非《ぜひ》尋《たづ》ねてやらう、と思《おも》つて、戸《と》の方《はう》へ廻《まは》つて、障子《しやうじ》を少《すこ》しく開《あ》けて、『御免《ごめん》ください。御主人《ごしゆじん》は御宅《おたく》でありませうか、』と仰《おつ》しやつた。

黒《くろ》い衣服《きもの》を着《き》た男《をとこ》は、驚《おどろ》いたやうな顔《かほ》をして出《で》て來《く》る。

『始《はじ》めて御目《おめ》にかゝります、』と王様《わうさま》が挨拶《あいさつ》を成《な》される。

『左様《さやう》で御座《ござ》います。貴方《あなた》は一體《たい》誰方《どなた》でゐらつしやいます、そして此夜更《このよふけ》に、何《なん》の御用《ごよう》で私《わたくし》の家《うち》へお出《い》でになりました。それともまた、何處《どこ》かへゐらつしやる御途中《おとちう》でゞも御座《ござ》いますか、』と主人《しゆじん》は云《い》つて、王様《わうさま》をきよろ／＼眺《なが》める。

『私《わし》は李《り》と云《い》つて、此邊《このへん》を能《よ》く歩《ある》く者《もの》ですか、最前《さつき》御宅《おたく》の前《まへ》を通《とほ》りかけますとどうも不思議《ふしぎ》な聲《こゑ》が聞《きこ》えましたので、惡《わる》いことゝは思《おも》ひましたけれど、立寄《たちよ》つて壁《かべ》の穴《あな》から覗《のぞ》きますと、御老人《ごらうじん》は泣《な》いてゐられる、若《わか》い尼樣《あまさん》は踊《をど》つてゐられる、貴方《あなた》は歌《うた》を面白《おもしろ》くうたつてお在《いで》なされる。どうも此《これ》には、深《ふか》い理由《わけ》の有《あ》ることゝしか思《おも》へません。失禮《しつれい》ではありますけれど、御話《おはなし》の樣子《やうす》次第《しだい》では、隨分《ずゐぶん》お力《ちから》に成《な》つて上《あ》げることも能《でき》やうかと思《おも》ひますが、詳細《くはし》いことを伺《うかゞ》ふ譯《わけ》には參《まゐ》りますまいか、』と王樣《わうさま》が丁寧《ていねい》にお尋《たづ》ねなされる。

其《それ》を聞《き》いて、主人《しゆじん》は如何《いか》にも困《こま》つたやうな顏《かほ》つきをして、『イヤ、誠《まこと》に御親切《ごしんせつ》は有難《ありがた》う御座《ござ》いますが、他人《たにん》の內輪《うちは》にまでも御立入成《おたちいりな》さつても、却《かへ》つて御迷惑《ごめいわく》で御座《ござ》いませうし、それに追々《おひ／＼》夜《よ》も更《ふ》けますから、早《はや》く御歸《おかへ》り成《な》さつた方《はう》が、宜《よ》う御座《ござ》いませう、』と云《い》つて、相手《あいて》に成《な》つて呉《く》れさうにない。

『イヤ、御立腹《おはらだち》は御尤《ごもつとも》と存《ぞん》じますが、かうして御目《おめ》に懸《かゝ》るのも、此《これ》も何《なに》かの御《ご》縁《えん》だと思《おも》ひますから、御氣《おき》に障《さわ》つたことは、幾重《いくへ》にも御赦《おゆる》し下《くだ》さつて、どうか御話《おはな》し下《くだ》さい、」と王様《わうさま》が熱心《ねつしん》にお頼《たの》みなされる。

『イヤ、其程《それほど》までに仰《おつ》しやつて下《くだ》さりますれば、決《けつ》して隠《かく》しは致《いた》しません。御《ご》親切《しんせつ》に甘《あま》へて、有《あり》の儘殘《まゝのこ》らず、御話申《おはなしまを》しませう。元々《もと〳〵》私《わたくし》どもは、其日《そのひ》その日《ひ》の生計《くらし》にも困《こま》る、極々《ごく〳〵》の貧乏者《びんばうもの》で御座《ござ》います。家《うち》と云《い》ふも、御覧《ごらん》の通《とほ》りの破《やぶ》れ小屋《こや》で、勿論《もちろん》お米《こめ》を買《か》ふだけの、お錢《あし》も有《あ》りませんので、たつた一人《ひとり》の老爺《としより》を養《やしな》ふことが能《でき》ません。どうにかして、老爺《としより》だけにも空腹《ひもじ》い思《おもひ》をさせまいと思《おも》つて、種々《いろ〳〵》骨折《ほねを》つて見《み》ましたけれど、私《わたくし》どものやうな者《もの》を、誰《だれ》も可哀相《かあいさう》だと言《い》つて下《くだ》さる方《かた》はなし、仕事《しごと》を探《さが》しても、思《おも》ふやうに見《み》つかりません。仕方《しかた》が有《あ》りませんので、私《わたくし》の女房《にようばう》が、黒《くろ》い髪毛《かみのけ》を少《すこ》しづゝ切《き》つて、其《それ》を賣《う》つたお錢《あし》で、小豆《あづき》を一握《ひとにぎり》買《か》つて參《まゐ》りまして、其《それ》をお粥《かゆ》にこしらえて、老爺《としより》に食《た》べさせるやうにしてゐました。ところが女房《にようばう》の髪《かみ》の毛《け》も、今日《けふ》きりで悉皆賣《すつかりうり》切《き》つて、最《も》う一本《ぽん》も有《あ》りませんので、女房《にようばう》は思切《おもひき》つて、尼《あま》に成《な》つて終《しま》ひました。老爺《としより》が其《それ》を見《み》て申《まを》しますのには、アヽ、情《なさけ》ない、可哀相《かあいさう》に、氣《き》の毒《どく》た。嫁殿《よめどの》はまだ若《わか》い、能《でき》ることなら、御化粧《おけしやう》をさせて、晴衣《はれぎ》の一枚《まい》もこしらえてやつて、三日《みつか》に一度《ど》くらゐは、新《あたら》しく頭髪《かみ》を結《ゆ》はせてやりたいのに、美《うつく》しい黒髪《くろかみ》を、一本殘《ぽんのこ》らず根元《ねもと》から切《き》つて終《しま》つて、若《わか》い年《とし》をして、尼《あま》の姿《すがた》とは何《なん》のことだ。此《こ》んな辛《つら》い思《おもひ》をさせるのも、皆自分《みんなじぶん》が生《い》きてゐるからだ。自分《じぶん》さへ死《し》んで終《しま》つたら、嫁殿《よめどの》も今《も》少《すこ》し樂《らく》が能《でき》るだらう。アヽ、情《なさけ》ない。何故《なぜ》早《はや》く彼世《あのよ》から御迎《おむかひ》が來《き》て、自分《じぶん》をつれて行《い》つて吳《く》れないだらう、と申《まを》しまして、泣《な》いて、泣《な》いて、仕樣《しやう》がありません。其處《そこ》でどうにかして、老爺《としより》を慰《なぐさ》めやうと思《おも》つて、一人《ひとり》が踊《をど》り、一人《ひとり》が歌《うた》つてゐたところでありました。誠《まこと》にお愧《はづか》しい、御話《おはなし》にならない御話《おはなし》で御座《ござ》います、」と云《い》つて、涙《なみだ》を流《なが》して話《はな》して聞《き》かせた。

王様《わうさま》は其話《そのはなし》を聞《き》いて、思《おも》はず涙《なみだ》をお流《なが》しなされて、『アヽ、さう云《い》ふ理由《わけ》でありますか。まことに奇特《きどく》なお心掛《こゝろがけ》、お兩人《ふたり》とも揃《そろ》ひも揃《そろ》つて、孝行《かう〳〵》なお方々《かた〴〵》、實《じつ》に感心《かんしん》致《いた》しました。アヽ、感心《かんしん》な者《もの》だ。かういふ者《もの》を役人《やくにん》にしてやつたら、どんなに世《よ》の中《なか》が能《よ》く治《をさ》まるだらう、』と獨言《ひとりごと》のやうなことを云《い》つて、其《それ》からまた主人《しゆじん》の方《はう》を向《む》いて、『妙《めう》なことを御尋致《おたづねいた》すやうでありますが、貴方《あなた》は何《なに》をしてゐられますか、』と御尋《おたづ》ねなされる。

『別《べつ》に此《これ》と云《い》つて、何《なん》にも致《いた》してをりません。實《じつ》は試驗《しけん》を受《う》けたいと思《おも》つて、勉强《べんきやう》は致《いた》してをりますけれど、御覽《ごらん》の通《とほ》りの貧乏《びんぼう》で、思《おも》ふやうに能《でき》ません。其《それ》でも今年《ことし》の試驗《しけん》には、是非《ぜひ》出《で》て見《み》やうと思《おも》つてゐます、』と答《こた》へる。

『其《それ》ではどうです、明日《あす》の試驗《しけん》にお出《で》なさつては、』と王樣《わうさま》が仰《おつ》しやる。

『へえ、』と主人《しゆじん》は驚《おどろ》いて、『明日《あす》ありますか。とんと存《ぞん》じませんでした、』と云《い》つて、疑《うたが》つてゐる。

『ありますとも、私《わたし》は實《じつ》は其《その》試驗《しけん》を受《う》ける積《つもり》で、此《これ》から都《みやこ》へ上《のぼ》るところです。マア、兎《と》に角《かく》受《う》けて御覽《ごらん》なさい、』と云《い》つて、王樣《わうさま》がしきりにお勸《すゝ》めなされる。

主人《しゆじん》も其處《そこ》で、愈々《いよ〳〵》試驗《しけん》を受《う》ける氣《き》に成《な》つて、堅《かた》い約束《やくそく》をする。王樣《わうさま》は安心《あんしん》して、急《いそ》いで都《みやこ》へ御歸《おかへ》りなされる。

其次《そのつぎ》の日《ひ》に、試驗場《しけんば》の前《まへ》に、今日《けふ》特別《とくべつ》に試驗《しけん》をする、と云《い》ふ貼出《はりだし》が出《で》る。其《それ》を見《み》て、彼方《あち》からも、此方《こち》からも、書生《しよせい》が集《あつま》つて來《く》る。皆《みんな》思《おも》ひ思《おも》ひに體裁《ていさい》の善《よ》い服裝《なり》をしてゐる中《うち》に、たつた一人《ひとり》襤褸《ぼろ》のやうな衣服《きもの》をきた、四十ばかりの男《をとこ》がゐる。昨夕《ゆふべ》の話《はなし》を聞《き》いて、怪《あや》しいとは思《おも》つたけれど、出《で》て來《き》て見《み》たのであつた。

愈々《いよ〳〵》試驗《しけん》がはじまる。問題《もんだい》を見《み》ると、驚《おどろ》いた、尼《あま》の踊《をどり》と云《い》ふ作文《さくぶん》の題《だい》であつた。此問題《このもんだい》には、集《あつま》つて來《き》た書生《しよせい》どもゝ、悉皆《すつかり》面喰《めんくら》つて了《しま》つて、種々《いろ〳〵》に考《かんが》へて見《み》たけれど、何《なん》のことだか解《わか》らない。どんなことを書《か》いて可《よ》いか、薩張《さつぱり》分《わか》らないで、愚圖々々《ぐづ〳〵》してゐる中《うち》に、鐘《かね》が鳴《な》つた。昨夕《ゆふべ》の主人《しゆじん》だけは、自分《じぶん》の家《うち》のことだから、何《なん》のことはない、有《あり》のまゝを殘《のこ》らず書《か》いて出《だ》すと、直《す》ぐに其日《そのひ》の中《うち》に、成績《せいせき》が分《わか》つて、主人一人《しゆじんひとり》だけが、及第《きうだい》することに成《な》つた。

主人《しゆじん》は夢《ゆめ》を見《み》るやうな心持《こゝろもち》で、免状《めんじやう》を戴《いたゞ》きに出《で》ると、王様《わうさま》が態々《わざ〳〵》近《ちか》くお召《め》しなされて、『其方《そのはう》は余《よ》を知《し》つてゐるか、』と仰《おほ》せられる。

主人《しゆじん》はたゞ頭《あたま》を下《さ》げてゐる。

頭《あたま》を上《あ》げよと御聲《おこゑ》がかゝる。

其處《そこ》で畏《おそ》る〳〵頭《あたま》を上《あ》げて見《み》ると、昨夕《ゆふべ》自分《じぶん》の家《うち》を尋《たづ》ねて呉《く》れた書生《しよせい》であつた。書生《しよせい》と思《おも》つたのは、王様《わうさま》であつた。主人《しゆじん》は雷神《かみなり》にでも撃《う》たれたやうな心持《こゝろもち》がして、また頭《あたま》を地《ち》にすりつけて、慄《ふる》えてゐると、王様《わうさま》が力《ちから》のある聲《こゑ》で、『心配《しんぱい》するな。其方《そのはう》の親孝行《おやかう〳〵》に感心《かんしん》して、特別《とくべつ》に試驗《しけん》をした次第《しだい》ぢや、』と仰《おほ》せられて澤山《たくさん》の御褒美《ごはうび》を下《くだ》さつた。そして其次《そのつぎ》の日《ひ》に、主人《しゆじん》は一躍《ひとゝび》に、大臣《だいじん》にすると云《い》ふ辭令《かきつけ》を頂戴《ちやうだい》した。

喜《よろこ》んだのは、主人一人《しゆじんひとり》ではない。泣《な》いてゐた老爺《としより》も喜《よろこ》べは、尼《あま》に成《な》つて踊《をど》つてゐた女房《にようばう》も喜《よろこ》んだ。親孝行《おやかうかう》の尼踊《あまをどり》と云《い》つて、昔《むかし》から名高《なだか》い昔噺《むかしばなし》である。

四六　婿《むこ》取《とり》

長者《ちやうじや》の家《うち》に、可愛《かあい》らしい女子《むすめ》が生《うま》れた。大《おほ》きくなると、其評判《そのひやうばん》を聞《き》いて、彼《あ》方《ち》からも、此方《こち》からも、婿《むこ》に成《な》りたいと云《い》つて來《く》る男《をとこ》があつたけれども、長者《ちやうじや》が中々《なかなか》婿《むこ》にして呉《く》れない。餘《あま》り男《をとこ》の數《かず》が多《おほ》いので、誰《だれ》を取《と》つて可《い》いやら、分《わか》らなく成《な》つて了《しま》つた。其中《そのうち》で誰《たれ》か一人《ひとり》は、どうしても婿《むこ》にせなくては成《な》らぬけれども其男《そのをとこ》を婿《むこ》に極《き》めて了《しま》ふと、他《ほか》の男《をとこ》に怨《うら》まれる。何時《いつ》までも極《き》めずに置《お》くと女子《むすめ》がお婆《ばあ》さんに成《な》つて了《しま》ふ。ハテ、困《こま》つたことに成《な》つた。どうしたら可《よ》からうかと、種々《いろいろ》に考《かんが》へたあとで、何《なに》か六《むつ》かしいことを爲《さ》せて見《み》て、うまく出來《でき》る男《をとこ》を取《と》ることにしたら善《い》いだらう、と云《い》ふことを考出《かんがへだ》して、屋敷《やしき》の前《まへ》に、高札《たかふだ》を立《た》てた。嘘《うそ》の話《はなし》を三個《みつ》だけ、うまく話《はな》すことが能《でき》る者《もの》があつたら、婿《むこ》にしてやる、と云《い》ふことが、其高札《そのたかふだ》に書《か》いてあつた。

其高札《そのたかふだ》を見《み》て、毎日《まいにち》〳〵色《いろ》んな男《をとこ》が、長者《ちやうじや》の家《うち》を訪《たづ》ねてくる。

長者《ちやうじや》は其男《そのをとこ》に會《あ》つて、話《はなし》を聞《き》く。

一番目《ばんめ》の話《はなし》が濟《す》むと、長者《ちやうじや》が成程《なるほど》うまい嘘《うそ》だと云《い》つて、賞《ほ》めて呉《く》れる。二番《ばん》目《め》の話《はなし》が濟《す》むと、長者《ちやうじや》が矢張《やはり》また、成程《なるほど》うまい嘘《うそ》だと云《い》つて、賞《ほ》めて呉《く》れる。ところが、三番目《ばんめ》の話《はなし》が濟《す》むと、『今《いま》のは眞實《ほんと》の話《はなし》だ、嘘《うそ》ぢや無《な》い。お前《まへ》さんは駄目《だめ》です、サア、お歸《かへ》りなさい、』と云《い》つて、長者《ちやうじや》が其男《そのをとこ》を追返《おひかへ》して了《しま》ふ。

何時《いつ》もちやんと極《きま》つてゐる。どんな男《をとこ》が來《き》て、どんな話《はなし》をしても、二番目《ばんめ》までは、屹度《きつと》いつでも、結構《けつこう》だ、うまい嘘《うそ》だ、と云《い》つて呉《く》れるけれど、三番目《ばんめ》には屹度《きつと》いつでも、其《それ》は眞實《ほんと》だ、嘘《うそ》ぢやない、と云《い》つて、落第《らくだい》させる。色《いろ》んな男《をとこ》が替《かは》つて來《く》るけれども、一人《ひとり》も及第《きふだい》する者《もの》がない。するど何處《どこ》かの乞食《こじき》が、其《その》ことを聞出《きゝだ》して、『誰《だれ》でも婿《むこ》に成《な》る者《もの》が無《な》くて、あの女子《むすめ》さんも可哀相《かあいさう》だ。仕方《しかた》がない、乃公《おれ》が行《い》つて、成《な》つてやらう、』と云《い》つて、長者《ちやうじや》の家《うち》を訪《たづ》ねた。

『高札《たかふだ》を見《み》て參《まゐ》りました、』と乞食《こじき》が云《い》ふ。

長者《ちやうじや》は乞食《こじき》を見《み》て、嫌《いや》な奴《やつ》だと思《おも》つたけれど、高札《たかふだ》を見《み》て來《き》たのだから、歸《かへ》れと云《い》ふ譯《わけ》には行《い》かぬ。三番目《どめ》の話《はなし》を聞《き》くまでの我慢《がまん》だと思《おも》つて、『サア、話《はな》すがよい、』と云《い》ふ。

『旦那《だんな》の御國《おくに》では、田《た》を植《う》えるのには、どんな風《ふう》に致《いた》しますか、』と乞食《こじき》の方《はう》から問《とひ》をかける。

『知《し》れたこと、田《た》を鋤《す》いて、水《みづ》をかけて、種《た》子《ね》を蒔《な》くのだ、』と長者《ちやうじや》が云《い》ふ。

『私《わたくし》の國《くに》でも、矢張田《やはりた》を鋤《す》いて、水《みづ》をかけますけれど、種子《たね》を蒔《ま》くときは、田《た》の上《うへ》に一面《めん》に簾《すだれ》を張《は》つて置《お》いて、其上《そのうへ》に蒔《ま》くのです。すると種子《たね》が芽《め》を出《だ》して簾《すだれ》の目《め》の間《あひだ》から、根《ね》が地《ち》の中《なか》へ這込《はひこ》みます。草《くさ》が生《は》えても、延《の》びることが能《でき》ないから、田《た》の草《くさ》を取《と》ると云《い》ふことは致《いた》しません、』と乞食《こじき》が話《はな》す。

『結構《けつこう》だ、うまく嘘《うそ》を吐《つ》いた、』と長者《ちやうじや》が賞《ほ》める。

『そして、旦那《だんな》の御國《おくに》では、どうして稲《いね》をこぐのですか、』とまた乞食《こじき》が問《と》ふ。

『刈《か》りて叩《たゝ》くのだ、』と長者《ちやうじや》が云《い》ふ。

『私《わたくし》どもの方《はう》では、たゞ簾《すだれ》を引上《ひきあ》げます。藁《わら》は簾《すだれ》の目《め》から抜《ぬ》けて、稲《いね》の粒《つぶ》だけ殘《のこ》るのです。妙《めう》でせう、』と乞食《こじき》が話《はな》す。

『成程《なるほど》、貴様《きさま》はうまい嘘吐《うそつき》だ、』とまた賞《ほ》める。

『うまいでせう。サア、今度《こんど》が三番目《ばんめ》です。今度《こんど》うまく嘘《うそ》を話《はな》したら、屹度《きつと》女《むす》子《め》御《ご》さんの婿《むこ》にして下《くだ》さいますか、』と乞食《こじき》が問《と》ふ。

『屹度《きつと》してやる、』と長者《ちやうじや》が答《こた》へる。

『屹度《きつと》ですな、旦那《だんな》。宜《よろ》しい、其《それ》では話《はな》しませう。私《わたくし》が今日《けふ》御宅《おたく》へ參《まゐ》つたのは婿《むこ》に成《な》りたいと思《おも》つて、噓話《うそばなし》をしに來《き》たのぢやありません。去年《きよねん》の正月《しやうぐわつ》の頃《ころ》に私《わたくし》の親爺《おやぢ》が、旦那《だんな》に百萬圓《ひやくまんゑん》貨《か》して進《あ》げて置《お》いたのを、旦那《だんな》は眞逆《まさか》お忘《わす》れぢやありますまい。直《ぢき》に返《かへ》すと云《い》つて置《お》いて、今《いま》だに返《かへ》して下《くだ》さらないから、今日《けふ》は戴《いただ》きに參《まゐ》つたのです、』と乞食《こじき》が話《はな》して、『サア、返《かへ》して下《くだ》さい。證文《しやうもん》は此《これ》で、ちやんと旦那《だんな》の判《はん》があります、』と云《い》つて、芋《いも》の葉《は》を差出《さしだ》した。

長者《ちやうじや》は全《まつた》く閉口《へいこう》して了《しま》つた。噓《うそ》だと云《い》へば、乞食《こじき》を婿《むこ》にしてやらねばならならないし、眞實《ほんと》だと云《い》へば、百萬圓《ひやくまんゑんだ》出さねばならぬ。婿《むこ》にしたくはなし、其《それ》かと云《い》つて、百萬圓《ひやくまんゑんだ》出すことは、尙更能《なほさらでき》ないし、最《も》う困《こま》つて了《しま》つて、蒼《あを》く成《な》つて冷汗《ひやあせ》をだら／＼垂《た》らして、口《くち》の中《なか》でばかり、ムヽヽヽと云《い》つてゐる。

『サア、如何《いかゞ》です、旦那《だんな》、』と乞食《こじき》が責《せめ》る。

仕方《しかた》が無《な》いから、女子《むすめ》に相談《さうだん》をすると、『お父《とう》さんよりか、あの乞食《こじき》の方《はう》が餘《よ》程《ほど》豪《えら》いから、嘘《うそ》だと云《い》つて下《くだ》さい。そしたら、百萬圓《ひやくまんゑん》を取《と》られずに濟《す》んだ上《うへ》に豪《えら》い方《かた》を婿《むこ》にするのだから、此《この》くらゐ結構《けつこう》なことは有《あ》りません。屹度《きつと》神樣《かみさま》が私《わたし》を助《たす》けると思《おも》つて、あんな豪《えら》い方《かた》を遣《よこ》して下《くだ》さつたでせう。」と女子《むすめ》が云《い》つた。

其處《そこ》で乞食《こじき》が長者《ちやうじや》の婿《むこ》に成《な》つた。

四七　三萬圓《まんゑん》の鼻《はな》

大臣《だいじん》の下役《したやく》が、役所《やくしよ》の金《かね》を五千圓《せんゑん》ばかり使《つか》ひこんで、其事《そのこと》が見《み》つかつて、監獄《かんごく》に打込《ぶちこ》まれて了《しま》つた。どうにかして、其金《そのかね》を返《かへ》しさへすれば、赦《ゆる》して貰《もら》へるのだけれど、役所《やくしよ》の金《かね》を使《つか》ふくらゐだから、其《そ》んなことの能《でき》やう筈《はづ》がない。親類《しんるゐ》や友人《ともだち》の者《もの》どもゝ、種々《いろいろ》心配《しんぱい》して見《み》たけれど、皆貧乏人《みんなびんばふにん》ばかりで、其金《そのかね》ができない。其《それ》で愈々《いよいよ》死刑《しけい》に遇《あ》ふことに成《な》つて、其日《そのひ》まで極《き》まつてゐた。

明日《あす》は愈々《いよいよ》死刑《しけい》だ、と云《い》ふ前《まへ》の晩《ばん》に、監獄《かんごく》の役人《やくにん》が廻《まは》つて來《く》ると、下役《したやく》が其《その》役人《やくにん》を呼止《よびと》めて、『オイ、一寸《ちよつと》の間《ま》で可《い》いから、乃公《おれ》を放《はな》して出《だ》して呉《く》れないか、』と云《い》つた。

役人《やくにん》は其《それ》を聞《き》いて、『飛《と》んだこと、明日《あす》は死刑《しけい》に遇《あ》ふと云《い》ふ罪人《とがにん》を、どうして放《はな》されるものですか。貴方《あなた》が大臣《だいじん》の下役《したやく》であつた時分《じぶん》は、私《わたし》も貴方《あなた》に使《つか》はれて何《なに》を云《い》はれても、ハイ、ハイと云《い》つて、仰《おつ》しやる通《とほ》りに成《な》つてゐたのですけれど、貴方《あなた》は今《いま》ぢや監獄《かんごく》の罪人《とがにん》です。貴方《あなた》の云《い》ふことを聞《き》かうものなら、私《わたし》の首《くび》が飛《と》んで了《しま》ひます、』と云《い》ふ。

『逃《に》がして呉《く》れと云《い》ふのぢやない、直《す》ぐに歸《かへ》つて來《く》るから、一寸《ちよつと》の間《あひだ》出《だ》して貰《もら》ひたい、と云《い》ふのだ。大臣《だいじん》に用《よう》が有《あ》るから、是非《ぜひ》今夜《こんや》の中《うち》に、遇《あ》つて來《こ》なくてはならぬ。決《けつ》して貴公《きこう》の迷惑《めいわく》をするやうな、其《そ》んな惡《わる》いことはしない。マア、能《よ》く聞《き》くがよい、』と云《い》つて、役人《やくにん》の耳《みゝ》に口《くち》を當《あ》てゝ、『私《わし》は死刑《しけい》の罪人《とがにん》だけれど強盗《がうたう》や人殺《ひとごろし》ぢやない。使《つか》つた金《かね》を返《かへ》しさへすれば、何時《いつ》でも赦《ゆる》される身體《からだ》だ。

其金《そのかね》をこしらえる工夫《くふう》を種々《いろ〱》考《かんが》へて、今考出《いまかんがえだ》したから、其《それ》で大臣《だいじん》に遇《あ》ひたいのだ。うまく行《ゆ》くと、貴公《きこう》にも隨分御禮《ずゐぶんおれい》をすることが能《でき》ると思《おも》ふから、頼《たの》むのだ、』と下役《したやく》に話《はな》して、到頭監獄《たう〱かんごく》の役人《やくにん》を欺《だま》して了《しま》つた。

監獄《かんごく》の役人《やくにん》は、うまく行《ゆ》くと御禮《おれい》を貰《もら》へる。若《も》し下役《したやく》が逃《に》げて了《しま》つたら、他《ほか》の罪人《とがにん》を死刑《しけい》にすれば、濟《す》むことだ、と考《かんが》へて、下役《したやく》を放《はな》してやつた。

下役《したやく》は監獄《かんごく》を出《で》ると直《す》ぐに、急《いそ》いで大臣《だいじん》の屋敷《やしき》へ行《い》つた。

大臣《だいじん》は吃驚《びつくり》して、『貴公《きこう》はどうして來《き》たのだ、』と問《と》ふ。

『へゝゝ、何《なに》も其《そ》んなに吃驚《びつくり》なさることはありません。監獄《かんごく》から出《で》て、今來《いまき》たばかりです、』と下役《したやく》が云《い》ふ。

『明日《あす》は死刑《しけい》に遇《あ》ふと云《い》ふ奴《やつ》が、監獄《かんごく》を出《で》て、乃公《おれ》のところへ來《く》ると云《い》ふのは一體《たい》全體《ぜんたい》どう云《い》ふ道理《わけ》だ、』と大臣《だいじん》が問《と》ふ。

『高《たか》い聲《こゑ》では、申《まを》されませんけれど、』と云《い》つて、下役《したやく》は大臣《だいじん》の耳《みゝ》に近《ちか》く口《くち》を寄《よ》せて、『マア、今一度《いちど》能《よ》く考《かんが》えて見《み》て下《くだ》さい。私《わたし》の首《くび》を打切《ぶちき》つたところで、唯世《たゞよ》の中《なか》の人間《にんげん》が一人《ひとり》減《へ》ると云《い》ふだけで、何《なん》の御役《おやく》にも立《た》ちますまい。使《つか》つて了《しま》つた金《かね》は、何時《いつ》まで經《た》つても、返《かへ》つては參《まゐ》りません。其《それ》よりか私《わたし》の生命《いのち》を助《たす》けて置《お》いて、早《はや》く金《かね》を出《だ》させることを、御考《おかんが》え成《な》さつた方《はう》が可《い》いでせう、』と云《い》ふ。

『其金《そのかね》が出來《でき》ないぢやないか、』と大臣《だいじん》が云《い》ふ。

『監獄《かんごく》に打込《ぶちこ》まれてゐて、どうして金《かね》が出來《でき》ませう。出來《でき》るやうにして下《くだ》されば、何時《いつ》でもこしらえて參《まゐ》ります。ちやんと當《あて》が有《あ》るのですけれど、少《すこ》し手數《てかず》が掛《かゝ》ります。其《それ》で其《その》ことを御願《おねがひ》に、出《で》て來《き》たのですが、助《たす》けると思《おも》つて、聞《き》いて下《くだ》さいませんか。うまく行《ゆ》けば、澤山《たくさん》に御禮《おれい》を致《いた》します。親爺《おやぢ》も子供《こども》も、皆《みんな》此方《こちら》にゐますから、決《けつ》して逃《に》げるやうなことは致《いた》しません、』と云《い》つて、下役《したやく》が自分《じぶん》の謀計《はかりごと》を大臣《だいじん》に話《はな》した。

大臣《だいじん》は其《それ》を聞《き》いて、『屹度《きつと》貴公《きこう》の云《い》ふやうに出來《でき》るなら、頼《たの》むことを聞《き》いてゐよい、」と云《い》ふ。

『聞《き》いて下《くだ》さいますか。難有《ありがた》い、かたじけない。其《それ》では、明日《あす》の晩《ばん》今《も》一度《ど》お目《め》に懸《かゝ》ります、」と云《い》つて、下役《したやく》が頭《あたま》を下《さ》げる。

『貴公《きこう》の勝手《かつて》にするがよい、」と云《い》つて、大臣《だいじん》が立《た》つて了《しま》ふ。

下役《したやく》は其《それ》から自分《じぶん》の家《うち》へ歸《かへ》つて、一晩泊《ひとばんとま》つて、其次《そのつぎ》の夜《よる》にまた大臣《だいじん》の屋敷《やしき》へ訪《たづ》ねて來《き》た。そして懐中《ふところ》から紙《かみ》を一枚取出《まいとりだ》して、其《それ》を大臣《だいじん》の前《まへ》へ差出《さしだ》した。見《み》ると、人間《にんげん》の鼻《はな》の繪《ゑ》が描《か》いてある。

大臣《だいじん》は其《それ》を見《み》て、『ハヽヽヽ、手品《てじな》の種《たね》だな、」と云《い》ふ。

『左様《さやう》で御座《ござ》います。サア、どうぞ此《これ》に大臣《だいじん》の判《はん》を捺《つ》いて下《くだ》さい、」と下役《したやく》と賴《たの》む。

『仕方《しかた》が無《な》い、ついてやらう、」と云《い》つて、大臣《だいじん》が大《おほ》きい朱印《しゆいん》を捺《お》してやつて、其《それ》からまた、『此《これ》は宿料《やどせん》と小使《こづかひ》だ、」と云《い》つて、金《かね》を少《すこ》しばかり紙《かみ》に包《つゝ》んで、下役《したやく》に渡《わた》す。

下役《したやた》は其金《そのかね》を頂《いたゞ》いて、其《それ》から大臣《だいじん》の判《はん》のすわつた紙《かみ》を、また元《もと》の通《とほ》り懐中《ふところ》へ入《い》れて、『色々《いろ〱》御世話《おせわ》に成《な》りました。最《も》う此《これ》で大丈夫《だいじやうぶ》です。屹度《きつと》十日《とをか》の中《うち》には、うまくやつて歸《かへ》つて參《まゐ》りますから、待《ま》つてゐて下《くだ》さい。死刑《しけい》の方《はう》は、何《なん》とかして延《の》ばして置《お》いて下《くだ》さい、』と云《い》つて、大臣《だいじん》の屋敷《やしき》を出《で》て、其晩《そのばん》の中《うち》に、田舎《ゐなか》の方《はう》へ逃出《にげだ》して了《しま》つた。

其《それ》から毎日《まいにち》々々〱歩《ある》いて行《い》つて、五日目《いつかめ》に大《おほ》きな町《まち》へ來《き》た。

其處《そこ》で下役《したやく》は、持《も》つて來《き》た役人《やくにん》の衣服《きもの》を出《だ》して、其《それ》を着《き》て、其《それ》から其町《そのまち》の役《やく》人《にん》を三人《にん》ばかり呼《よ》んで、金《かね》を少《すこ》しづゝ呉《く》れて、自分《じぶん》の家來《けらい》にして、其町《そのまち》で一番《ばん》の金滿家《かねもち》だと云《い》はれる屋敷《やしき》の近《ちか》くの酒屋《さかや》に上《あが》つて、家來《けらい》に御馳走《ごちさう》をして、酒《さけ》を飮《の》ませて、『貴公《きこう》たちは、今夜《こんや》だけ私《わし》の家來《けらい》に成《な》つて、何《なん》でも私《わし》の云《い》ふことを聞《き》くのだ。宜《よろ》しいか、』と云《い》つて聞《き》かせた。

町《まち》の役人《やくにん》は其《それ》を聞《き》いて、『畏《かし》こまりました、』と云《い》つた。

其處《そこ》で下役《したやく》は、酒屋《さかや》の亭主《ていしゆ》を呼《よ》んで、『此處《こゝ》の近《ちか》くの、大《おほ》きい門構《もんがまへ》の屋敷《やしき》は誰《だれ》の家《うち》ぢや、』と問《と》ふた。

『張《ちやう》と云《い》つて、士族様《しぞくさま》でゐらつしやいます、』と亭主《ていしゆ》が云《い》ふ。

『何《なに》をしてゐるか、』と下役《したやく》が問《と》ふ。

『御隱居様《ごゐんきよさま》は最《も》う六十で、毎日《まいにち》碁《ご》を打《う》つて、樂《たの》しんでゐらつしやいます。若旦那《わかだんな》は去年《きよねん》の暮《くれ》に、試驗《しけん》が濟《す》みましたさうで、近《ちか》い中《うち》に豪《えら》い御役人《おやくにん》にお成《な》りなされる、とか云《い》ふことで御座《ござ》います、』と亭主《ていしゆ》が云《い》ふ。

『そして身代《しんだい》はどうぢや、』とまた問《と》ふ。

『中々《なか〳〵》素晴《すばら》しい身代《しんだい》で、何《なん》でも十萬《まん》や十五萬《まん》はあるだらう、と云《い》ふ評判《ひやうばん》で御座《ござ》います、』と亭主《ていしゆ》が話《はな》す。

下役《したやく》は其《それ》を聞《き》いて、心《こゝろ》の裡《うち》で喜《よろこ》んで、其《それ》から其酒屋《そのさかや》を出《で》て、夜《よる》に成《な》つてから三人《にん》の家來《けらい》をつれて、金滿《かねみち》家の屋敷《やしき》を訪《たづ》ねた。

若旦那《わかだんな》が出《で》て見《み》て、役人《やくにん》たちの前《まへ》に頭《あたま》を下《さ》げる。

下役《したやく》は故意《わざ》と威張《ゐば》つて、『吾々《われ／＼》どもは、大臣《だいじん》の御使者《おつかひ》で、態々《わざ／＼》都《みやこ》から來《き》た者《もの》ぢやが、張《ちやう》と云《い》ふのは貴公《きこう》のことで御座《ござ》るか、』と問《と》ふ。

『左樣《さやう》で御座《ござ》います、』と張《ちやう》が答《こた》へる。

『御隱居《ごゐんきよ》は宅《たく》で御座《ござ》るか、』と下役《したやく》が問《と》ふ。

『宅《たく》で御座《ござ》います、』と答《こた》へる。

『其《それ》は好都合《よいつがふ》ぢや。實《じつ》は吾々《われ／＼》が訪《たづ》ねて來《き》たのは、他《ほか》では御座《ござ》らぬ。殿樣《とのさま》が此間《このあひだ》から御病氣《ごびやうき》にお成《な》りなされて、醫者《いしや》と云《い》ふ醫者《いしや》を殘《のこ》らず呼《よ》んで、良藥《よいくすり》をお尋《たづ》ねなされたところが、此御病氣《このごびやうき》は六十に成《な》る男《をとこ》の鼻《はな》を削取《そぎと》つて、其《それ》で藥《くすり》をこしらえさせて、召上《めしあが》らなければ、迚《とて》も治《なを》る見込《みこみ》はない、と其醫者《そのいしや》たちが申上《まをしあ》げて、鼻《はな》の形《かたち》を繪《ゑ》に描《か》いて差出《さしだ》した。其處《そこ》で大臣《だいじん》が國中《くにぢう》に云附《いひつ》けて、此鼻《このはな》に似《に》た鼻《はな》を調《しら》べさせなされたところが、此方《こちら》の御隱居《ごゐんきよ》の鼻《はな》が、此《これ》と少《すこ》しも異《ちが》はぬ、と云《い》ふことが判《わか》つた。易者《えきしや》に問《と》ふて見《み》ても、矢張《やはり》おんなじことを云《い》ふ。其處《そこ》で吾々《われ〳〵》が御隱居《ごゐんきよ》の鼻《はな》を受取《うけと》る役《やく》を申附《まをしつ》かつて、急《いそ》いで今夜《こんや》參《まゐ》つたのぢや、』と云《い》つて、下《した》役《やく》が大臣《だいじん》の判《はん》のすわつた紙《かみ》を、張《ちやう》の眼《め》の前《まへ》に差出《さしだ》す。

張《ちやう》は其《それ》を見《み》て吃驚《びつくり》する。

『吃驚《びつくり》なされるのは、無理《むり》はない。併《しか》し殿樣《とのさま》の御病氣《ごびやうき》だとあれば、何《なん》とも致方《いたしかた》がない。吾々《われ〳〵》はまた、大臣《だいじん》の仰《おほ》せであつて見《み》れば、背《そむ》くことは能《でき》ない。御氣《おき》の毒《どく》ぢやが、早速《さつそく》貰《もら》つて行《ゆ》きたい、』と下役《したやく》が責立《せめた》てる。

張《ちやう》は青《あを》く成《な》つて了《しま》つた。

其《それ》を見《み》て下役《したやく》は、『溫順《をとな》しく鼻《はな》を差出《さしだ》すか、首《くび》を取《と》られるか、マア、能《よ》く考《かんが》えて見《み》るがよい、』と云《い》つて、横《よこ》を向《む》いて、つれて來《き》た町《まち》の役人《やくにん》の方《はう》を見《み》る。

すると町《まち》の役人《やくにん》は、張《ちやう》を傍《わき》の方《はう》へ呼《よ》んで、耳《みゝ》に口《くち》をあてゝ、『嫌《いや》だと云《い》へば、生命《いのち》を取《と》られた上《うへ》に、財産《ざいさん》を取上《とりあ》げられる。鼻《はな》を削《そ》がれたら、老人《としより》の御隠居《ごゐんきよ》の生命《いのち》が危《あぶ》ない。仕方《しかた》が無《な》いから、金《かね》を出《だ》して赦《ゆる》して貰《もら》つたらどうでせう。三萬《まん》圓《ゑん》も差出《さしだ》したら、屹度《きつと》赦《ゆる》して呉《く》れます。十五萬《まん》の身代《しんだい》だから、三萬《まん》ぐらゐ出《だ》しても、困《こま》ることはない。親《おや》の生命《いのち》には替《か》へられない、』と云《い》つて聞《き》かせる。

『其《それ》で承知《しやうち》をして下《くだ》さるでせうか、』と張《ちやう》が云《い》ふ。

『マア、願《ねが》つて御覧《ごらん》なさい。私《わたし》も一緒《しよ》に頼《たの》んであげませう、』と役人《やくにん》が欺《だま》す。其《それ》でも張《ちやう》はまだ愚圖《ぐづ》〳〵してゐると、下役《したやく》が怒《おこ》つて、立《た》つて奥《おく》へ行《ゆ》かうとする。張《ちやう》は周章《あわて》て押止《おしと》めて、『恐入《おそれい》りますが、三萬圓《まんゑん》だけ差出《さしだ》しますから、どうぞ親《おや》爺《ぢ》を助《たす》けて下《くだ》さいませんか、』と云《い》ふと、町《まち》の役人《やくにん》も口《くち》を添《そ》えて、『親《おや》の爲《ため》を思《おも》つて、願《ねが》つてゐるので御座《ござ》いますから、どうか内證《ないしよ》でお助《たす》けなさつて下《くだ》さいませ、』と頼《たの》む。

下役《したやく》は其《それ》を聞《き》いて、『其《それ》ほどに頼《たの》むなら、仕方《しかた》が無《な》い、マア、今度《こんど》だけは赦《ゆる》してやらう。其代《そのかは》りに、何處《どこ》かで他《ほか》の鼻《はな》を買上《かひあ》げて、差上《さしあ》げることにしやう。若《も》しか此事《このこと》が知《し》れると、吾々《われ〱》は召捕《めしと》られる、貴公《きこう》の首《くび》も飛《と》んで了《しま》ふのだから、どんなことが有《あ》つても、此事《このこと》だけは決《けつ》して口《くち》へ出《だ》しては成《な》りませんぞ、』と云《い》ふ。

『仰《おつ》しやるまでもお御座《ござ》いません、』と云《い》つて、張《ちやう》が三萬圓《まんゑん》だけ包《つゝ》んで差出《さしだ》して、其《それ》から下役《したやく》と町《まち》の役人《やくにん》に御馳走《ごちそう》をした。

下役《したやく》は其金《そのかね》を持《も》つて歸《かへ》つて、使《つか》つた役所《やくしよ》の金《かね》を返《かへ》して、大臣《だいじん》に澤山《たくさん》御禮《おれい》をして、其《それ》から監獄《かんごく》の役人《やくにん》にも澤山《たくさん》御禮《おれい》をして、殘《のこ》つた一萬圓《まんゑん》を自分《じぶん》の物《もの》にして、田舍《ゐなか》へ引込《ひつこ》んで、樂《らく》に暮《くら》した。

張《ちやう》は欺《だま》されて金《かね》を取《と》られたのだ、と氣《き》がついたけれども、其事《そのこと》を饒舌《しやべ》つて、甚《ひど》い目《め》にでも遇《あ》はされては大變《たいへん》だ、と思《おも》つて、誰《だれ》にも少《すこ》しも話《はな》さずに我慢《がまん》をしてゐた。

其《それ》から七年《ねん》ばかりして、隱居《いんきよ》が死《し》んだ。

隱居《いんきよ》が死《し》んで、お葬式《とむらひ》が濟《す》むと、張《ちやう》は最《も》う我慢《がまん》がしきれなくなつたと見《み》えて大《おほ》きい聲《こゑ》を出《だ》して、『七年前《ねんまへ》に、三萬圓《まんゑん》で、親爺《おやぢ》の鼻《はな》を買《か》つたワイ、』と云《い》つた。

四八　驢馬《ろば》と百姓親子《ひやくしやうおやこ》

百姓《ひやくしやう》の親爺《おやぢ》が息子《むすこ》と一緒《しよ》に、驢馬《ろば》を一疋《ぴき》牽《ひ》いて、町《まち》の方《はう》へ行《ゆ》く途《みち》で、向《むか》うから來《く》る人《ひと》に、『驢馬《ろば》に乘《の》らずに、歩《ある》いて行《ゆ》くと云《い》ふのは、どう云《い》ふ理由《わけ》ですか、』と問《と》はれたから、『市《いち》へ持《も》つて行《い》つて、賣《う》るのだから、大事《だいじ》にするのです、』と親《おや》爺《ぢ》が答《こた》へると、其人《そのひと》が笑《わら》つて、『どうせ賣《う》つて了《しま》ふものを、大事《だいじ》にしなくても可《い》いぢやありませんか、』と云《い》つて、行過《ゆきす》ぎて了《しま》つた。

其《それ》からまた少《すこ》しばかり行《ゆ》くと、向《むか》うから來《く》る男《をとこ》が立止《たちどま》つて、『お前《まへ》さんたちは何故《なぜ》乘《の》らないのですか、』と問《と》ふ。市《いち》へ持《も》つて行《い》つて、賣《う》るのだから、大事《だいじ》にするのだ、と云《い》つて聞《き》かせると、其男《そのをとこ》がまた笑《わら》つて、眞實《ほんと》にマア、氣《き》の利《き》かない話《はなし》だ。此《こ》んな驢馬《ろば》を大事《だいじ》にしたところで、いくら高《たか》く賣《う》れるものぢやない。どうせ賣《う》つて了《しま》ふものだから、乘《の》つて行《い》つたら可《い》い。此暑《このあつ》いのに、遠《とほ》い路《みち》を歩《ある》いて、御苦勞《ごくらう》なことだ、』と獨言《ひとりごと》のやうに云《い》つて、行過《ゆきす》ぎて了《しま》つた。

其《それ》からまた少《すこ》しばかり行《ゆ》くと、今度《こんど》は向《むか》うから來《く》る若《わか》い者《もの》が、其《それ》を見《み》て、『驢《ろ》馬《ば》を持《も》つてゐる癖《くせ》に、歩《ある》くと云《い》ふのは、珍《めづら》しいことだ、』と云《い》つて笑《わら》つた。親爺《おやぢ》が其《それ》を聞《き》いて、『乘《の》つて行《ゆ》かうと、歩《ある》いて行《ゆ》かうと、大《おほ》きな御世話《せわ》だ。賣《う》つて金《かね》にするのだから、大事《だいじ》にするのだ。理由《わけ》も知《し》らないで、笑《わら》ふ奴《やつ》があるか、』と云《い》つて怒《おこ》ると、若《わか》い者《もの》がまた笑《わら》つて、『驚《おどろ》いた馬鹿《ばか》も有《あ》ればあるものだ。眞實《ほんと》に世《よ》の中《なか》は廣《ひろ》いと云《い》ふが、嘘《うそ》ぢやない、』と云《い》つて、行過《ゆきす》ぎて了《しま》つた。

息子《むすこ》が其《それ》を聞《き》いて、『お父《とつ》さん、乘《の》つたらどうです。皆《みんな》が乘《の》つた方《はう》がいゝ、と云《い》ふのだから、お乘《の》りなさい、』と云《い》つたけれども、親爺《おやぢ》はまだ頑《ぐわん》ばつて、乘《の》らずに歩《ある》いてゐると、遇《あ》ふ人《ひと》も、遇《あ》ふ人《ひと》も、何故《なぜ》乘《の》らないのか、と問《と》ふたり、笑《わら》つたり、惡口《わるくち》を云《い》つたりして、五月蠅《うるさ》くて仕《し》やうがない。息子《むすこ》の方《はう》でも、矢張《やはり》乘《の》つた方《はう》がいゝ、とすゝめる。親爺《おやぢ》も到頭降參《たうとうかうさん》をして、乘《の》ることにする。

其《それ》でも息子《むすこ》の方《はう》が、自分《じぶん》より輕《かる》いから、驢馬《ろば》の爲《ため》にいゝだらう、と云《い》ふので息子《むすこ》を乘《の》せて、自分《じぶん》は驢馬《ろば》を牽《ひ》いて、歩《ある》いてゆくと、向《むか》うから來《く》る老人《としより》が其《それ》を見《み》て、『驢馬《ろば》に乘《の》つてゐるのは誰《だれ》だ、』と問《と》ふた。

『私《わし》の悴《せがれ》だ、』と親爺《おやぢ》が答《こた》へる。

其《それ》を聞《き》くと、老人《としより》は怒《おこ》つて、息子《むすこ》の胸倉《むなぐら》を取《と》つて、驢馬《ろば》から引《ひき》ずり下《おろ》して、『此親不幸者奴《このおやふかうものめ》、年取《としと》つたお父《とつ》さんを歩《ある》かせて、達者《たつしや》な若《わか》い者《もの》が乘《の》ると云《い》ふことがあるか、』と云《い》つて、息子《むすこ》を叱《しか》つた。

息子《むすこ》は叱《しか》られて、老人《としより》に謝罪《あやま》つて、親爺《おやぢ》を乘《の》せてやつて、今度《こんど》は自分《じぶん》が驢馬《ろば》を牽《ひ》いて、歩《ある》いてゐると、向《むか》うから來《く》るお婆《ばあ》さんが其《それ》を見《み》て、『歩《ある》いてゐるのは誰《だれ》ですかい、』と親爺《おやぢ》に問《と》ふた。

『私《わし》の悴《せがれ》さ、』と親爺《おやぢ》が自慢《じまん》らしく答《こた》へる。

すると其《その》お婆《ばあ》さんは、息子《むすこ》の顔《かほ》を見《み》て、其《それ》から親爺《おやぢ》の顔《かほ》を眺《なが》めて、驚《おどろ》いたやうな顔容《かほつき》をして、『お前《まへ》さんは、マア、眞實《ほんと》に驚《おどろ》いた人《ひと》ぢやのう。此暑《このあつ》いのに、まだ年《とし》も取《と》らない子供《こども》を歩《ある》かせて、自分《じぶん》で乘《の》つて行《ゆ》くと云《い》ふことが有《あ》りますかい。其《そ》んな可哀相《かあいさう》なことをせずと、サア、早《はや》く下《お》りて、歩《ある》かつしやれ、』と云《い》つて、途《みち》に立塞《たちふさ》がつて、動《うご》かない。

親爺《おやぢ》は其《それ》を聞《き》いて、成程《なるほど》このお婆《ばあ》さんの云《い》ふ通《とほ》りだ、と思《おも》つて、驢馬《ろば》から下《お》りて、息子《むすこ》を乘《の》せてやつた。お婆《ばあ》さんは、其《それ》を見《み》て、『さうぢや、さうぢや、』と云《い》つて、行過《ゆきす》ぎて了《しま》つた。

息子《むすこ》が乘《の》れば、親不孝者《おやふかうもの》だと云《い》つて叱《しか》られる。親爺《おやぢ》が乘《の》れば、可哀相《かあいさう》なことをする、と云《い》つて小言《こごと》を云《い》はれる。二人《ふたり》とも乘《の》らずにゆけば、馬鹿《ばか》だ、阿呆《あはう》だと云《い》つて、笑《わら》はれる。仕方《しかた》が無《な》いから、親爺《おやぢ》と息子《むすこ》と相談《さうだん》をして、二人《ふたり》一緒《しよ》に乗《の》ることにした。

今度《こんど》は誰《だれ》にも叱《しか》られも、笑《わら》はれも、小言《こごと》を云《い》はれもせぬだらう、と思《おも》つて、二人《ふたり》で乗《の》つてゐると、向《むか》うから來《く》る坊《ばう》さんが其《それ》を見《み》て、驚《おどろ》いて立止《たちどま》つて、『いくら驢馬《ろば》が強《つよ》いと云《い》つても、二人《ふたり》一緒《しよ》に乗《の》つたら、重《おも》くて堪《たま》るまい。其《そ》んな酷《ひど》いことをせずと、可愛《かあい》がつてやりなさい、』と云《い》つた。

『どうせ賣《う》つて了《しま》ふのだから、大事《だいじ》にしなくても可《い》い、と思《おも》つて、今二人《いまふたり》で乗《の》つて見《み》たのです、』と親爺《おやぢ》が云《い》ふ。

坊《ばう》さんは其《それ》を聞《き》いて、『何《なに》を云《い》ひなさる、どうせ賣《う》つて了《しま》ふのぢやから、大事《だいじ》

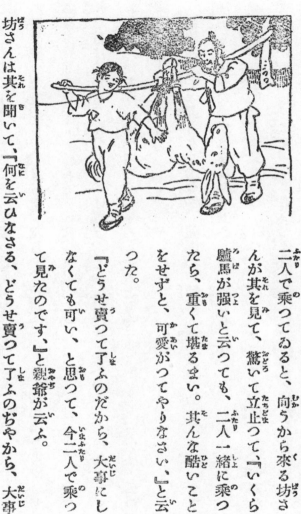

にしなくても可《い》い。マア、飛《と》んだ悪《わる》い量見《りやうけん》ぢや。お前《まへ》さんたちは、眞實《ほんとう》に人間《にんげん》の皮《かは》を被《かぶ》つた獸類《けだもの》ぢや、鬼《おに》ぢや、魔《ま》ぢや、蛇《じや》ぢや、少《すこ》しは驢馬《ろば》の身《み》に成《な》つて、考《かんが》えて見《み》なさるがよい。此暑《このあつ》いのに、人間《にんげん》を二個《ふたつ》負《しよ》つて、歩《ある》けるものぢやない物《もの》を言《い》はぬから、默《だま》つてゐるけれど、心《こゝろ》の裡《うち》では怨《うら》んでゐる。その怨《うらみ》だけでもお前《まへ》さんたちは地獄《ぢごく》へ墮《お》ちる。恐《おそ》ろしいことぢや、こわいことぢや、』と云《い》つて御《お》說法《せつぽふ》をはじめた。

親爺《おやぢ》と息子《むすこ》は堪《たま》らなく成《な》つて、驢馬《ろば》から轉《ころ》がり落《お》ちて、坊《ばう》さんに謝罪《あやま》つて、勘辨《かんべん》して貰《もら》つた。坊《ばう》さんは其《それ》で安心《あんしん》して、行過《ゆきす》ぎて了《しま》つた。

親爺《おやぢ》と息子《むすこ》は、全《まつた》く最《も》う弱《よわ》つて了《しま》つた。乘《の》らずに行《い》つても悪《わる》いし、何方《どつち》かゞ乘《の》つても悪《わる》いし、二人《ふたり》一緒《しよ》に乘《の》つては尙更惡《なほさらわる》いし、最《も》どうしたら可《い》いやら、分《わか》らなくなつて了《しま》つた。

二人《ふたり》は其處《そこ》に休《やす》んで、暫《しばら》く考《かんが》えてゐた。

考《かんが》えてゐる中《うち》に、だん〳〵時《とき》が經《た》つ。愚圖々々《ぐづ〳〵》してゐると、市《いち》が濟《す》んで了《しま》つて、賣《う》りそこなふ。どうでもして、驢馬《ろば》を市《いち》まで持《も》つて行《ゆ》かなくては成《な》らないハテ、困《こま》つたことに成《な》つた。どうしたら可《い》いだらう、と二人《ふたり》で種々《いろ〳〵》相談《さうだん》をした末《すゑ》に、仕方《しかた》が無《な》いから、擔《かつ》いで行《ゆ》くことにしたら可《い》いだらう、と息子《むすこ》が云出《いひだ》して、親爺《おやぢ》が成程《なるほど》と感心《かんしん》する。

其處《そこ》で驢馬《ろば》の脚《あし》を縛《しば》つて、棒《ぼう》を通《とほ》して、親爺《おやぢ》と息子《むすこ》と二人《ふたり》で、驢馬《ろば》を擔《かつ》ぎあげた。驢馬《ろば》は苦《くる》しさに、頭《くび》を振《ふ》つてもがき出《だ》した。

『苦《くる》しいだらうけれど、少《すこ》しの間《あひだ》だから、我慢《がまん》をしてくれ。此暑《このあつ》いのに、貴樣《きさま》を擔《かつ》いでゆく、乃公《おれ》たちの身《み》に成《な》つて見《み》ろ。どの位《くらゐ》つらいか知《し》れないぞ、』と云《い》つて、親爺《おやぢ》と息子《むすこ》と汗《あせ》を流《なが》して急《いそ》ぐ。

少《すこ》しばかり行《ゆ》くと、河《かは》があつた。其橋《そのはし》の上《うへ》まで來《く》ると、驢馬《ろば》は愈々《いよ〳〵》苦《くる》しくて堪《たま》らなく成《な》つて、しきりにもがき出《だ》す。親爺《おやぢ》も息子《むすこ》も悉皆疲勞《すつかりくたび》れて、到頭橋《たうとうはし》の中央《まんなか》のところで、尻餅《しりもち》をついた。その機《はづみ》に、驢馬《ろば》は河《かは》の中《なか》へ墜《お》ちて、石《いし》へ頭《あたま》を打《う》つて、死《し》んで了《しま》つた。

四九　土龍《もぐら》の嫁入《よめいり》

昔《むかし》むかし其《その》むかし、東《ひがし》の谷《たに》から西《にし》の谷《たに》へ越《こ》える峠《たうげ》の中程《なかほど》のところに、大《おほ》きい石地藏《いしぢざう》が、路傍《みちばた》に突立《つきた》つてゐた。その地藏樣《ぢざうさま》の下《した》の底《そこ》の地《ち》の中《なか》に、土龍《もぐら》の夫婦《ふうふ》が穴《あな》を掘《ほ》つて棲《す》んでゐた。

此夫婦《このふうふ》土龍《もぐら》が牝《めす》の子《こ》を生《う》んだ。土龍《もぐら》の子《こ》だから、どうぞ碌《ろく》な者《もの》ぢやあるまい、と思《おも》ふと大變《たいへん》な間違《まちがひ》である。毛《け》がぴか〳〵光《ひか》つて、天鵞絨《びろうど》のやうに柔軟《やわらか》で眼《め》がくり〳〵して、口《くち》が小《ちい》さく尖《とん》からがつて、齒《は》が鋸《のこぎり》のやうで、其《それ》はそれは珍《めづら》しい奇麗《きれい》な、可愛《かあい》らしい娘《むすめ》であつたので、親《おや》たちが大層《たいそう》喜《よろこ》んで育《そだ》てゝゐると、月日《つきひ》の經《た》つのは早《はや》いもので、此娘《このむすめ》も嫁入《よめいり》をしても可《い》い年格好《としかくかう》に成《な》つた。人間《にんげん》なら十七八と云《い》ふところであるが、土龍《もぐら》の娘盛《むすめざかり》は幾歳位《いくつぐらゐ》だか、つい聞落《きゝおと》して了《しま》つた。何《なん》でも年頃《としごろ》に成《な》つたのだ、と思《おも》つたら其《それ》で宜《よろ》しい。

彼方《あち》からも、此方《こち》からも、此娘《このむすめ》の評判《ひやうばん》を聞《き》いて、嫁《よめ》に欲《ほ》しい、貰《もら》いたい、どうか是非《ぜひ》下《くだ》さい、と云《い》つて來《く》るけれども、親《おや》たちが中々《なか〳〵》呉《く》れさうな返事《へんじ》をしない。誰《たれ》でも自分《じぶん》の子《こ》は善《よ》く見《み》える、馬鹿《ばか》でも賢《かしこ》く見《み》える、片輪《かたわ》でも人並《ひとなみ》に見《み》えるさうで、此事《このこと》ばかりは、土龍《もぐら》だつて人間《にんげん》と異《ちが》つたことは無《な》い。何《なん》でも自分《じぶん》の娘《こ》は、珍《めづら》しい縹致好《きりやうよし》だから、普通《あたりまへ》の土龍《もぐら》のところへは呉《く》れない、と云《い》つて、親《おや》達《たち》が種々《いろ〳〵》考《かんが》えてゐると、だん〳〵氣《き》が豪《えら》く成《な》つて、到頭《たう〳〵》飛《と》んでも無《な》いことを、考出《かんがえだ》して了《しま》つた。飛《と》んでも無《な》いこと〻云《い》ふのは、他《ほか》では無《な》い。世《よ》の中《なか》で一番《ばん》強《つよ》い者《もの》のところへ、娘《むすめ》の土龍《もぐら》を嫁入《よめいり》させやうと、云《い》ふのであつた。

親類《しんるゐ》の土龍《もぐら》が其《それ》を聞《き》いて、『マア、飛《と》んでも無《な》いことを、考出《かんがえだ》したぢやないか世《よ》の中《なか》で一番強《ばんつよ》い者《もの》と云《い》つたら、御天道様《おてんたうさま》だらう。見《み》たばかりでも、眼《め》が眩《くら》んで死《し》んで了《しま》ふ。土龍《もぐら》は矢張土龍《やはりもぐら》がよい、そんな馬鹿《ばか》なことを考《かんが》えるもんぢや無《な》い。御《お》天道様《てんたうさま》が何《なん》で土龍《もぐら》のやうなものを、貰《もら》つて下《くだ》さるものか、』と云《い》つた。

『貰《もら》つて下《くだ》さらないことが有《あ》るものか。乃公《おれ》の娘《こ》は、貴様《きさま》たちの子《こ》とは段《だん》が違《ちが》ふ。餘計《よけい》なことを云《い》はずに、默《だま》つて見《み》てゐろ、』と云《い》つて、親《おや》が聞《き》かない。そして到頭《たう〱》御《お》天道様《てんたうさま》のところへ、出懸《でか》けて行《い》つた。

『御《お》天道様《てんたうさま》、お願《ねがひ》で御坐《ござ》います、』と親土龍《おやもぐら》が頼《たの》む。

『土龍《もぐら》の御願《おねがひ》とは珍《めづら》しい。一體何《たいなん》だ、』と御《お》天道様《てんたうさま》が仰《おつ》しやる。

『私《わたくし》の娘《こ》を御《お》嫁《よめ》に貰《もら》つて下《くだ》さい、』と親《おや》が云《い》ふ。

『驚《おどろ》いたな。一體《たい》どう云《い》ふ理由《わけ》だ、』とお問《たづ》ねなされる。

『かう云《い》ふ理由《わけ》です、マア、お聞《き》き下《くだ》さい。私《わたくし》の娘《こ》と云《い》ふのは、普通《あたりまへ》の娘《こ》ぢや無《な》いです。素敵《すてき》に可愛《かあい》らしい、珍《めづら》しい縹致好《きりやうよし》です。最《も》う年頃《としごろ》に成《な》つたのですけれど、普通《あたりまへ》の奴《やつ》のところへは、呉《く》れたく無《な》いので、何《なん》でも世《よ》の中《なか》で一番強《ばんつよ》い御《お》方《かた》のところへ、差上《さしあ》げたい、と思《おも》つて、御願《おねがひ》に出《で》だ理由《わけ》ですが、貰《もら》つて下《くだ》さいませんか。大丈夫《だいじやうぶ》、屹度《きつと》お氣《き》に入《い》ります、見《み》たばかりでも、眼《め》が眩《くら》みさうですぜ、」と喋舌《しやべ》りたてる。

御天道様《おてんたうさま》は其《それ》を聞《き》いて、『其相談《そのさうだん》は駄目《だめ》だ、』と仰《おつ》しやる。

『へえ、可《い》けませんか、』と云《い》つて、親《おや》が失望《がつかり》する。

『御氣《おき》の毒《どく》だが、乃公《おれ》は駄目《だめ》だ、』と仰《おつ》しやる。

『困《こま》つたな、どうしても可《い》けませんか、』と親《おや》が泣出《なきだ》さうとする。

『ハヽヽ、』と御天道様《おてんたうさま》は笑《わら》つて、『何《なに》も泣《な》くことは無《な》い、そんなに失望《がつかり》しなくても可《よ》い。マア、よく聞《き》くが可《よ》い。世《よ》の中《なか》で一番強《ばんつよ》い者《もの》のところへ、娘《むすめ》を呉《く》れたいと云《い》ふのだらう。其《それ》ならば、黑雲《くろくも》のところへ行《ゆ》くが可《よ》い。黑雲《くろくも》は乃公《おれ》を蔽《おつ》被《かぶ》せるだらう、乃公《おれ》よりか強《つよ》い、』と敎《をし》へて下《くだ》さる。

親土龍《おやもぐら》は其《それ》を聞《き》いて漸《やつ》と安心《あんしん》して、御天道様《おてんたうさま》に御禮《おれい》を云《い》つて、其《それ》から黑雲《くろくも》の神様《かみさま》のところへ行《い》つて、又《また》おんなじやうに頼《たの》んで見《み》た。

『駄目《だめ》だ、』と雲《くも》の神様《かみさま》が仰《おつ》しやる。

『また御門違《おかどちがひ》ですか、』と土龍《もぐら》が問《と》ふ。

『さうだ。乃公《おれ》も強《つよ》いことは強《つよ》いけれど、風《かぜ》の奴《やつ》にはどうしても敵《かな》はないで、譯《わけ》なく吹飛《ふきとば》されて了《しま》ふ、』と話《はな》して下《くだ》さる。

『成程《なるほど》、さうだ、眞實《ほんと》にさうだ。上《うへ》には上《うへ》が有《あ》るものだな。解《わか》りました、難有《ありがた》う御座《ござ》います、』と御禮《おれい》を云《い》つて、土龍《もぐら》が今度《こんど》は風《かぜ》の神様《かみさま》のところへ行《い》つて、御《お》願《ねがひ》をした。

風《かぜ》の神様《かみさま》は其話《そのはなし》を聞《き》いて、『どうも駄目《だめ》だらう、』と仰《おつ》しやる。

『また駄《だ》の字《じ》に目《め》の字《じ》とは、面喰《めんくら》つたな。矢張其上《やはりそのうへ》が有《あ》りますかい、』と土龍《もぐら》が問《たづ》ねる。

『いや、さう云《い》ふ理由《わけ》でも無《な》いが、矢張《やはり》さう云《い》ふ理由《わけ》だ。成程乃公《なるほどおれ》は強《つよ》い、世《よ》の中《なか》で一番強《ばんつよ》い筈《はづ》だけれど、あの峠《たうげ》の石地藏《いしぢざう》の奴《やつ》には、どうしても勝《か》てない。

あの地藏《ぢざう》ばかりは、なんぼ乃公《おれ》が吹《ふ》いても、吹《ふ》いても、平氣《へいき》な顏《かほ》をして、笑《わら》つてゐあがる。だから駄目《だめ》だらう、と云《い》ふのだ、』と仰《おつ》しやる。

『其《それ》ぢや駄目《だめ》です、マア、止《よ》しませう、』と云《い》つて、土龍《もぐら》は急《いそ》いで峠《たうげ》のところへ歸《かへ》つて、石地藏樣《いしぢざうさま》の前《まへ》へ行《い》つて、又《また》おんなじ話《はなし》をして賴《たの》んで見《み》ると、地藏樣《ぢざうさま》は頭《あたま》を振《ふ》つて、『マア、止《よ》さう、』と仰《おつ》しやつた。

『矢張《やはり》また可《い》けないのですか、』と土龍《もぐら》が焦《ぢ》れつたくなる。

『乃公《おれ》よりか強《つよ》い奴《やつ》がゐるわい、』と仰《おつ》しやる。

『それは誰《だれ》でせう、』と問《たづ》ねる。

地藏樣《ぢざうさま》は其《それ》を聞《き》いて、『フヽン、』と笑《わら》つて、『誰《たれ》だか知《し》らないけれど、丁度貴樣《ちやうどきさま》見《み》たやうな奴《やつ》だ。能《よ》く似《に》てゐるわい、』と仰《おつ》しやる。

『へえ、』と土龍《もぐら》が吃驚《びつくり》する。

『乃公《おれ》の立《た》つてゐる下《した》の地《ち》の底《そこ》に穴《あな》を掘《ほ》つて、棲《す》んでゐる奴《やつ》がある。無暗《むやみ》に穴《あな》を掘《ほ》つて歩《ある》くので、乃公《おれ》の下《した》は最《も》う穴《あな》だらけに成《な》つた。乃公《おれ》は顛倒《ひつくりかへ》りさうで、心配《しんぱい》で、心配《しんぱい》で、中々《なか〳〵》嫁《よめ》を貰《もら》ふどころの話《はなし》ぢや無《な》いわい、』と仰《おつ》しやつた。

土龍《もぐら》は其《それ》を聞《き》いて、嬉《うれ》しいやうな、悲《かな》しいやうな、何《なん》とも云《い》へぬ心持《こゝろもち》に成《な》つて、自分《じぶん》の家《うち》に歸《かへ》つた。そして娘《むすめ》を呼《よ》んで、どんなところへ嫁《ゆ》きたいかと聞《き》いて見《み》たら、矢張《やはり》土龍《もぐら》のところへ嫁《ゆ》きたい、と娘《むすめ》が云《い》つた。親土龍《おやもぐら》は其《それ》を聞《き》いて『眞實《ほんと》に貴樣《きさま》は賢《かしこ》い、豪《えら》い、感心《かんしん》して了《しま》つた。世《よ》の中《なか》で一番豪《ばんえら》い者《もの》は、どうしても土龍《もぐら》ださうだ。乃公《おれ》は地藏樣《ぢざうさま》に聞《き》いて始《はじ》めて知《し》つたのに、貴樣《きさま》は誰《だれ》にも聞《き》かなくても、ちやんと知《し》つてゐたのだな。豪《えら》い者《もの》だ、感心《かんしん》して了《しま》つた、』と云《い》つた。

其處《そこ》で親類《しんるゐ》の土龍《もぐら》の云《い》つた通《とほ》りに、土龍《もぐら》のところへ嫁入《よめいり》をすると成《な》つた。どんな嫁入《よめいり》だつたらう。僕《ぼく》は其《それ》を見物《けんぶつ》したが、大層雪《たいそうゆき》の降《ふ》る暑《あつ》い日《ひ》で、歸途《かへりみち》に河《かは》に滑《すべ》り込《こ》んで、大火傷《おほやけど》をした。

五〇　悴《せがれ》の親爺《おやぢ》

田舎者《ゐなかもの》が都會見物《みやこけんぶつ》をして、何《なに》を土産《みやげ》に買《か》つたら可《い》いだらうか、と思《おも》つて、兩《りやう》側《がは》の店《みせ》をきよろ〳〵眺《なが》めて、彷徨《うろつ》いてゐると、後方《うしろ》から年《とし》を取《と》つた男《をとこ》が近寄《ちかよ》つて、田舎者《ゐなかもの》の肩《かた》を叩《たゝ》いて、『兄《にい》さん、』と云《い》つて呼止《よびと》めた。

田舎者《ゐなかもの》は吃驚《びつくり》して振《ふり》むくと、其男《そのをとこ》がにこ〳〵笑《わら》つて、『兄《にい》さん、何《なに》も吃驚《びつくり》することはない。兄《にい》さんは都會見物《みやこけんぶつ》に來《き》なさつたのだらう。さう思《おも》つたから、私《わし》は案内《あんない》してやらうと思《おも》つて、急《いそ》いで來《き》たのだ、』と云《い》ふ。

『最《も》う見物《けんぶつ》をして了《しま》つたから、此《これ》から御土産《おみやげ》を買《か》はうと思《おも》つて、』と田舎者《ゐなかもの》が云《い》ふと、『探《さが》して歩《ある》いてゐるだらう、さうだらうと思《おも》つた。都會見物《みやこけんぶつ》をしたら、御《お》土産《みやげ》はどうしても買《か》はなくちや成《な》らない。兄《にい》さん、どんな物《もの》を買《か》ふ積《つも》りだ、』と男《をとこ》が問《と》ふ。

『何《なに》を買《か》つたら可《い》いだらうと思《おも》つて、』と田舎者《ゐなかもの》が話《はな》すと、『今考《いまかんが》えてゐたところだらう、』と男《をとこ》が云《い》ふ。

『さうだ、』と田舎者《ゐなかもの》が答《こた》へる。

『屹度《きつと》さうだらうと思《おも》つたから、案内《あんない》をして種々《いろ〳〵》見《み》せてやらう、と思《おも》つて、追《お》つかけて來《き》たのだ。サア、連《つ》れて歩《ある》いてやらう、』と云《い》つて、男《をとこ》が田舎者《ゐなかもの》の手《て》を引《ひ》くやうにして呉《く》れる。

田舎者《ゐなかもの》は眞實《ほんと》におどろいた。皆《みんな》が都會《みやこ》〳〵と云《い》つて、難有《ありがた》いところのやうに云《い》ふのは、嘘《うそ》ぢやない。此《これ》までは唯風說《たゞはなし》に聞《き》いたばかりで、都會《みやこ》の難有《ありがた》い味《あぢ》が一向《かう》わからなかつたのだが、今度《こんど》はじめて來《き》て見《み》ると、それが能《よ》くわかる。乃《お》公《れ》のやうな田舎者《ゐなかもの》を、兄《にい》さん、兄《にい》さん、と云《い》つて呉《く》れて、見物《けんぶつ》をするなら案内《あんない》をしてやらう、御土產《おみやげ》を買《か》ふなら、一緒《しよ》につれて行《い》つて、色々《いろ〳〵》見《み》せてやらう、と云《い》つて、手《て》を引《ひ》くやうにまでして呉《く》れる、此《こ》んな親切《しんせつ》な人《ひと》が、また世《よ》の中《なか》に有《あ》るもんぢやない。眞實《ほんと》に嬉《うれ》しい、難有《ありがた》いことだ。此《これ》だから誰《だれ》でも、都會《みやこ》々々と云《い》ふのだな。成程《なるほど》、わかつた、と心《こゝろ》の裡《うち》で考《かんが》へて、田舎者《ゐなかもの》は其男《そのをとこ》に手《て》を引《ひ》かれるやうにして、云《い》ふ通《とほ》りに成《な》つて彼方此方《あちこち》引張廻《ひつぱりまわ》されて、色《いろ》んなところへ伴《つ》れて行《ゆ》かれて、色《いろ》んなものを見《み》せられて、色《いろ》んなものを勸《すゝ》められて、そして色《いろ》んなものを買《か》つた。

買物《かひもの》が濟《す》んで、別《わか》れるときに成《な》つて、其案内《そのあんない》をして呉《く》れた男《をとこ》が、『兄《にい》さんの名前《なまへ》は何《なん》と云《い》ふのか、』と問《と》ふた。

『忰《せがれ》の親爺《おやぢ》だ、』と田舎者《ゐなかもの》が答《こた》へた。

『アヽ、成程《なるほど》、』と云《い》つて、『乃公《おれ》はその悴《せがれ》の親爺《おやぢ》の親爺《おやぢ》だ、』とその男《をとこ》が話《はな》した。

田舍者《ゐなかもの》は其《それ》を聞《き》いて、して見《み》ると、此人《このひと》は親類《しんるゐ》だな。道理《だうり》でよく親切《しんせつ》に、世話《せわ》をして呉《く》れると思《おも》つた、と心《こゝろ》の裡《うち》で考《かんが》えて、其男《そのをとこ》に金《かね》を少《すこ》しやつた上《うへ》に、澤山《たくさん》御禮《おれい》を云《い》つて別《わか》れた。

家《うち》に歸《かへ》つてから、田舍者《ゐなかもの》が自分《じぶん》の親爺《おやぢ》に、都會見物《みやこけんぶつ》の話《はなし》をして、土産物《みやげもの》を出《だ》して見《み》せると、くだらない物《もの》の高《たか》いものばかり澤山有《たくさんあ》つたので、親爺《おやぢ》が吃驚《びつくり》して、『何《なん》でまた貴樣《きさま》は、そんなつまらない品物《しなもの》を、高《たか》く出《だ》して澤山買《たくさんか》つたのだ、』と云《い》つた。

『親類《しんるゐ》の人《ひと》が案内《あんない》をして、安《やす》いから買《か》へと云《い》つたから、』と息子《むすこ》が云《い》つて、『眞實《ほんと》に親切《しんせつ》な人《ひと》が有《あ》るものだ、』と話《はな》した。

『何《なん》だ、親類《しんるゐ》の人《ひと》だ。どうして都會《みやこ》に親類《しんるゐ》があるものか、』と親爺《おやぢ》が吃驚《びつくり》する。

『だつて有《あ》つたから面白《おもしろ》いぢやないか。知《し》らない人《ひと》が、兄《にい》さんの名前《なまへ》は何《なん》と云《い》ふのか、と乃公《おれ》に聞《き》くから、乃公《おれ》は忰《せがれ》の親爺《おやぢ》だ、と云《い》つて聞《き》かせると、其人《そのひと》が成程《なるほど》と感心《かんしん》をして、乃公《おれ》はその忰《せがれ》の親爺《おやぢ》の親爺《おやぢ》だ、と云《い》つた。親爺《おやぢ》の親爺《おやぢ》だから、矢張親類《やはりしんるゐ》だらう、』と息子《むすこ》が云《い》つて、親爺《おやぢ》の顔《かほ》を見《み》る。

親爺《おやぢ》は其《それ》を聞《き》いて、『眞實《ほんと》にあきれ返《かへ》つて了《しま》つた。どうしてまた、貴樣《きさま》は其《そ》んなに馬鹿《ばか》に成《な》つたのだらう。惡《わる》い奴《やつ》に遇《あ》つて、好加減《いゝかげん》に欺《だま》されて來《き》たのだ。眞《ほん》實《と》にあきれ返《かへ》つて了《しま》つた、』と云《い》つて叱《しか》る。

『どうして、』と息子《むすこ》は未《ま》だわからない。

『どうしても此《か》うしても有《あ》るものか、此馬鹿者奴《このばかものめ》。貴樣《きさま》の親爺《おやぢ》は、乃公《おれ》ぢやないか。其《そ》んなに幾人《いくたり》も親爺《おやぢ》が有《あ》つて、どうするものか。解《わか》つたか、まだ解《わか》らないか、』と親爺《おやぢ》が怒鳴《どな》りつける。

怒鳴《どな》りつけられて、息子《むすこ》は漸《やつ》とのことで、欺《だま》されたと云《い》ふことに、氣《き》がつくと、悔《くや》しくて、悔《くや》しくて、腹《はら》が立《た》つて、腹《はら》が立《た》つて、最《も》う立《た》つても坐《すわ》つても居《ゐ》られなく成《な》つて、突然飛出《いきなりとびだ》して、都會《みやこ》の方《はう》へ行《ゆ》く海道《かいだう》の橋《はし》の傍《わき》まで行《い》つて、都會《みやこ》の方《はう》を睨《にら》みつけて、拳《こぶし》を固《かた》めて、『馬鹿野郎《ばかやらう》、都會《みやこ》の親爺《おやぢ》の親爺《おやぢ》の馬鹿野郎《ばかやらう》、』と怒鳴《どな》つて、それから又一歩《またひとあし》ふみだして、『馬鹿野郎《ばかやらう》、泥棒《どろぼう》、畜生《ちくしやう》、巾着切《きんちやくきり》、泣《なき》むし、鼻《はな》たれ、立《たち》んぼう、芋《いも》むし、犬《いぬ》の糞《くそ》、河童《かつぱ》の屁《へ》、』と生《うま》れてから記憶《おぼ》えた惡口《わるくち》を、一《ひと》つ殘《のこ》らず引張出《ひつぱりだ》して、何《なん》べんも何《なん》べんも怒鳴《どな》つてやつて、大威張《おほゐばり》で歸《かへ》つて來《き》た。

五一　明日《あす》

武士《さむらひ》が弓匠《ゆみや》に弓《ゆみ》を一張《ひとはり》注文《ちうもん》した。

此弓匠《このゆみや》の親爺《おやぢ》は、仕事《しごと》に念《ねん》を入《い》れるのだが、仕事嫌《しごときら》ひの怠惰者《なまけもの》だか、知《し》らないけれど、注文《ちうもん》された弓《ゆみ》を、中々《なか〱》出來《でか》して呉《く》れない。頼《たの》んだ武士《さむらひ》が、幾度《いくど》催促《さいそく》をしても、明日《あす》まで待《ま》つて下《くだ》さいと云《い》ふし、幾度《いくど》取《と》りに來《き》ても、明日《あす》は屹度《きつと》出來《か》して置《お》きますから、明日《あす》また來《き》て下《くだ》さい、と云《い》つて、毎日《まいにち》〱延《のば》してゐた。

息子《むすこ》は其《それ》を聞《き》いて、明日《あす》々々《〱》と云《い》はないで、最《も》つと永《なが》いことを云《い》つたら、可《よ》さゝうなものだ、と心《こゝろ》の裡《うち》で考《かんが》へてゐた。すると、今度《こんど》丁度《ちやうど》親爺《おやぢ》の留守《るす》に、その賴《たの》んだ人《ひと》が、また催促《さいそく》をしに來《き》た。

『今日《けふ》はどうぢや、』と武士《さむらひ》が問《たづ》ねる。

『今《い》少《すこ》し待《ま》つて下《くだ》さい、』と息子《むすこ》が云《い》ふ。

『今《い》少《すこ》しだ、も少《すこ》しだ、明日《あす》だ、明日《あす》だ、と云《い》つて、何時《いつ》まで待《ま》たせる氣《き》だ、』と武士《さむらひ》が叱《しか》るやうに云《い》ふ。

すると息子《むすこ》は、庭先《にはさき》の桑樹《くはのき》の切株《きりかぶ》から、青《あを》い芽《め》の一本出《ぽんで》てゐるのを指《ゆび》さして
『あの桑樹《くはのき》の芽《め》が延《の》びて、大《おほ》きい樹《き》に成《な》つたら、其《それ》で造《つく》つて差上《さしあ》げますから、どうぞ其《それ》まで待《ま》つて下《くだ》さい、』と云《い》ふ。

武士《さむらひ》は其《それ》を聞《き》いて、『貴樣《きさま》は馬鹿《ばか》だから駄目《だめ》だ。また明日《あす》來《く》るから、親爺《おやぢ》が歸《かへ》

つたら、能《よ》く聞《き》いて置《お》け、』と云《い》つて、歸《かへ》つて了《しま》つた。

暫《しばら》くすると、親爺《おやぢ》が戻《もど》つて來《き》た。

『お父《とつ》さん、今日《けふ》もあの人《ひと》が弓《ゆみ》を催促《さいそく》に來《き》たよ、』と息子《むすこ》が云《い》ふ。

『明日《あす》と云《い》つて返《かへ》したか、』と親爺《おやぢ》が問《と》ふ。

『いゝや、最《も》つと巧《うま》いことを云《い》つてやつた、』と息子《むすこ》が云《い》ふ。

『何《なん》と云《い》つた、』と親爺《おやぢ》がきく。

『明日《あす》だ、明日《あす》だ、と云《い》はないで、最《も》つと永《なが》いことを云《い》つて置《お》いた方《はう》が可《い》い、と思《おも》つたから、庭先《にはさき》の桑樹《くはのき》の芽《め》を指《さ》して、あれが大《おほ》きい樹《き》に成《な》るまで、待《ま》つて下《くだ》さい、と云《い》つて、追返《おひかへ》してやつた。巧《うま》いでせう、お父《とつ》さん、』と息子《むすこ》が自慢《じまん》をする。

親爺《おやぢ》は其《それ》を聞《き》いて『何《なん》で巧《うま》いことが有《あ》るものか、貴様《きさま》は餘程頓馬《よつぽどとんま》だ。若《も》し桑樹《くはのき》が大《おほ》きく成《な》つたら、其時《そのとき》は弓《ゆみ》を造《つく》つてやらなけりや成《な》らないぢやないか。其《それ》よりか、明日《あす》だ、明日《あす》だ、と云《い》つて置《お》けば、千年經《せんねんた》つても、明日《あす》の日《ひ》の來《く》ることは無《な》いから、大丈夫《だいじやうぶ》だのに、馬鹿《ばか》なことを云《い》つたものだ、』と云《い》つて、息子《むすこ》を叱飛《しかりとば》した。

五二　化物屋敷《ばけものやしき》

田舍《ゐなか》の村《むら》はづれに、化物屋敷《ばけものやしき》と評判《ひやうばん》のある屋敷《やしき》があつた。どんな化物《ばけもの》が出《で》るのだか、能《よ》く見《み》た者《もの》もなく、判然《はつきり》したことは能《よ》くわからないけれども、其評判《そのひやうばん》を聞《き》いたばかりで誰《だれ》も恐《こわ》がつて棲《す》む者《もの》がない。棲《す》む者《もの》が無《な》いから、空家《あきや》に成《な》つて、蝙蝠《かうもり》だの、蜘蛛《くも》だのが、威張《ゐば》つてゐた。空家《あきや》には、獨《トツ》鶻伊《ガピー》と云《い》ふ鬼《おに》が棲《す》んでゐて、能《よ》く惡戯《いたづら》をするものだ、と昔《むかし》から云《い》つてある。嘘《うそ》だか、眞實《ほんと》だか知《し》らないけれども、惡《わる》い奴《やつ》はおどかされる。正眞《しやうぢき》な者《もの》は空家《あきや》に泊《とま》つても、屹度《きつと》よいことがある。其證據《そのしやうこ》には、百姓《ひやくしやう》の親爺《おやぢ》が、此空家《このあきや》に寢《ね》て、えらい金儲《かねまうけ》をした。

雨《あめ》の降《ふ》る晩《ばん》に、盜賊《どろぼう》が大勢《おほぜい》で、此空家《このあきや》に隱《かく》れて賭博《ばくち》をやつてゐた。此處《こゝ》なら、誰《だれ》にも見《み》つかることはない。此《こ》んな雨《あめ》の降《ふ》る晩《ばん》だから、尙更安心《なほさらあんしん》なものだ、と云《い》つて、廣《ひろ》い座敷《ざしき》に陣取《ぢんど》つて、盜《ぬす》んだ金《かね》を山《やま》のやうに積《つ》んで、勝《か》つた、負《ま》けた、と騷《さわ》いでゐると、誰《だれ》か戸《と》の外《そと》から、トン、トン、と叩《たゝ》く者《もの》がある。

盜賊《どろぼう》の大將《たいしやう》が其《それ》を聞《き》いて、ハテナ、誰《だれ》か來《き》たやうだ。此《こ》んな雨《あめ》の降《ふ》る晩《ばん》に、どうして來《き》たのだらう、と思《おも》つて、若《わか》い者《もの》を呼《よ》んで、『貴樣《きさま》そつと行《い》つて、隙間《すきま》から覗《のぞ》いて見《み》て來《こ》い、』と云《い》ふ。

若《わか》い者《もの》が行《い》つて、戸《と》の隙間《すきま》から覗《のぞ》いて見《み》ると、百姓《ひやくしやう》らしい老人《としより》の男《をとこ》が一人《ひとり》、爪燈籠《つまどうろう》をぶらさげて、簷《のき》の下《した》に立《た》つてゐる。他《ほか》には誰《だれ》も、伴侶《つれ》は無《な》いらしい。正直《しやうぢき》な馬鹿《ばか》のやうな顏《かほ》をして、餘程困《よほどこま》つてゐるらしい。

其《それ》を見《み》て、若《わか》い者《もの》は可哀相《かあいさう》だと思《おも》つて、『何《なん》の用《よう》だい、』と聞《き》く。

『途《みち》に迷《まよ》つて、難儀《なんぎ》をしてゐる老人《としより》で御座《ござ》いますが、夜《よ》の明《あ》くるまで、止《と》めて下《くだ》さいませんか、』と老人《としより》が云《い》ふ。

『貴様《きさま》は何《なん》だ、』とまた問《と》ふ。

『唯《たゞ》の百姓《ひやくしやう》で御座《ござ》います。山越《やまごえ》をして、雨《あめ》に降《ふ》られて、途《みち》に迷《まよ》つて、此處《こゝ》まで歩《ある》いて來《き》たのですけれど、最《も》う脚《あし》が疲勞《くたび》れて、歩《ある》くことが能《でき》ません。可哀相《かあいさう》だと思《おも》つて、暫《しばら》く壁《かべ》の隅《すみ》にでも寢《ね》かして下《くだ》さい。何《なに》も怪《あや》しい者《もの》ぢやありません、』と老人《としより》が泣《な》くやうに云《い》ふ。

『此處《こゝ》は宿屋《やどや》ぢやない、空家《あきや》だぞ、』と若《わか》い者《もの》が云《い》ふ。

『空家《あきや》なら尚更結構《なほさらけつこう》です。貧乏者《びんばふもの》で宿料《やどせん》も何《なん》にも、持《も》つてをりません、』と老人《としより》が云《い》ふ。

『空家《あきや》だから、獨脚伊《トツカビー》が出《で》るぞ、』と若《わか》い者《もの》がおどかす。

『出《で》られても構《かま》ひません。貧乏神《びんぼうがみ》よりか、獨脚伊《トッカビー》の方《はう》が、どの位《くらゐ》ましだか知《し》れません。此雨《このあめ》では、最《も》うどうすることも能《でき》ませんから、どうか止《と》めて下《くだ》さい、』と老人《としより》が手《て》を合《あは》せて頼《たの》む。

『一寸待《ちよつとま》ちなさい、今聞《いまき》いてくるから、』と云《い》つて、若《わか》い者《もの》が大將《たいしやう》のところへ行《い》つて、今《いま》の話《はなし》をする。

大將《たいしやう》が其《それ》を聞《き》いて、『氣《き》の毒《どく》だ、入《い》れてやれ。老人《としより》なら大丈夫《だいじやうぶ》だ。若《も》しか怪《あや》しいやうだつたら、叩殺《たゝきころ》すまでのことだ。そして奥《おく》の室《へや》へでもつれて行《い》つて、寢《ね》かしておけ、』と吩付《いひつ》ける。

其處《そこ》で若《わか》い者《もの》が、戸《と》を開《あ》けて、老人《としより》を入《い》れてやつて、奥《おく》の間《ま》へ案内《あんない》をすると老人《としより》は喜《よろこ》んで、持《も》つて來《き》た瓜燈籠《つまどうろう》を消《け》して、其處《そこ》に置《お》いて、肱《ひぢ》を枕《まくら》にして横《よこ》に成《な》る。疲勞《くたび》れてゐたので、横《よこ》に成《な》ると直《す》ぐに眠《ねむ》つて了《しま》つて、何《なに》もかも忘《わす》れる。

盜賊《どろぼう》はまた賭博《ばくち》をはじめる。

暫《しばら》くすると、何處《どこ》から野良猫《のらねこ》が一疋《ぴき》、雨《あめ》に困《こま》つて宿《やど》を借《か》りに來《く》る。今度《こんど》は猫《ねこ》のことだから、戶《と》を叩《たゝ》いたり、賴《たの》んだり、拜《をが》んだり、面倒臭《めんだうくさ》いことをせずに、庭先《にはさき》の椽《えん》の下《した》から潛込《もぐりこ》んで、默《だま》つて奧《おく》の間《ま》へ忍込《しのびこ》んで、眠《ねむ》つてゐる老人《としより》の傍《わき》へ寄《よ》る。何《なん》だか美味《おいし》い香《にほひ》がすると思《おも》つて、猫《ねこ》が爪燈籠《つまどうろう》の穴《あな》から覗《のぞ》いて見《み》ると、肉《にく》蠟燭《らうそく》が半分《はんぶん》ばかり殘《のこ》つてゐる。サア、欲《ほ》しくて堪《たま》らない。食《た》べやうとして見《み》たが、爪燈籠《つまどうろう》の口《くち》が狹《せま》くて、頭《あたま》が入《はい》らない。無理《むり》に頭《あたま》を突込《つきこ》んで、到頭《たうとう》肉蠟燭《にくらうそく》の殘餘《のこり》を食《た》べて了《しま》つて、其《それ》から頭《あたま》を出《だ》さうとすると、今度《こんど》は毛《け》が逆立《さかだ》つて中々《なかなか》拔《ぬ》けない。頭《あたま》を引張《ひつぱ》れば、爪燈籠《つまどうろう》も一緖《しよ》に附着《くつゝ》いて來《く》る。

野良猫《のらねこ》は困《こま》つて、彼方《あつち》へ轉《ころ》がつたり、此方《こつち》へ轉《ころ》がつたり、頸《くび》を振《ふ》つたり、捩《ねぢ》つたり、ひねつたり、もぢつたり、種々《いろいろ》にして見《み》るけれども、少《すこ》しも效驗《きゝめ》が無《な》い。おしまひには最《も》う苦《くる》しがつて、恐《おそ》ろしい聲《こゑ》を出《だ》して、ニヤゴー、ニヤゴーと啼《な》きだした。

夢中《むちう》に成《な》つて、賭博《ばくち》をやつてゐた盗賊《どろぼう》は、其聲《そのこゑ》を聞《き》いて吃驚《びつくり》して飛上《とびあが》つた。

『ソラ、怪物《おばけ》が出《で》た、』と一人《ひとり》が云《い》ふ。

『獨脚伊《トツガビー》だ、』と今《も》一人《ひとり》が云《い》ふ。

『猫《ねこ》のやうだ。先刻《さつき》の老人《としより》は山猫《やまねこ》の化《ば》けたのかも知《し》れないぞ。待《ま》てよ、乃公《おれ》が開《あ》けて見《み》やう、』と若《わか》い者《もの》が云《い》つて、隔《しきり》の障子《しやうじ》を開《あ》けると、野良猫《のらねこ》は人《ひと》の足音《あしおと》を聞《き》いて、叩《たゝ》かれるのだと思《おも》つて、驚《おどろ》いて逃出《にげだ》さうとして、眼《め》が見《み》えないので、間違《まちが》つて盗賊《どろぼう》のゐる方《はう》へ飛出《とびだ》した。

盗賊《どろぼう》は其《それ》を見《み》て、瓜燈籠《つなどうろう》が踊出《をどりだ》したのだと思《おも》つて、キヤッと云《い》つて、逃《に》げるその機《はづみ》に行燈《あんどん》を蹴飛《けとば》して、室《へや》が眞暗《まつくら》に成《な》る。其騒動《そのさわぎ》で、野良猫《のらねこ》は愈々《いよ〳〵》恐《こわ》がつて荒《あ》さまわる。

盗賊《どろぼう》は膽《きも》を潰《つぶ》して、『逃《に》げろ、逃《に》げろ、逃《に》げろ、』と怒鳴《どな》つて、先《さき》を爭《あら》つて逃出《にげだ》つして了《しま》た。

夜《よ》が明《あ》けてから、老人《としより》が眼《め》を覺《さま》して見《み》ると、枕頭《まくらもと》に置《お》いた筈《はづ》の瓜燈籠《つまどうろう》が見《み》えない。不思議《ふしぎ》だと思《おも》つて、次《つぎ》の室《へや》へ出《で》て見《み》ると、昨夕《ゆふべ》の者《もの》は一人《ひとり》も居《ゐ》なくて、金《かね》ばかり澤山《たくさん》に殘《のこ》つてゐたから、獨脚伊《ツガビー》の神樣《かみさま》が、瓜燈籠《つまどうろう》を欲《ほ》しがつて、其代《そのかは》價《り》に此金《このかね》を下《くだ》さつたのだ、と思《おも》つて、其金《そのかね》を悉皆《すつかり》拾《ひろ》つて、持《も》つて歸《かへ》つた。

其時《そのとき》から正直《しやうぢき》な百姓《ひやくしやう》は、えらい金滿家《かねもち》に成《な》つた。

新日本教育昔噺 終

大正七年十一月十五日印刷
大正七年十一月二十日發行

課外教育 お伽文庫 第八編 奥附

不許複製

—〈定價金四拾八錢〉—

著作者　高木敏雄

發行者　樫村喜久太郎
東京市神田區小川町四十一番地

印刷者　野村晉吉
東京市芝區田村町十八番地

印刷所　敬文館印刷所

發行所
東京市神田區小川町
振替東京一二三三六
敬文館書店
【電話本局四八五五番】

敬文館

이시준 숭실대학교 일어일본학과 교수
숭실대학교 동아시아언어문화연구소 소장
일본설화문학, 동아시아 비교설화 · 문화

장경남 숭실대학교 국어국문학과 교수
한국고전산문, 동아시아 속의 한국문학

김광식 숭실대학교 동아시아언어문화연구소 전임연구원
한일비교설화문학, 식민지시대 역사 문화

숭실대학교 동아시아언어문화연구소
식민지시기 일본어 조선설화집자료총서 6

신일본교육구전설화집

초판인쇄 2014년 09월 22일
초판발행 2014년 09월 30일

저 자 다카기 도시오(高木敏雄)
편 자 이시준 · 장경남 · 김광식
발 행 인 윤석현
발 행 처 제이앤씨
등록번호 제2009-11호
책임편집 김선은

우편주소 서울시 도봉구 창동 624-1 북한산현대홈시티 102-1106
대표전화 (02)992-3253(대)
전 송 (02)991-1285
홈페이지 www.jncbms.co.kr
전자우편 jncbook@hanmail.net

ISBN 978-89-5668-418-5 94380 정가 42,000원
978-89-5668-909-8(set)